... ENFANTS ET A SES PETITS ENFANTS

ICTÉES

FRANÇAISES

Faisant suite à la nouvelle Grammaire française

PAR

ALAIN GOUZIEN

... de l'Université, chef d'Institution libre, Président des Cours d'Adultes
... la Société d'émulation et Professeur au Collège de Brest,
... plusieurs Traités sur la langue celtique, ancien examinateur pour
la langue française aux Concours d'administration de la Marine.

Vis ne loqui scite ? Pure ac vis scribere ? Cuinas.
Grammaticam discas exagitare grodos.

PARIS

LIBRAIRIE DE L'ÉCHO DE LA SORBONNE

7, Rue Guénégaud.

BREST

EDME GOUZIEN, ÉDITEUR-PROPRIÉTAIRE

107, Rue de Siam.

A MES ENFANTS ET A MES PETITS-ENFANTS

DICTÉES
FRANÇAISES

Faisant suite à la nouvelle Grammaire française

PAR

ALAIN GOUZIEN

Membre de l'Université, chef d'Institution libre, Président des Cours d'Adultes
de la Société d'Émulation et Professeur au Collége de Brest,
Auteur de plusieurs Travaux sur la langue celtique, ancien examinateur pour
la langue française aux Concours d'administration de la Marine.

Vis-ne loqui scité? Puré an-vis scribere? Cunctos
Grammaticæ discas exagitare modos.

PARIS

LIBRAIRIE DE L'ÉCHO DE LA SORBONNE

7, Rue Guénégaud.

BREST

LOUIS GOUZIEN, ÉDITEUR-PROPRIÉTAIRE
107, rue de Siam.

25804

Tout exemplaire est revêtu de ma griffe.

NOTE DE L'ÉDITEUR

Après le succès si honorable obtenu par la nouvelle grammaire française de ALAIN GOUZIEN, ancien chef d'institution et membre de l'Université, j'ai cru utile de compléter l'œuvre par la publication des *dictées* que mon père composa pour ses cours.

Je les fais précéder de l'introduction qu'il devait mettre en tête de ce recueil.

J'ose espérer que ces *dictées* recevront l'accueil sympathique de la grammaire qui, honorée d'une souscription du Ministère de l'Instruction publique et adoptée pour l'École navale, est en usage dans plusieurs Lycées et dans des Établissements d'instruction secondaire ou d'instruction primaire.

Avis important. — J'ai fait placer entre parenthèses, en PETITES CAPITALES, des formes vicieuses ; mais les avis étant partagés sur l'emploi de la méthode *cacographique*, le professeur, suivant son gré, les dictera ou non à l'élève au lieu des formes régulières qui sont imprimées en *italiques*.

Quelques-unes de ces formes vicieuses paraîtront bien faciles à corriger ; mais la correction de chacune d'elles rappellera toujours une règle à appliquer.

NOTA. — *La Grammaire* se trouve aussi chez tous les libraires. Elle est du même prix que le volume de dictées.

DICTÉES FRANÇAISES

PRÉFACE DE L'AUTEUR

Les **Dictées françaises,** que le désir d'être utile et les conseils de quelques personnes respectables m'ont déterminé à livrer à la publicité, ont été prises indistinctement parmi celles que je prépare pour mes élèves depuis plusieurs années. Je crois y avoir représenté à plusieurs reprises les plus grandes difficultés de notre langue. Celles qui m'ont échappé pourront trouver place dans l'ouvrage, aussitôt que des personnes obligeantes me les auront signalées.

Tel qu'il est, ce faible essai de mon expérience sera de quelque utilité à tous ceux qui se livrent à l'enseignement de la langue française, en leur épargnant un travail long et fastidieux dans la composition d'une cacographie.

J'ai cru devoir quelquefois préférer des dictées faibles à d'autres un peu plus fortes, parce que, dans les classes nombreuses, il est essentiel d'aider les différents sujets, de revenir souvent sur ses pas : *homo est animal dediscens.* Là-dessus on doit s'abandonner entièrement à la sagesse et à la sagacité des professeurs.

Pour éviter la monotonie qui augmenterait encore dans le jeune âge le dégoût des études, j'ai varié les sujets, autant que possible. J'ai voulu, de plus, que chaque dictée présentât une suite d'idées liées aux mêmes faits, pour en faire jaillir comme d'une source nouvelle une leçon de morale, une saillie ou une pensée ingénieuse. La variété des faits piquera la curiosité sans fatiguer l'attention.

Sur ce point, je crois avoir mieux fait que mes prédécesseurs. En effet, malgré tout le respect que j'ai pour les exercices de MM. Boinvilliers, Le Tellier, etc., je pense qu'ils offrent trop de phrases triviales, sans ordre et sans suite, qui ne sauraient flatter le goût des élèves. Si quelquefois leurs dictées sont suivies, elles n'offrent plus de difficultés. Quant à celles où l'on a vicié même l'orthographe usuelle, qui ne peut s'apprendre que par l'habitude de voir les mots bien écrits dans un dictionnaire ou dans tout autre livre, je crois qu'elles ont tout à fait manqué le but proposé, et que ce sont comme des piéges tendus aux élèves, moins pour les contraindre à la réflexion que pour les embarrasser de plus en plus. Il arrive très-souvent qu'un écolier, après avoir vu un mot écrit de deux manières différentes, reste dans une espèce de tâtonnement, sans savoir celle pour laquelle il doit se décider, puisqu'aucune des deux n'est susceptible de l'application d'un principe grammatical.

Les exercices sur l'orthographe française, par MM. Noël et Chapsal, offrent, à la vérité, un excellent choix de phrases instructives que ces deux savants littérateurs ont puisées dans nos meilleurs écrivains ; mais elles sont beaucoup trop faciles pour des élèves avancés, et le cours demandait à être complété.

Des dictées, composées tout exprès pour offrir des difficultés grammaticales, ne peuvent pas être prises pour des modèles de style, puisqu'on est souvent obligé d'y employer des répétitions oiseuses, des phrases banales, des constructions dures et choquantes, enfin, des tournures et des expressions dans le style de Chapelain dont Boileau a dit :

> Maudit soit l'auteur dur dont l'âpre et rude verve,
> Son cerveau tenaillant, rima malgré Minerve,
> Et, de son lourd marteau martelant le bon sens,
> A fait de méchants vers douze fois douze cents.

Les morceaux que j'ai choisis ne sont quelquefois que des paraphrases de quelques idées que j'ai trouvées dans des auteurs grecs, latins ou français. Quand j'ai traduit des passages de Salluste, de Tacite. etc., je n'ai nullement cherché à donner une traduction exacte, puisque j'ai été obligé de torturer en quelque sorte mes phrases pour faire naître des difficultés de syntaxe. J'ai seulement conservé le fond et quelquefois cependant des phrases entières. Il n'y a point lieu de crier au plagiat, puisque le prévenu fait l'aveu de sa faute.

Un grand nombre de dictées sont le produit de l'imagination ou de quelques réminiscences ; ce sont les développements de quelques idées qui sont venues se ranger sous ma plume. J'implore, pour ce faible mérite, l'indulgence et les conseils des hommes éclairés, qu'une longue habitude d'étudier et d'enseigner a mis au niveau des plus hautes questions de grammaire, et qui ont, en quelque sorte, mis une justesse géométrique dans tous leurs raisonnements, à force d'analyser et d'approfondir les systèmes.

Je serai complétement satisfait si je puis être utile à quelques-uns de mes confrères, et surtout à la jeunesse, pour laquelle je ferai volontiers le sacrifice de tous les moments de loisir que me laissent les fonctions de l'enseignement.

ALAIN GOUZIEN.

NOTA. — Cette préface était écrite par mon père pour le recueil de ses dictées que je publie aujourd'hui.

DICTÉES FRANÇAISES

1. — LA RENTRÉE DES CLASSES.

JEUNES ÉLÈVES,

PREMIÈRE DICTÉE. — En reprenant aujourd'hui les études que vous avez suspendues pendant deux mois pour être *capables* (SUSCEPTIBLES) de les continuer ensuite avec succès, vous êtes-vous bien pénétrés des vérités que nous nous sommes *fait* (FAITS) un plaisir ou plutôt un devoir de vous exposer à la fin de l'année scolaire qui s'est écoulée ? Vous êtes-vous *rappelé la* (RAPPELÉ DE LA) touchante cérémonie qui l'a terminée ? *J'aime à croire* (J'AIME CROIRE) qu'elle ne s'est point effacée de vos cœurs cette *vive et* (VIVE ET CETTE) profonde impression, qu'a excitée en vous la joie délicieuse et pure d'avoir participé à la distribution des récompenses, de vous être *entendu* (ENTENDUS) applaudir, et de vous être vu couronner par vos maîtres. Vous n'avez point oublié *non plus* (AUSSI) ces regrets que vous avez ressentis, lorsque vous vous êtes vu refuser la couronne que vos heureux condisciples ont remportée.

Quel but vous êtes-vous *proposé* (PROPOSÉS) en reprenant vos études ? Vous ne vous êtes point proposé sans doute d'être en butte aux reproches et aux sarcasmes de vos parents *et de vos maîtres* (ET MAÎTRES). Il faut que vous *rentriez* (RENTREZ) dans la lice avec résolution, quelle *que soit* (QU'EST) votre infériorité, quelque faibles que *puissent* (PEUVENT) être vos moyens, quelque redoutables rivaux que vous croyiez *ceux que vous avez à* (CEUX A) combattre, quelques difficultés même que vous ayiez (1) *rencontrées* (RENCONTRÉ) à votre début dans la lutte. Il ne faut pas que vous oubliiez que vous avez, dans la per-

---

(1) Nous conservons l'*i* après l'*y* pour la raison que nous avons indiquée dans notre grammaire, page 41 (observations sur l'auxiliaire *avoir*).

sévérance, un moyen infaillible de vous venger de la défaite que vous avez essuyée, et de vous assurer de brillants triomphes pour l'avenir.

DEUXIÈME DICTÉE. — Que de chagrins ne vous ont pas coûtés les dernières années que vous avez vécu dans l'oubli de vous-mêmes, puisque vous les avez passées dans l'inaction *et l'igno-rance* (ET DANS L'IGNORANCE) ! Autant vous avez éprouvé de peine quand vous vous êtes rendu compte de votre incapacité, *autant* (ET AUTANT) vous en auriez éprouvée encore, si vous ne vous *étiez* (SERIEZ) proposé de vous livrer à l'étude, avec une ardeur *toute* (TOUT) nouvelle. Je ne doute pas que, par un tra-vail soutenu, vous *n'ayiez* (AYIEZ) bientôt triomphé de toutes les difficultés qui vous ont arrêtés jusqu'ici. Je ne désespère pas que, sur la fin de votre carrière littéraire, vous *n'ayiez* (AYIEZ) surpassé quelques-uns de vos condisciples qui se sont trop reposés sur les heureuses dispositions qu'ils ont reçues de la nature ; et vous ne nierez pas que *je n'aie* (J'AIE) *de* (DES) bonnes rai-sons pour en être convaincu.

TROISIÈME DICTÉE. — Que votre conduite soit donc tout autre qu'elle *n'a été* (QU'ELLE A ÉTÉ) jusqu'à ce jour, et vous égalerez bientôt *ceux qui vous ont* (CEUX VOUS AYANT) surpassés, parce qu'ils se sont livrés *tout* (TOUS) entiers à l'étude. Menez une vie tout active, toute laborieuse ; réparez les instants que vous avez avoué que vous avez *si* (AUSSI) souvent perdus, et que vous avez jugé nécessaire *de réparer* (QUE VOUS RÉPARIEZ) le plus tôt possible. L'attention que nous sommes convaincus que vous avez prêtée à nos dernières leçons, et que nous vous avons annoncé que vous mettriez à profit plus tard, est pour nous un sûr garant de votre application et de vos succès futurs. Soyez constants dans cette résolution ; toute autre conduite serait pour vous-mêmes un sujet de disgrâces et de chagrins. *Voilà* (VOICI) le motif pour quoi nous nous sommes crus (CRU) en droit de vous donner les conseils que nous avons *jugés* (JUGÉS QUI SERAIENT) *nécessaires* (NÉCESSAIRE) à votre bon-heur ; *voilà* (VOICI) aussi pourquoi nous nous sommes cru le droit de vous faire *de* (DES) vives remontrances, *tant* (AUTANT) qu'elles seraient provoquées par vos intérêts les plus chers, et *par toute* (ET TOUTE) l'affection que nous vous avons vouée pour la vie.

2. — SUR LA GRAMMAIRE.

PREMIÈRE DICTÉE. — Combien de volumes n'a-t-on pas écrits sur la langue française depuis quelque deux *cents* (CENT) ans, c'est-à-dire, depuis l'époque où elle s'est perfectionnée, jusqu'à nos jours où elle a reçu d'autres perfectionnements. Les critiques *nous font observer* (NOUS OBSERVENT) que les difficultés ont paru augmenter, à mesure *qu'on* (QUE L'ON) a travaillé à les éclaircir. En effet, plus on a écrit d'ouvrages sur cette matière, *plus* (ET PLUS) on a cru nécessaire d'en publier *de* (DES) nouveaux. Quelques grands efforts qu'on *ait* (A) faits, quelques moyens artificieux qu'on *ait* (A) employés, quelque lumineux que *soient* (SONT) les systèmes qu'on a *proposés* (PROPOSÉ) à suivre, et quelque savantes gens qu'on *ait jugé* (A JUGÉS), avec raison, quelques-uns des écrivains qui se sont proposé *et qui se sont crus* (ET CRUS) *capables* (SUSCEPTIBLES) de donner un cours complet des difficultés raisonnées de la langue française, *tous* (TOUTES) les gens du monde, et même *tous* (TOUTES) les habiles gens qui se sont *laissés* (LAISSÉ) aller au désir d'écrire purement, *sont* (ONT) restés dans des incertitudes *d'où* (DONT) ils ne sont pas sortis.

DEUXIÈME DICTÉE. — Les grammairiens mêmes, quoi qu'ils *aient* (ONT) fait, quelque chose qu'ils *aient* (ONT) imaginée pour publier là-dessus quelque chose qui fût plus *satisfaisant* (SATISFAISANTE) et plus *complet* (COMPLÈTE), *sont* (ONT) restés dans des doutes que nous savons *avoir été* (QUI ONT ÉTÉ) très-longs à éclaircir. Par ce que nous avons lu et compris en *examinant* (FIXANT) attentivement les règles qu'ils ont données, nous avons jugé que beaucoup de difficultés *étaient* (AVAIENT) *restées* (RESTÉ) à résoudre, parce qu'on n'a pas dit les raisons pour quoi telle ou telle opinion l'aurait emporté sur toute autre. Pourquoi donc a-t-on rencontré tous ces obstacles ? N'a-ce pas été la faute des premiers écrivains, qui ne sont pas *excusables* (PARDONNABLES) d'avoir établi chacun *ses* (LEURS) règles, sans avoir préalablement consulté l'usage, qui aurait dû servir d'arbitre plutôt que l'obscur raisonnement des métaphysiciens. Car ceux-ci ont proposé *chacun* (CHAQUE) une opinion *toute* (TOUT) différente, tout opposée. S'ils avaient *attendu* (ESPÉRÉ) quelques années encore pour publier leurs opinions, ils se seraient convaincus que, d'un demi-siècle à un demi-siècle et quelquefois plus tôt, il s'est opéré dans les langues des changements *considérables* (CONSÉQUENTS).

TROISIÈME DICTÉE. — On a signalé *de* (DES) nouveaux abus, on a mis en évidence, on a montré du doigt des erreurs *de plus en plus grossières* (PLUS GROSSIÈRES LES UNES QUE LES AUTRES), de sorte que les anciens réformateurs *si* (AUSSI) recommandables qu'ils *aient* (ONT) été, et quelque grands génies qu'on les *ait crus* (A CRU) à l'époque où ils ont écrit, ont perdu successivement leur mérite, quand la langue s'est enrichie *de* (DES) nouvelles expressions, *de* (DES) nouveaux tours, et quand, aux raisonnements qu'ils ont donnés, ils n'ont pas ajouté une certaine prédiction des écarts *par lesquels* (PAR QUI) la langue se serait corrompue. C'étaient des erreurs qu'on avait déjà signalées, c'étaient des erreurs mêmes commises par leurs prédécesseurs qu'ils voulaient nous garantir. Qu'était-ce que ces abus ? C'étaient des fautes réelles contre la langue. Avant de l'avoir étudiée à fond, nous ne savions pas encore ce que c'était que ces prétendues règles *auxquelles* (à QUI) on a donné tant d'exceptions depuis cette époque.

QUATRIÈME DICTÉE. — Quant aux raisons que les grammairiens anciens *et les modernes* (ET MODERNES) ont cru convenable de produire pour appuyer leurs systèmes, nous les avons *trouvées* (TROUVÉ) aussi bonnes que possible, mais quelles que nous les ayions jugées, nous avons été forcés de convenir que plusieurs questions *sont* (ONT) restées à résoudre. Nous pensons *et nous penserons* (ET PENSERONS) toujours qu'il faut essayer de perfectionner cette langue qui doit *être perfectionnée* (L'ÊTRE) pour nous plus que toute autre, puisque c'est notre langue nationale. Nous ne disconviendrons pas que *ce ne soit* (C'EST) la première à connaître à fond. Plus d'une règle *est* (SONT) encore aujourd'hui tout obscurité et *toute* (TOUT) confusion. Qu'était-ce que toutes ces règles établies par les uns, rejetées par les autres, *ces règles qui* (QUI) ont si souvent tenu les écrivains en suspens, dans une hésitation fâcheuse ? Que seraient même d'autres règles établies sans être sanctionnées par l'usage ? C'est lui l'arbitre de toutes les langues, et c'est de l'usage des bons écrivains *que* (DE QUI) nous parlons ici. C'est dans les chefs-d'œuvre de notre littérature *que* (OÙ) nous devons puiser tous nos principes. Ils nous offrent un grand nombre de modèles d'élégance et de clarté. Songeons bien que la langue *la* (LE) plus claire est aussi *la* (LE) mieux faite. La nôtre s'est piquée avec raison d'être aujourd'hui la première *des langues parlées* (DE CELLES PARLÉES) en Europe. Il ne faut pas que nous oubliions que c'est toujours quand une langue est *le* (LA) plus claire, qu'elle est aussi *le* (LA) plus belle et *le* (LA) mieux faite : *la* (SA) clarté *en fait la perfection* (FAIT SA PERFECTION).

CINQUIÈME DICTÉE. — Messieurs, êtes-vous les grammairiens dont nous avons parlé ? Nous ne *les* (LE) sommes pas. — Vous êtes cependant grammairiens ? Oui, nous *le* (LES) sommes. Mais nous ne sommes pas les premiers qui *aient* (AYIONS) relevé quelques erreurs dans vos grammaires ; nous ne sommes pas les seuls qui *aient* (AYIONS) reconnu les contradictions des Domergue, des Restaut, des Noël, etc., et ce ne serait pas à nous *qu'il* (A QUI IL) serait permis de dire : il n'y a que nous qui *puissions* (PEUVENT) être regardés comme des grammairiens consciencieux ; d'autres nous ont précédés ou suivis : témoin les Girard, les Favre, etc. Nous sommes trois qui *avons* (ONT) proposé des règles que nous avons crues plus rationnelles *que les règles établies* (QUE CELLES ÉTABLIES) par quelques grammairiens vulgaires, qui se sont *laissés* (LAISSÉ) aller à mille erreurs, parce qu'ils ne se sont pas donné la peine de réfléchir sérieusement sur les principes qu'ils ont *proposés* (PROPOSÉ) à suivre. Nous ne sommes pas pour cela des Racine *ni* (ET) des Voltaire, ces hommes illustres qui ont fait des remarques *si* (AUSSI) savantes sur la langue. Qu'êtes-vous devenus, poëtes *éminents* (IMMINENTS), qui *avez* (ONT) illustré la scène française ? Vous *avez* (ÊTES) disparu comme *tout disparaît ici-bas* (TOUT ICI-BAS), mais vos chefs-d'œuvre nous *sont* (ONT) restés, et *c'est là que* (C'EST EN EUX EN QUI) nous cherchons encore nos meilleurs modèles.

⋯⟡⋯

3. — PREUVE MÉTAPHYSIQUE DE L'EXISTENCE DE DIEU.

Nous sommes obligés de convenir, quel que *soit* (SONT) notre aveuglement ou notre mauvaise foi, que *chacun* (CHAQUE) de nous renferme en *soi-même* (LUI-MÊME) un principe pensant séparé de toute matière. Or, l'existence de ce principe a une liaison tout étroite avec l'existence de Dieu. En effet, ou notre âme s'est créée *elle-même* (SOI-MÊME), ou elle a reçu l'existence de la matière, ou, enfin, elle l'a reçue de Dieu. Les deux premières suppositions ou hypothèses, *toutes* (TOUT) fausses et tout absurdes qu'elles *sont* (SOIENT), ont été soutenues par certaines gens *extravagants* (EXTRAVAGANTES) qui se sont obstinés à les discuter. Mais, quelques difficultés qu'ils *aient* (ONT) soulevées, quelque convaincantes que leur *aient* (SONT) paru les preuves qu'ils ont données, quelque *savantes* (SAVANTS) gens enfin qu'on les croie, et que nous les croyions nous-mêmes, nous ne nous sommes point laissé convaincre par leurs sophismes, et nous nous sommes dit que, si notre âme *avait* (AURAIT) reçu son existence d'*elle-même* (DE SOI-MÊME), elle se serait créée *toute* (TOUT) parfaite : car aucune cause n'aurait mis des bornes à sa perfection. Personne ne niera cependant *qu'il n'y ait* (QU'IL Y AIT) dans les hommes bien des imperfections. Combien n'en a-t-on pas eues à corriger par l'éducation morale ! Notre âme ne s'est donc pas faite *elle-même* (SOI-MÊME) ; d'un autre côté, elle n'a pas été créée par la matière : car ce qui est *dans* (DEDANS) l'effet doit être renfermé dans la cause ; or, la matière n'a jamais eu la faculté de penser ; c'est donc à tort *qu'on* (QUE L'ON) l'aurait regardée comme ayant créé notre âme, qui ne peut véritablement être que l'œuvre de Dieu.

---

4. — PREUVE HISTORIQUE ET MORALE DE L'EXISTENCE DE DIEU.

PREMIÈRE DICTÉE. — L'existence de Dieu est prouvée par le consentement unanime des peuples ; tous *sont* (ONT) convenus qu'il y a (AVAIT) un être suprême, tous *sont* (ONT) tombés d'accord sur ce principe fondamental, quelques climats qu'ils *aient* (ONT) habités, quels qu'*aient* (ONT) été leurs caractères, leurs mœurs, leurs idées religieuses. Les traditions constantes, c'est-à-dire *celles qui se sont succédé* (CELLES S'ÉTANT SUCCÉDÉ) sans interruption jusqu'à nous, les annales que nous ont laissées quelques hommes d'élite, les monuments de tous les âges, de tous les pays, ont toujours constaté et ont dû nous convaincre que toutes les nations du monde, quelle qu'on *ait* (A) jugé leur ignorance ou leur savoir, quelque sauvages ou quelque civilisées qu'on les *ait* (A) crues, ont admis *avant* (AUPARAVANT) toute autre chose, le principe de l'existence d'un souverain maître, *qui domine et qui règle* (QUI DOMINAIT ET RÉGLAIT) le monde.

DEUXIÈME DICTÉE. — Ç'a été le premier article de foi que les peuples ont mis en pratique : car ils ont rendu un culte à cet être suprême. Que serait-ce donc que ces lois établies sur la religion de temps immémorial ? Qu'était-ce que ces sacrifices que nous avons sus *avoir été faits?* (QUI ONT ÉTÉ FAITS). Qu'était-ce enfin que ces cérémonies *qu'on a vu célébrer* (QUI ÉTAIENT CÉLÉBRÉES) dans des temples *érigés* (ÉRIGÉ) en l'honneur de la Divinité ? Ce devaient être les manifestations des idées religieuses des peuples ; et, de nos jours encore, les philosophes ou *tous* (TOUTES) les gens censés tels se sont accordés sur ce point fondamental : témoin les institutions religieuses *qu'on a trouvées établies* (QUI ÉTAIENT ÉTABLIES) chez les peuples *le* (LES) plus nouvellement découverts. Combien de preuves convaincantes n'en avons-nous pas trouvées, dans les relations que nous ont laissées ces navigateurs qui ont pénétré les premiers *dans* (DEDANS) les demeures lointaines des Brésiliens, des Mexicains et des autres peuples qu'on a découverts depuis quelque quatre *cents* (CENT) ans, c'est-à-dire vers l'an mil quatre cent quatre-vingt-douze !

---

5. — CÉSAR PASSE LE RUBICON.

(EXTRAIT DE LA PHARSALE DE **Lucain**, LIVRE I).

PREMIÈRE DICTÉE. — César avait déjà franchi le sommet des Alpes, l'âme tout agitée, le cœur plein de la guerre future. Il dirigeait ses pas vers Rome et *s'avançait* (S'AVANCE) à grandes journées. Il est bientôt arrivé sur les bords du Rubicon. Là, un fantôme lumineux et d'une grandeur effrayante lui *est* (A) apparu *pendant* (DURANT) la nuit : c'était l'image de la Patrie. Il l'a vue *toute* (TOUT) tremblante, tout éplorée, tout autre enfin *qu'il ne l'aurait* (QU'IL L'AURAIT) vue dans toute autre circonstance. De son front, couronné de tours, *ses* (LES) cheveux blancs flottants *tombaient* (EN TOMBAIENT) épars *sur* (DESSUS) ses épaules. Immobile devant lui, s'étant senti le courage de parler, elle a prononcé les paroles que *voici* (VOILA) et que les gémissements ont fréquemment entrecoupées : « Où *allez-vous* (VOUS EN ALLEZ-« VOUS), Romains, où portez-vous les enseignes que je vous ai « confiées ? Qu'était-ce donc que ces promesses que vous me « faisiez et que vous croyiez *jadis nécessaire* (JADIS QU'IL ÉTAIT « NÉCESSAIRE) d'accomplir ? Vous aviez juré de ne vous armer « que pour me défendre. Vous me priiez de vous indiquer la « voie *qu'il vous fallait suivre* (QU'IL FALLAIT QUE VOUS SUIVIEZ). « Aujourd'hui, *si c'est* (SI CE SONT) la justice et vos droits bien « fondés qui vous ont précipités *dans* (DEDANS) cette guerre, si « vous êtes des citoyens tels *que* (COMME) je vous ai crus, arrêtez « ici vos pas : vous les avez déjà portés trop loin. »

A peine a-t-elle fini ces paroles, qu'une soudaine horreur *s'est emparée* (S'EMPARE) du cœur de César. Ses cheveux se sont dressés, un frisson *a parcouru* (PARCOURT) tous ses membres, la tristesse qu'il a éprouvée a enchaîné ses pas au rivage.

DEUXIÈME DICTÉE. — Quand il a rappelé tous ses esprits, il s'est écrié : « O Jupiter. qui as toujours été l'objet du culte de
« nos aïeux, qui *as* (A) été adoré *dans* (DEDANS) Albe naissante,
« et qui, du haut du Capitole, *règnes* (RÈGNE) aujourd'hui *sur*
« (DESSUS) la reine du monde, étends sur moi ta toute puis-
« sante protection, répands *sur* (DESSUS) ton serviteur tes infinis
« bienfaits ; vous tous, dieux tutélaires des Troyens, qui *avez*
« *été* (ONT ÉTÉ) apportés autrefois par Enée *dans* (DEDANS) l'Au-
« sonie, toi, Romulus, qui *fus* (FUT) enlevé au ciel, Vesta,
« qui vois sans cesse sur tes autels le feu sacré, toi *enfin*
« (ENFIN AUSSI), Rome, qui fus toujours une divinité *pour moi*
« (VIS A VIS DE MOI), favorisez l'entreprise que j'ai conçue et que
« mon âme s'est peut-être, trop légèrement, jugée *capable* (SUS-
« CEPTIBLE) d'exécuter. Non, Rome, ne crois pas que tu voies
« jamais César te poursuivre ; tu *ne verras jamais ses* (N'EN
« VERRAS JAMAIS LES) mains armées *du* (PAR LE) flambeau des
« furies ; convaincs-toi de sa fidélité : il est toujours ton soldat;
« tu t'en convaincras par ce que tu le verras accomplir. Ceux-là
« seuls seront jugés criminels, qui se seront cru *le droit de*
« *faire* (POUVOIR VENIR FAIRE) de César l'ennemi de son pays. Il
« faut que tout le monde *acquière* (ACQUIERT) cette certitude, *et*
« *on* (ET L'ON) l'acquerra par la conduite qu'on me verra tenir. »

TROISIÈME DICTÉE. — A peine a-t-il terminé cette allocution, qu'il s'est trouvé encouragé à prendre un parti décisif ; et c'est la guerre qu'il a choisie. *quels qu'en dussent être les résultats* (QUELS QUE DEVAIENT ÊTRE SES RÉSULTATS), quelques terribles chances qu'il *eût* (AURAIT) à subir et quelque bons soldats *que fussent* (QU'ÉTAIENT) les Romains de l'armée *de* (A) Pompée, aussi braves *que* (COMME) les siens.

La guerre est donc résolue.

Déjà les troupes qu'il a amenées jusque là *se sont avancées* (S'AVANCENT) ou plutôt se sont précipitées au dela du fleuve dont les ondes s'étaient gonflées. Telle, *dans* (DEDANS) les déserts de l'ardente Libye, une lionne furieuse, apercevant le chasseur qui l'a blessée, s'arrête *toute* (TOUT) haletante et *semble hésiter* (A L'AIR HÉSITANTE) un instant ; mais elle se ranime de nouveau, *elle* (ET ELLE) rassemble toute sa fureur. Sitôt qu'elle s'est battu les flancs du fouet meurtrier de sa queue ; le bruit sourd du rugissement a retenti dans sa gueule profonde; soit que le Maure lui darde sa lance ou lui présente la pointe de l'épieu, tout *imminent* (ÉMINENT) *qu'est* (QUE SOIT) le danger, *toutes* (TOUT) mena-çantes que sont les armes qui lui sont opposées, elle se précipite sur le fer sans être nullement effrayée de son atteinte mortelle.

6. — LA PATRIE A SES ENFANTS.

PREMIÈRE DICTÉE. — C'est ici *que* (où) vous avez reçu la vie ;
c'est ici *que de* (où DES) sages institutions ont perfectionné
votre raison. Les règlements que j'ai faits, les mesures que j'ai
ordonnées, les dispositions que j'ai prises, toutes les lois *et
toutes les institutions* (ET INSTITUTIONS) que j'ai créées *et que
j'ai substituées* (ET SUBSTITUÉES) au chaos, à l'anarchie, et que j'ai
cru nécessaire *de vous présenter* (QUE JE VOUS PRÉSENTASSE) comme
sacrées et inviolables, parce que je les ai jugées *nécessaires*
(NÉCESSAIRE) au bonheur, à l'intérêt public, sont les meilleures
garanties que j'ai cru convenable de donner, pour la sûreté du
premier comme du dernier de mes enfants. Vous avez tous,
tant que vous êtes, *fait* (FAITS) un serment formel ou tacite de
consacrer vos jours à mon service, et vous m'avez regardée
comme votre mère commune ; je me suis engagée à vous chérir
sans partialité ; c'est à vous *de* (à) juger si j'ai rempli mes engagements ; soyez vous-mêmes fidèles aux vôtres. En effet, que
serait-ce que des engagements pris, sans qu'on *songeât* (SONGE)
à les remplir, et qu'on serait prêt *à* (DE) violer a la première occasion ? Que seraient tous les titres que vous m'avez donnés,
que vous m'avez déférés jusqu'ici, s'il faut encore que vous
m'oubliiez, que vous m'outragiez ? Je vous ai dit que *je suis*
(J'ÉTAIS) votre mère commune, et vous vous l' (EN) êtes rappelé,
quand vous avez eu besoin de moi. *Voilà* (VOICI) les choses que
j'ai cru juste *de vous signaler* (QUE JE VOUS SIGNALASSE). Quelles
que vous croyiez vos raisons, elles ne convaincront jamais
personne que vous soyez autorisés à porter atteinte aux mœurs
qui m'ont servi *plus* (DAVANTAGE) que les lois, quand j'ai jeté
les fondements de mon empire, et qui vous ont aidés vous-
mêmes à sortir des embarras qu'on vous avait averti que vous
auriez, lorsque vous viendriez à faire l'application de mes lois.

DEUXIÈME DICTÉE. — Quant aux hommes courageux qui *croient*
(COMPTENT CROIRE) m'avoir assez bien servie, quand ils ont porté
mes aigles *triomphantes* (TRIOMPHANTS) chez tous les peuples
voisins, ils n'ont pas encore achevé l'œuvre qu'ils ont commencée, malgré les peines que nous sommes persuadée qu'ils se
sont données. Elle est restée incomplète ; ils n'ont rempli que
la moitié de leur devoir, quelque bons citoyens qu'ils se *soient*
(SONT) montrés, quelques grands titres qu'ils *aient* (ONT) cru avec
raison *avoir* (QU'ILS ONT) acquis à la reconnaissance publique ;
ils ne m'ont pas *épargné* (ÉVITÉ) les chagrins *dont* (DE QUI) je
me suis vue accablée, ils ne m'ont pas délivrée de ces monstres
de corruption que l'enfer, plutôt que le ciel, a fait naître pour

la destruction des empires. *Je pense* (J'ESPÈRE) bien que vous l'avez compris vous-mêmes, et que vous ne nierez pas que plus d'une preuve convaincante *ne puisse* (PEUVENT) être donnée à quiconque voudrait en douter.

TROISIÈME DICTÉE. — Par ce que vous avez fait jusqu'ici, on peut juger de ce que vous êtes *capables* (SUSCEPTIBLES) de faire encore. Combattez donc cette maladie qui s'est répandue dans le corps social : *c'est* (CE SONT) des mœurs corrompues *que* (DE QUI) je veux parler. Il faut que vous y remédiiez le plus tôt possible, et que vous voyiez de quel moyen vous servir pour les corriger *et les réformer* (ET RÉFORMER). Le remède doit être appliqué lorsque la maladie est *le* (LA) moins violente et *le* (LA) moins dangereuse. Vous n'y remédierez plus lorsqu'elle se sera développée, propagée. Si ma situation *avait été* (AURAIT ÉTÉ) tout autre que *vous ne la* (VOUS LA) voyez vous-mêmes, j'aurais sollicité votre appui comme toute autre mère, c'est-à-dire avec *plus* (DAVANTAGE) de modération et de douceur. Quelques grands efforts que vous vous *croyiez* (CROYIEZ QUE VOUS ÊTES) obligés de faire, soyez persuadés qu'une volonté, une résolution ferme, énergique, *aura* (AURONT) bientôt surmonté toutes les difficultés qu'on vous *a* (AVAIT) avertis que vous auriez rencontrées, et que je suis convaincue que vous serez satisfaits d'avoir surmontées, quand vous vous convaincrez vous-mêmes que ç'a été pour votre bonheur et celui de vos concitoyens.

QUATRIÈME DICTÉE. — Quand la Patrie vous demande, vous devez être *prêts à* (PRÈS DE) vous rendre à son appel. Si vous balancez à obéir, vous êtes déclarés en rébellion ouverte contre son autorité, et vous pouvez devenir la cause des malheurs de *tous* (TOUTES) les gens faibles ou mal intentionnés, qui se sont *laissés* (LAISSÉ) aller à vos mauvais conseils, et qui se sont peut-être *laissé* (LAISSÉS) entraîner à une perte inévitable ; vous assumez *sur* (DESSUS) vos têtes toute la responsabilité des malheurs particuliers et des calamités publiques.

Une vérité que vous ne nierez pas avoir entendu dire, *c'est* (EST) que vous devez tout à la Patrie. Quels que *soient* (SONT) les services que vous lui *ayiez* (AVEZ) rendus, et quelques grands honneurs qu'ils vous *oient* (ONT) valus, vous ne devez pas *croire avoir* (COMPTER QUE VOUS AVEZ) assez fait pour elle, *ni avoir* (ET QUE VOUS AVEZ) rempli tous vos devoirs. Dignités, honneurs, richesses, tout appelle votre reconnaissance, vous en êtes devenus comptables *envers elle* (VIS-A-VIS D'ELLE). Quelque bons citoyens que *chacun* (CHAQUE) vous croie et que vous vous croyiez peut-être vous-mêmes, quels que vous *jugiez* (JUGEZ) les services que vous lui avez rendus, un refus d'obéissance est toujours un crime et imprime à la réputation une tâche ineffaçable.

7. — IMMORTALITÉ DE L'AME.

PREMIÈRE DICTÉE. — Y a-t-il un dogme de notre religion qui *ait* (A) été plus controversé que celui de l'immortalité de l'âme ? Les matérialistes l'ont nié sans avoir donné une preuve convaincante de cette opinion *toute* (TOUT) fâcheuse, tout affligeante pour l'espèce humaine. Quant à nous, nous nous sommes *laissés* (LAISSÉ) aller à une conviction *toute* (TOUT) différente, et nous ne doutons pas que nous *n'ayions* (AVONS) mieux compris les vues de la Providence, que ne l'ont fait *toutes* (TOUS) ces prétendues *savantes* (SAVANTS) gens. Nous disons plus : c'est que nous ne désespérons pas qu'un peu plus tôt, un peu plus tard, *ils ne se rangent* (ILS SE RANGENT) de notre avis, et qu'ils *n'adoptent* (ADOPTENT) franchement notre opinion. Et, en effet, nierons-nous que *nous ne portions* (NOUS PORTONS) empreint au-dedans de nous-mêmes, en caractères ineffaçables, le sentiment de notre immortalité ? Nous ne disconviendrons pas qu'il *n'y ait* (Y AIT), au fond de notre cœur, quelque chose d'intelligent et de judicieux qui nous révèle une vie future ; et nous avouerons que, dans notre opinion, l'amour de la gloire, l'ambition de laisser après soi un nom illustre n'a jamais eu un autre principe. Il y a des hommes qui ont couru les plus grands dangers, qui étaient toujours *prêts à* (PRÊTS DE) verser leur sang pour acquérir une grande renommée ; et *je pense* (J'ESPÈRE) bien que les exemples n'ont jamais manqué. Quelles gens, en effet, aurait-on vus courir après la gloire, s'étant sérieusement représenté les dangers qu'ils couraient pour atteindre *au* (LE) faîte des grandeurs, s'ils *s'étaient* (AVAIENT) réellement imaginé qu'ils mourraient *tout entiers* (TOUT ENTIER) en quittant cette vie, qu'ils n'acquerraient, par conséquent, *aucun droit* (AUCUNS DROITS) au souvenir de la postérité ? *J'affirme* (JE PROMETS) que je ne saurais admettre un tel paradoxe, et *j'aime à croire* (JE COMPTE) que *tous* (TOUTES) les gens censés bons philosophes, ont toujours été et sont encore aujourd'hui de notre opinion.

DEUXIÈME DICTÉE. — C'est dans une tout autre vie *que* (où) nous devons nous attendre à trouver le bonheur. S'il en *était* (SERAIT) autrement, nous n'aurions été créés que pour être à perpétuité les misérables jouets d'une fantaisie barbare. De quelle cruauté les mécréants et les vrais croyants même n'auraient-ils pas taxé la Divinité, si elle nous *avait entraînés* (AURAIT ENTRAÎNÉS) ainsi à la poursuite d'une chimère *à laquelle* (A QUI) nous ne devions jamais atteindre ? La justice de Dieu même ne serait-elle pas compromise, ne serait-elle pas révoquée en doute, si, en créant notre âme, Dieu ne *l'avait* (L'AURAIT) pas créée immortelle ? En effet, il nous a tracé une règle de conduite *à laquelle* (à qui) nous devons nous conformer, et *que* (dont) nous devons toujours nous rappeler. Combien de fois n'arrive-t-il pas dans ce monde que ceux qui *ont* (ayant) le mieux observé cette règle de conduite, qui *l'ont* (l'ayant) suivie avec le plus d'exactitude *et de bonne* (et bonne) foi, *ne se sont* (ne s'étaient) pas trouvés *les* (le) plus contents *ni les* (et le) plus heureux suivant l'esprit du monde. La justice divine exigeait donc que ces désordres *fussent* (soient) réparés dans une autre vie, que cette apparente injustice *disparût* (disparaisse) et s'effaçât par une récompense éternelle.

TROISIÈME DICTÉE. — Quelque chose qu'on *ait* (à) imaginée, quoi qu'on *ait* (à) dit pour renverser ce dogme consolateur, on n'a jamais pu le détruire *dans* (dedans) l'esprit des hommes sensés ou du moins censés tels, quand ils se sont proposé de raisonner avec bonne foi. Quelle consolation aurait-on trouvée dans les vicissitudes *et les misères* (et misères) de la vie humaine, quelle compensation aurait-on espérée dans ce monde? Le plaisir ou la peine *a été* (ont été) le partage exclusif des uns ou des autres ; les uns ont joui de tout ce qu'on est convenu d'appeler bonheur dans ce monde, les autres ont toujours été plongés dans ce qu'on appelle une profonde misère. Ceux qui *n'ont* (n'ayant) connu que la peine, seraient-ils donc condamnés à ne rien espérer ? Non. Un tel système n'est point admissible. Il y a pour eux quelque chose de *consolant* (consolante) : c'est l'espoir d'avoir un jour la récompense que leur auront méritée leurs bonnes œuvres, le dédommagement des peines qu'ils auront éprouvées, des tribulations auxquelles ils auront été en butte. Ils recevront enfin la palme que leur aura value une constante résignation à subir, *pendant* (durant) leur vie, les dures épreuves que leur a coûtées la triste existence qu'ils ont menée sur la terre.

---

8. — BEAU TRAIT D'HORATIUS COCLÈS.

Les Toscans étaient déjà sur le mont Sublicius, et allaient entrer dans Rome par cette issue. Horatius, voyant le danger *imminent* (éminent), s'est bientôt porté vers l'extrémité opposée, et *a soutenu* (soutient) lui seul avec un courage, une intrépidité infatigable, les efforts de toute l'armée ennemie. Il a tenu bon jusqu'à ce qu'on *eût* (à) rompu le pont derrière lui; alors, ne consultant que son courage, il s'est jeté *dans* (dedans) le Tibre sans avoir quitté ses armes ; et les dieux immortels, témoins de sa bravoure, *se sont déclarés* (se déclarent) ses protecteurs et ont veillé à sa conservation, en lui *épargnant* (ÉVITANT) le chagrin de tomber entre les mains de ses ennemis. Sans être *ni* (ET) blessé en tombant de si haut, *ni* (ET) submergé par le poids de ses armes, *ni* (ET) entraîné par le courant rapide des eaux, *ni* (ET) même atteint *par les* (DES) traits qui n'avaient *cessé* (DÉCESSÉ) de pleuvoir sur lui de toutes parts, il a traversé la rivière à la nage, *et a rejoint* (ET REJOIGNIT) ses compagnons d'armes qui s'étaient arrêtés sur l'autre rive, pleins d'admiration pour cet acte d'intrépidité. Une infinité de monde *est* (SONT) accourue en même temps pour le voir ; une infinité de citoyens les plus notables *l'ont* (L'A) félicité, et lui *ont témoigné* (TÉMOIGNE) *leur* (SON) admiration. Une *si* (AUSSI) belle action a donc reçu sa récompense, *celle qui était méritée* (CELLE MÉRITÉE), c'est-à-dire les applaudissements de tous les Romains : témoin les hommages publics qu'ils lui ont rendus, témoin les cris de joie que les soldats mêmes ont poussés, quand ils l'ont vu sauvé. Seul, il a fixé sur lui les regards de tant de citoyens et de tant d'ennemis ; seul, il *a séparé* (SÉPARE) deux armées qui en seraient venues aux mains plus tôt qu'il n'eût été opportun pour les Romains ; seul enfin, il a fait de son bouclier un rempart à sa patrie, et les Toscans ont pu dire avec raison qu'ils avaient vaincu les Romains, mais qu'ils avaient été vaincus par Horatius Coclès.

9. — ÉDUCATION DES ENFANTS.

PREMIÈRE DICTÉE. — *Parmi* (ENTRE) les sujets les plus *importants* (CONSÉQUENTS) et, en même temps, les plus difficiles qui se *soient* (SONT) présentés aux méditations des hommes chargés de conduire la jeunesse, il n'en est point qui nous *ait* (A) paru plus *capable* (PROPRE) et plus digne de fixer l'attention, que l'emploi des punitions *et des récompenses* (ET RÉCOMPENSES).

La plupart des règles, qu'on a cru convenable de proposer ou qu'on a formulées d'une manière claire et distincte, ne sauraient être *appliquées* (APPLIQUÉ) à tous les cas. Les enfants diffèrent tellement par le caractère, par les bonnes *et par les mauvaises* (ET MAUVAISES) qualités du cœur, qu'une marche, qu'on a pu suivre avec succès *auprès des uns* (PRÈS DE L'UN), a souvent conduit *les autres* (L'AUTRE) à des effets tout contraires ; et *c'est* (CE SONT) des enfants en général *que* (DE QUI) nous parlons ici. Il faut donc que nous étudiions nous-mêmes *avec une application incessante les* (ET QUE NOUS NOUS APPLIQUIONS INCESSAMMENT AUX) différentes méthodes et, notamment, *les* (AUX) meilleures qu'on *ait* (A) proposées à suivre jusqu'ici et qu'on *ait* (A), pour ce motif, appuyées sur des raisons convaincantes, sur des exemples tout frappants, tout incontestables.

DEUXIÈME DICTÉE. — La meilleure éducation est sans doute *celle qui est dirigée* (CELLE DIRIGÉE) par la douceur et la persuasion ; mais ces moyens, tout efficaces, tout puissants qu'ils *peuvent* (PUISSENT) être quelquefois, ne réussissent pas toujours ; et, en effet, quelques soins qu'on *ait donnés* (A DONNÉ) à l'éducation des enfants, quelques bonnes habitudes qu'on *ait* (A) essayé de leur faire contracter, quelles que *soient* (SONT) leurs dispositions naturelles, quelque louables même que *puissent* (PEUVENT) être leurs penchants, et, enfin, quelques bons élèves que nous les croyions nous-mêmes et que *chacun* (CHAQUE) les croie, on verra encore parfois se succéder chez eux l'étourderie, l'humeur et l'application.

TROISIÈME DICTÉE. — La fermeté, quoi qu'on en dise, est toujours nécessaire et *les effets en* (SES EFFETS) seront d'autant plus sûrs, que les enfants seront convaincus des sentiments de justice et de bienveillance qui doivent toujours animer le maître. Il faudrait toutefois que les punitions qu'on a cru nécessaire d'infliger aux élèves *tournassent* (TOURNENT) au profit de leur instruction ; il serait utile aussi qu'ils s'y *soumissent* (SOUMETTENT) avec moins d'humeur *qu'ils ne le font* (QU'ILS FONT) trop souvent. Quant aux punitions corporelles, ces punitions tout humiliantes et toutes rigoureuses, les instituteurs prudents et habiles se les sont avec raison interdites ; et *tous* (TOUTES) les gens sensés les en ont félicités. Mais le peu de lumières qu'on a exigé de certains maîtres, le peu de connaissances qu'ils ont *acquis* (ACQUISES) par négligence *ou par* (OU) incapacité ne leur *a* (ONT) pas permis d'apprécier un *si* (AUSSI) bon exemple, *ni* (ET) de repousser toute punition corporelle que *tous* (TOUTES) les gens, censés bons juges en cette matière, condamnent aujourd'hui et ont toujours condamnée. Il a fallu que par des dispositions déjà anciennes, l'autorité *déclarât* (DÉCLARE) défendus ces châtiments ; mais quelle *qu'ait* (QU'A) été sa sévérité, quelques grands efforts qu'elle *ait* (A) faits, elle n'a peut-être pas complétement empêché *qu'on n'en fît* (QU'ON EN FASSE) usage *dans* (DEDANS) plusieurs de nos écoles livrées encore aux anciennes routines.

QUATRIÈME DICTÉE. — Dans le choix des récompenses mêmes, il faut du discernement : des éloges sans flatterie, des témoignages d'affection, des promenades instructives, *de* (DES) bons livres et des objets relatifs aux études des enfants suffiront, si *l'on* (ON) a su les rendre sensibles à l'honneur, pour exciter leur zèle et soutenir leurs efforts, enfin pour *leur faire éviter* (LEUR ÉVITER) le blâme, quand ils se rappelleront *les* (DES) encouragements qu'on leur a donnés. Je ne doute pas que tous les soins qu'aura coûtés leur éducation *ne fassent* (FASSENT) à ces élèves regarder, comme leur plus douce récompense, la satisfaction et les caresses de leurs parents, l'estime et l'affection de leurs maîtres.

---

10. — COMBAT DES THERMOPYLES.

PREMIÈRE DICTÉE. — Des transfuges, qui s'étaient échappés du camp de Xerxès, vinrent tout haletants annoncer à Léonidas la nouvelle de la résolution tout énergique, *toute* (TOUT) désespérée, qu'avaient formée les Perses, de vaincre ou de mourir, plutôt que de quitter la contrée qu'ils avaient envahie, et qu'ils étaient convaincus qu'ils conquerraient par leur courage *et leur persévérance* (ET PERSÉVÉRANCE). Le lendemain matin des sentinelles, qui *étaient accourves* (AVAIENT ACCOURU) du haut de la montagne, l'instruisirent des progrès qu'avait déjà faits l'ennemi et de ceux qu'il s'était proposé de faire. Cette nouvelle ne fut pas plus tôt répandue, que les chefs de l'armée grecque se réunirent pour délibérer sur le parti à prendre. Les uns ayant opiné pour qu'on *s'éloignât* (S'ÉLOIGNE) des Thermopyles, les autres pour qu'on s'y *maintînt* (MAINTIENNE), Léonidas déclara que lui, aussi bien *que* (COMME) ses compagnons, était décidé à ne point abandonner une position que leur avaient confiée leurs concitoyens. Les Thespiens déclarèrent aussi qu'ils ne renonceraient point à la résolution qu'ils avaient *prise* (PRIS), et qu'ils *n'attendraient* (N'ESPÈRERAIENT) pas que les ennemis *eussent* (AIENT) été battus pour leur prouver en leur vendant cher leur vie, quels hommes ils avaient attaqués. Quant aux quatre cents Thébains, soit de gré, soit de force, ils protestèrent qu'eux aussi s'étaient toujours crus *capables* (SUSCEPTIBLES) d'autant de courage que toute autre nation, et qu'ils étaient tous prêts et tout prêts à vaincre ou *à* (DE) mourir.

DEUXIÈME DICTÉE. — Léonidas voyant les sentiments dont ils sont animés s'écrie : « Toute la Grèce a les yeux fixés sur nous. « Il faut que nous nous montrions dignes de la confiance « qu'elle a mise en nous. Mais ce n'est pas ici *que* (OÙ) nous

« devons nous arrêter ; faisons quelque chose de plus hardi :
« c'est à la tente de Xerxès *qu'il* (où il) faut que nous allions ;
« il faut que nous le sacrifiions ou que nous périssions au
« milieu de son camp. Pour peu que vous voyiez et que
« vous appréciiez les forces de nos ennemis, vous vous con-
« vaincrez qu'il est nécessaire que nous déployions une valeur,
« une intrépidité tout autre que *nous n'en* (NOUS EN) avons dé-
« ployée dans toute autre bataille. Il faut que nos derniers
« instants soient marqués et *ennoblis* (ANOBLIS) par une action
« d'éclat. »

TROISIÈME DICTÉE. — Les soldats, tout pleins d'énergie, tout
transportés de joie, ont répondu par un cri d'enthousiasme.
S'étant fortifiés par le peu de nourriture qu'il leur avait
distribuée à la hâte, ils ont prononcé ces terribles paroles :
« Nous souperons ce soir chez Pluton. »
L'impression que ces mots ont *faite* (FAIT) sur les esprits, s'y
est profondément gravée. Près d'attaquer l'ennemi, Léonidas s'est
senti l'âme tout émue du sort de deux Spartiates, auxquels non-
seulement les liens de l'amitié, mais encore la parenté l'unissait
depuis longtemps. Il donne au premier une lettre qui devait être
remise aux magistrats de Lacédémone, au second une mission
secrète. Mais ces deux hommes s'étant aperçus qu'il voulait leur
faire éviter (ÉVITER) le danger *imminent* (ÉMINENT), dans lequel ils
devaient infailliblement périr, lui *ont fait observer* (ONT OBSERVÉ)
qu'ils n'étaient pas venus là pour porter des ordres, mais pour
combattre et pour mourir ; et ils ont obtenu, par leurs prières,
d'être maintenus *parmi* (ENTRE) ces braves décidés à se dévouer
pour le salut de la patrie.

QUATRIÈME DICTÉE. — Tous les Spartiates se sont rangés *dans*
(DEDANS) l'ordre *qu'on* (QUE L'ON) leur avait indiqué, se sont
excités *les uns les autres* (L'UN L'AUTRE) à courir au combat,
quelque nombreux *que fussent* (QU'ÉTAIENT) les ennemis, quelles
qu'ils *dussent* (ONT DÛ) présumer les chances d'un combat inégal,
et quelques grands efforts qu'ils *sussent* (SAVAIENT) être obligés
de faire (QU'ILS FERAIENT) pour mourir glorieusement au milieu
d'une armée d'un million d'hommes. C'est au milieu de la nuit
qu'il (où IL) faut attaquer cette armée. La poignée de Grecs
commandée par Léonidas *est* (SONT) sortie du défilé où elle s'était
tenue cachée. Ces trois cents héros s'avancent à pas redoublés
dans la plaine ; et, après avoir renversé les postes *les* (LE) plus
avancés, se jettent *tout à coup* (TOUT D'UN COUP) *sur* (DESSUS) la
tente de Xercès qui *s'en était allé* (S'ÉTAIT EN ALLÉ) au premier
bruit. Ils se précipitent sur le camp et le *remplissent* (REMPLIRENT)
d'épouvante. Alors se fait un affreux massacre, la terreur *est*
(ÉTAIT) répandue par tout le camp et il s'y fait un horrible pêle-

mêle des deux côtés ; les Perses et les Spartiates se *tuent* (TUÈRENT) sans se reconnaître. Des cris affreux ont bientôt annoncé que les troupes d'Hydarnès sont détruites. Les Grecs, quoique leurs blessures les *eussent* (AVAIENT) affaiblis, épuisés, ne se sont pas laissé décourager, et *sont* (ONT) parvenus à enlever leur général tombé au pouvoir de l'ennemi. L'armée tout entière est repoussée quatre fois, et les Grecs, après avoir franchi le retranchement et *gagné* (QU'ILS AVAIENT GAGNÉ) le défilé, se sont rangés sur la petite colline située près d'Anthéla. Après s'y être défendus quelques moments encore, accablés par le nombre, ils succombent *sous les coups* (AUX COUPS) de la multitude qui les a poursuivis jusqu'à ce que personne ne *bougeât* (BOUGE) plus.

CINQUIÈME DICTÉE. — « Ombres généreuses, votre mémoire « durera plus longtemps que l'empire des Perses ; la valeur, « l'intrépidité que vous avez montrée, dans cette héroïque résis- « tance que vous *leur* (LEURS) avez opposée, vous *a* (ONT) valu « la couronne de l'immortalité. Jusqu'à la fin des siècles, votre « exemple produira, *dans* (DEDANS) les cœurs qui sont embrasés « de l'amour de la Patrie, le recueillement, l'admiration, l'en- « thousiasme. »

Avant que l'action *fût* (EST) terminée, quelques Thespiens avaient trahi et s'étaient rendus aux Perses, si *l'on* (ON) ajoute foi à des bruits qui s'étaient répandus dans la Grèce. Quant à nous, nous sommes *portés* (PORTÉ) à croire que les Thespiens se sont distingués presqu'autant que les Spartiates. Parmi les causes qui ont *le* (LES) plus influé sur l'opinion publique, il est essentiel que nous voyions et que nous nous convainquions bien que la résolution de périr aux Thermopyles avait été, chez les Spartiates, formée, arrêtée et suivie avec un sang-froid, une constance, une fermeté inébranlable, au lieu que, chez les Thespiens, c'a été seulement une saillie de bravoure excitée par l'exemple. Les Spartiates se sont élevés au-dessus des Thespiens, comme *ceux-ci* (CEUX-LÀ) s'étaient élevés au-dessus des autres alliés : *les uns ont* (L'UN A) donné l'exemple, *les autres l'ont* (L'AUTRE L'A) *suivi* (IMITÉ).

11. — SUR LES ÉTRENNES.

PREMIÈRE DICTÉE. — *Parmi* (ENTRE) les usages qui se sont établis depuis quelque deux mille cinq cents ans, et qui se sont *le* (LES) mieux observés *parmi tous* (ENTRE TOUTES) les gens du monde, nous pouvons, sauf quelques exceptions, mettre au premier rang celui de donner des étrennes : témoin les rapports de plusieurs écrivains, *quoique* (MALGRÉ QUE) nous ne les *ayions* (AVONS) pas toujours jugés dignes de foi, parce que la plupart d'entre eux ont vu les ouvrages qu'ils ont faits. mourir de leur belle mort et rester dans l'oubli. Nous nous sommes arrêtés plus particulièrement au rapport de Nonius Marcellus qui nous a prouvé, d'une manière convaincante, que cette coutume *est* (ÉTAIT) plus ancienne que plusieurs *ne se le sont imaginé* (NE L'ONT IMAGINÉ). Il l'a fait remonter jusqu'aux premiers temps des Romains, à l'époque où Tatius et Romulus, après s'être réconciliés, se sont partagé le gouvernement de Rome. Le roi des Sabins, ayant regardé comme un bon augure d'avoir reçu en présent, le jour du premier de l'an, quelques branches qu'on avait coupées *dans* (DEDANS) un bois consacré à Strenna, déesse de la force, a autorisé cette coutume dans la suite, et ces présents se sont appelés STRENNŒ, *d'où l'on* (DE QUI ON) a tiré le mot ÉTRENNES.

DEUXIÈME DICTÉE. — Cette coutume, *toute* (TOUT) bizarre qu'elle *est* (SOIT), s'est maintenue, en dépit d'un grand nombre d'écrivains qui l'ont critiquée et qui l'ont combattue *pendant* (DURANT) les siècles anciens *et les siècles modernes* (ET MODERNES). Quoi qu'ils *aient fait* (ONT FAIT), quelque chose qu'ils *aient dite* (ONT DIT) et quelque peine qu'ils *se soient* (SE SONT) donnée, ils n'ont pas réussi, ou ne sont point parvenus à l'abolir complètement, *quoiqu'elle méritât pour eux d'être abolie* (MALGRÉ QU'ELLE MÉRITAIT POUR EUX DE L'ÊTRE). Au reste, Rome tout entière, aussi bien que quelques villes voisines, célébrait en ce jour une fête à Janus et honorait aussi Junon ; mais les Romains ne restaient pas sans travailler, de crainte qu'ils ne *fussent* (SOIENT) paresseux le reste de l'année. Ils s'envoyaient réciproquement des présents de figues, de dattes et de miel, pour témoigner à leurs amis qu'ils leur souhaitaient une vie douce et agréable. Dans la suite, les clients, ceux dont les grands s'étaient déclarés les défenseurs, se sont toujours crus *dans* (DEDANS) l'obligation de porter ces sortes d'étrennes à leurs patrons qui, peut-être, se sont eux-mêmes cru le droit de les exiger. On y joignait une petite pièce d'argent. Non-seulement le peuple, mais encore le sénat et les chevaliers *s'étaient fait* (S'EST FAIT) une habitude de présenter à Auguste des étrennes qui, en son absence, étaient déposées au Capitole.

TROISIÈME DICTÉE. — Par ce que les historiens ont rapporté, nous avons eu l'occasion de voir, et nous nous sommes laissé convaincre que les opinions des empereurs, ses successeurs, se sont divisées *sur* (DESSUS) cette coutume. Les uns l'ont adoptée, les autres l'ont rejetée et ont tout fait pour la détruire. Les premiers chrétiens l'ont désapprouvée, parce qu'elle avait trait aux cérémonies du paganisme et qu'on y mêlait des superstitions; mais depuis qu'elle n'a eu pour but et qu'elle ne s'est proposé que d'être un témoignage d'estime et de respect, l'Eglise, comme les souverains, *a* (ONT) cessé de la condamner et l'a laissée se vulgariser *parmi* (ENTRE) les différentes classes de la société. Certains usages ne sont pas moins étranges, quelque sages qu'ils paraissent d'abord, quelle *qu'on en croie* (QU'ON CROIE) et quelle *qu'en soit* (QUE SOIT), en effet, *l'antiquité* (LEUR ANTIQUITÉ), s'ils tendent à éloigner l'homme de la vérité et à lui faire regarder, comme ses amis, ceux qui ont dissimulé des inimitiés secrètes sous l'apparence de ces témoignages d'amitié.

---

12. – LES ATTENTIONS QU'UN CITOYEN DE ROME A POUR SON PÈRE LE PORTENT SUR LE TRÔNE DES CÉSARS

PREMIÈRE DICTÉE. — Tite Antonin joignait une si grande douceur de caractère aux grâces que la nature avait répandues sur son visage, qu'il s'est concilié l'amour et l'estime de ceux qui se sont *cru* (CRUS) assez de moyens pour lier conversation avec lui. Ses parents *et ses amis* (ET AMIS) lui ont donné à l'envi les plus grandes preuves de leur attachement; il ne s'est trouvé personne *parmi* (ENTRE) eux qui *n'ait* (N'A) fait dans son testament un legs à Tite Antonin. Il aurait semblé que la fortune *se fût* (S'EST) repentie des malheurs qu'elle avait causés au peuple romain , puisqu'elle a prodigué à ce sage empereur la gloire et les biens qu'il a pu désirer. C'est lorsque sa prospérité a été *le* (LA) plus grande, que les Romains ont connu la plus grande félicité ; c'est aussi lorsque ses vertus ont été *le* (LES) plus *éminentes* (IMMINENTES), qu'ils se sont *le* (LES) plus réjouis de l'avoir pour souverain. Les richesses, qui ont si souvent contribué à gâter le cœur de l'homme, n'ont servi qu'à développer davantage les vertus d'Antonin. C'est lorsqu'il avait fait *le plus* (DAVANTAGE) de bien, que ses richesses avaient été *le* (LES) mieux employées; aussi les ministres, qu'il avait chargés de répandre ses bienfaits, ont-ils toujours cherché à les rendre *le* (LES) plus utiles et *le* (LES) moins onéreux possible. Il fallait qu'il *restât* (RESTE) toujours quelques ressources pour que l'on pût accorder de nouveaux bienfaits. Il s'est hâté de secourir les malheureux, sans avoir diminué les égards *dus* (DÛ) à ses amis, l'attention et le respect dus à ses parents.

DEUXIÈME DICTÉE. — N'ignorant point qu'il devait rendre à son père, qui était arrivé à la dernière vieillesse, les soins qu'il en avait reçus dans son enfance, ce bon fils lui a toujours servi de guide et d'appui. Un jour que l'empereur Adrien avait convoqué le sénat, Tite Antonin y a conduit son père en le soutenant par le bras. L'empereur, frappé d'admiration, l'a aussitôt adopté, afin de passer le reste de sa vie *auprès* (PRÈS) d'un homme qui avait tant de respect et d'attention pour ses parents, et parce que la douceur, qu'il a toujours montrée, annonçait aux Romains un règne paisible et heureux. Adrien n'a point été trompé dans les espérances qu'il a *conçues* (CONÇU) et qu'il s'est flatté que le fils adoptif aurait réalisées. Dès qu'il a reçu le titre de fils de l'empereur, Antonin s'est imposé l'obligation de soulager les travaux de son père et de prévenir ses moindres désirs. Adrien, dans les violentes douleurs qu'une maladie mortelle lui a causées, a trouvé une grande consolation dans le zèle et l'empressement que son fils adoptif a montrés pour son soulagement, et dans la douceur des conversations qu'il lui a tenues pour le distraire de son mal.

13. — GALGACUS AUX BRETONS QUI DEMANDAIENT LE COMBAT

(EXTRAIT DE LA VIE D'**Agricola** PAR **Tacite**).

PREMIÈRE DICTÉE. — « Plus je réfléchis *sur* (DESSUS) les motifs « qui nous ont portés à la guerre et sur la nécessité où nous « sommes réduits, *plus* (ET PLUS) je suis persuadé que la jour- « née d'aujourd'hui, plus heureuse que toute autre, doit être « par votre union le prélude de l'indépendance des fiers Bre- « tons. D'abord, tous, *tant* (AUTANT) que nous sommes, nous « avons joui d'une liberté entière, nous n'avons pas connu de « maître ; ensuite, quelle contrée nous est-il resté, où nous « puissions nous réfugier ? Les mers mêmes ne sont-elles pas « gardées par la flotte romaine ? Les combats, que les braves « ont regardés comme le parti le plus noble, seraient même « pour les plus lâches le parti le plus sûr. Un grand nombre « de batailles que nous avons livrées aux Romains *ont eu* (A EU) « des issues variées et *toutes* (TOUT) différentes : c'étaient des « alternatives de revers et de succès ; mais elles ont laissé sur- « vivre, *toutes* (TOUT) malheureuses qu'elles *ont* (AIENT) été, la plus « noble portion des Bretons placés ici, comme *dans* (DEDANS) « un sanctuaire, et qui, n'apercevant même pas les rivages « asservis à des maîtres, ont conservé jusqu'à leurs regards « purs des atteintes de la tyrannie. Derniers restes de la

« liberté, nous nous sommes trouvés naturellement défendus par
« l'éloignement de la contrée, *dans laquelle* (DANS QUI) nous a
« montrés la Renommée.

DEUXIÈME DICTÉE. — « Les ravisseurs du monde entier, depuis
« que la terre a manqué à leurs dévastations, sont venus fouil-
« ler les mers. D'après les horreurs que vous les avez vus
« commettre, *attendez-vous* (ESPÉREZ-VOUS) pour demander ven-
« geance qu'ils en aient commis d'autres? Ne les avez-vous
« pas vus poursuivre par avarice les nations opulentes, par va-
« nité les nations pauvres? Ni l'Orient, ni l'Occident ne les *ont*
« (A) assouvis. *Ce sont* (C'EST) les seuls, d'entre tous les peuples,
« que l'indigence comme les richesses *ait* (ONT) irrités. Prendre,
« piller, massacrer, *c'est* (CE SONT) là leur empire. Quant à la
« paix, *c'est* (CE SONT) la dévastation et la ruine qu'ils ont ainsi
« appelées. Nos parents, nos enfants même, les plus chers
« objets que nous ait donnés la nature, *traînés* (TRAÎNÉ) en
« servitude loin de nous, sans que nous *ayions* (AVIONS) rien
« fait pour empêcher *qu'on ne nous les ravît* (QUE L'ON NOUS LES
« RAVISSE). Une foule de malheureux, que la guerre avait
« *rendus* (RENDU) esclaves, demandaient naguère notre protection
« et voulaient que nous *devinssions leurs* (EN DEVENIONS LES)
« défenseurs; la foule des victimes *s'est accrue* (SE SONT ACCRUES)
« de jour en jour, et ces victimes se sont lassées de demander
« notre appui, découragées par le peu de sympathie que nous
« *leur* (LEURS) avions montré. Comme dans une troupe d'es-
« claves, *ce sont* (C'EST) les nouveaux venus qui servent de
« jouets aux autres; aussi, dans cette foule de nations qu'ils ont
« assujéties, nous sommes les seuls qui *soient* (SOYIONS) l'objet
« de leurs insultes et de leurs fureurs. *Jusques à quand* (JUSQU'A
« QUAND) souffrirez-vous de pareilles indignités?

TROISIÈME DICTÉE. — « Non-seulement nos terres, mais nos
« ports mêmes nous sont enlevés, malgré tous les efforts que
« nous avons faits et toutes les fatigues que nous ont coûtées
« nos dernières campagnes. N'oublions pas surtout les douleurs
« qu'elles nous ont values, à cause du peu de réussite qu'elles
« ont eu pour nous. Combien de travaux et de peines ne nous
« en a-t-il pas coûté, pour franchir tant d'obstacles *que* (COMME)
« nous avons eu à surmonter! Combien de douleurs n'avons-
« nous pas éprouvées! Un peu plus tôt, un peu plus tard, il
« faut que nous nous vengions. Jurons de mourir plutôt que
« de tomber *vivants* (VIVANT) entre les mains de nos ennemis;
« dérobons-nous ainsi aux tortures qui nous sont réservées :
« car nous ne pourrions trouver grâce auprès de ces barbares;
« ils *ne font grâce* (NE LA FONT) à personne, insatiables qu'ils

« sont *dans* (DEDANS) leur soif *et leur cupidité* (ET CUPIDITÉ). De
« toutes les forces qu'ils ont combattues, c'est nous qui leur
« avons résisté *le plus* (DAVANTAGE). Continuons à les bra-
« ver. La justice de notre cause *ennoblira* (ANOBLIRA) nos ac-
« tions. Tenons ferme dans la résolution que nous avons for-
« mée. Ne vous *contredisez* (CONTREDITES) pas dans les choses
« que vous avez *dites* (DIT), ne vous *dédisez* (DÉDITES) pas dans
« les serments que vous avez cru juste de prêter à la Patrie.
« Je vous *ferai observer* (OBSERVERAI), pour la dernière fois, que
« vous n'avez nulle grâce à espérer, si vous êtes vaincus. Ne
« croyez pas que vous voyiez jamais ces barbares revenir à des
« sentiments plus modérés. Vous ne les fléchirez pas : car ils
« ne sauraient *être fléchis* (L'ÊTRE) par aucune puissance du
« monde. Pour vous *épargner* (ÉVITER) à vous et à vos descen-
« dants les horreurs de la servitude, jurez de périr tous jus-
« qu'au dernier , ou de faire subir une vengeance éclatante à
« vos ennemis.

QUATRIÈME DICTÉE. — « Les Trinobantes, qu'une femme s'était
« flattée avec raison qu'elle aurait *conduits* (CONDUIT) à la vic-
« toire, ont réduit en cendres une colonie tout entière ; et ces
« mêmes hommes, s'ils avaient empêché que la prospérité ne
« les *plongeât* (PLONGE) dans l'engourdissement, s'ils ne s'étaient
« pas laissés tomber dans une coupable indifférence, auraient
« certainement secoué le joug de leurs tyrans et conquis leur
« indépendance. Tandis que nous, quelque bons soldats que
« nous *soyions* (SOMMES), quelque braves que nous nous *soyions*
« (SOMMES) montrés jusqu'ici, nous ne pourrions pas, dès le
« premier moment, montrer quels hommes la Calédonie s'est
« réservés pour sa défense, *ni* (ET) prouver que notre nation est
« *le* (LA) plus terrible, alors qu'elle est *le* (LA) plus malheureuse.
« Il faut que nous voyions nos forces de toute autre manière
« que nous les avons envisagées jusqu'ici ; il faut que nous
« ayions confiance en nous-mêmes. Alors nous vaincrons nos
« ennemis ; nous nous glorifierons un jour d'avoir conquis cette
« liberté, pour *laquelle* (QUI) nous sommes toujours *prêts à*
« (PRÈS DE) verser jusqu'à la dernière goutte de notre sang.
« Puissent nos ennemis voir que *nous ne pourrons* (NOUS
« POURRONS) jamais, quelle qu'ils supposent leur supériorité, et
« si sûrs qu'ils se croient de la victoire, nous soumettre à leur
« despotisme militaire, *ni* (ET) nous laisser charger de chaînes
« comme un troupeau d'esclaves. Si telle est notre pensée, et
« que nous *soyions* (SOMMES) fermes dans notre résolution, nous
« sommes sûrs de la victoire. Braves Bretons, encouragez-vous
« *les uns les autres* (L'UN L'AUTRE) à la vengeance, et montrez
« que notre armée, qui est tout oreilles pour écouter les ordres,
« est aussi *toute* (TOUT) valeur, tout intrépidité pour les exécuter. »

14. — DE LA VERTU.

PREMIÈRE DICTÉE. — Rien *d'aussi* (DE SI) rare *qu'un* (COMME UN) homme vertueux, parce que, pour l'être en effet, il faut avoir le courage de se montrer tel, en quelque circonstance que ce soit, *quoi qu'il* (MALGRÉ QU'IL) en coûte, quels que *soient* (SONT) les obstacles qu'on rencontre, de quelques grandes infortunes *qu'on* (QUE L'ON) se croie menacé, et même quelques dangers que l'on coure. Il faut être *prêt à* (PRÈS DE) tout sacrifier, plutôt que de violer ces lois d'éternelle justice, qui sont le plus sûr garant du bonheur individuel, comme le plus solide fondement de la prospérité des empires.

Ces héros d'honneur et de probité que le monde a toujours *tant* (AUTANT) vantés, *tant* (AUTANT) glorifiés, n'ont eu souvent au fond, pour eux, que la crédulité ou l'erreur publique. Ils se sont montrés amis fidèles, je le veux bien ; mais vous ne nierez pas que *ce ne soit* (C'EST) la vanité ou l'intérêt qui les *a* (ONT) liés plutôt qu'une sympathie *toute* (TOUT) naturelle, et vous ne disconviendrez pas *non plus* (AUSSI), quand vous les aurez bien observés, que, dans leurs prétendus amis, ils *n'aient* (AIENT) véritablement aimé qu'eux-mêmes. Les a-t-on *vus* (VU) agir comme *de* (DES) bons citoyens, *c'est* (CE SONT) la gloire et les honneurs, les seuls mobiles qui les *aient* (ONT) guidés ; et, quand ils ont *cru* (CRUS) en avoir convaincu leurs semblables, ils *sont persuadés* (ESPÈRENT) qu'ils ont accompli leur mission *à l'égard* (VIS-A-VIS) de l'humanité.

DEUXIÈME DICTÉE. — Quelques peines que certaines gens se *soient* (SONT) données, quelques soins qu'il leur en *ait* (A) coûté pour tromper l'opinion publique, quelque bons citoyens même que nous les croyions et que *chacun* (CHAQUE) les croie, ils sont toujours, un peu plus tôt, un peu plus tard, appréciés à leur juste valeur, dès que nous avons compris ce que c'était que ces prétendues qualités dont ils faisaient parade, et que nous avons sues *n'être* (QUI N'ÉTAIENT) que *de* (DES) fausses vertus. Oh ! l'opinion que nous en avions conçue alors, s'est changée *tout-à-coup* (TOUT D'UN COUP) ; aux éloges que leur avaient valus *quelques-unes* (QUELQU'UNES) de leurs actions, *a* (ONT) bientôt succédé le blâme, la réprobation universelle : car *tous* (TOUTES) les honnêtes gens se sont rangés de notre côté, et *voici* (VOILA) le motif pour quoi un tel changement s'est opéré : c'est que le monde, *quoi qu'on en dise* (MALGRÉ QUE L'ON EN DIT), ne respecte et n'estime que la vertu.

———oo❧oo———

15. — DISCIPLINE MILITAIRE CHEZ LES ROMAINS.

PREMIÈRE DICTÉE. — Combien de guerres les Romains n'ont-ils pas soutenues contre des ennemis qu'ils ont cru nécessaire de combattre, *quoique* (MALGRÉ QUE) ces derniers *leur fussent* (LEURS ÉTAIENT) supérieurs en nombre! Combien n'en ont ils pas *terminées* (TERMINÉ) à leur avantage! Eh bien! tous les prodiges qui se sont opérés, toutes les conquêtes qui se sont rapidement *succédé* (SUCCÉDÉES) et, enfin, tous les succès qu'ils ont obtenus *dans* (DEDANS) les beaux jours de la République, ils les ont *dus* (DÛ) beaucoup à la sévérité de la discipline militaire. Quelques dangers qu'ils *aient* (ONT) courus, quelques grandes pertes qu'ils *aient* (ONT) quelquefois essuyées, quelque malheureux qu'ils se *soient* (SONT) vus dans *quelques-unes* (QUELQU'UNES) des guerres qu'ils se sont attirées, ou *qu'on leur* (QUE L'ON LEUR) a déclarées volontairement, n'a-ce pas été dans la force du commandement *qu'ils* (OÙ ILS) ont trouvé des ressources pour relever leur gloire et faire oublier leurs défaites? Se sont-ils déclarés contre les Latins, peuple aussi aguerri *qu'* (COMME) eux-mêmes? Manlius, après avoir recommandé la sévérité de la discipline, a sacrifié la personne qui lui *était la* (EST LE) plus chère : son propre fils, qui, sans ordre, avait vaincu. Il est vrai que dans toute autre circonstance, cette sévérité aurait été traitée de barbarie; mais depuis longtemps cette nation s'était convaincue que, lorsque la discipline *est le* (ÉTAIT LA) plus sévère *elle est* (ELLE ÉTAIT) aussi *le* (LA) mieux observée. Les lois liaient les Romains *chacun* (CHAQUE) en ce qui *le* (LES) concernait. Citoyens, soldats, tout le monde *en respectait la* (RESPECTAIT LEUR) rigueur. Aussi a-t-on vu Scipion Emilien priver son armée de tout ce qui l'avait amollie, après la défaite qu'elle avait essuyée à Numance.

DEUXIÈME DICTÉE. — Les légions ont-elles passé sous le joug en Numidie, leur honte, leur déshonneur *s'est* (SE SONT) effacé dès que Métellus leur a fait reprendre les institutions anciennes. Les Marius et les Sylla se sont conduits avec tout autant de sévérité, et se sont applaudis plus d'une fois des succès qu'ils *avaient obtenus* (OBTINRENT) par la rigueur de leur discipline. C'étaient des chefs opiniâtres qui ne voulaient faire que ce qui leur plaisait. L'*un* (CELUI-CI), dans la guerre qu'il a eue à soutenir contre les Cimbres *et les Teutons* (ET TEUTONS), pour empêcher que le courage de ses troupes ne *s'énervât* (S'ÉNERVE), les a occupés à détourner les fleuves ; et les soldats exécutaient les ordres de Marius ; *l'autre* (CELUI-LA) a si bien fait travailler son armée, tout effrayée de la guerre contre Mithridate, que, presque succombant *sous le* (AU) poids de leurs fatigues, ses soldats

se sont *vus* (VU) obligés de demander le combat que Sylla désirait.
Combien de victoires leur ont values ces rudes travaux *auxquels*
(À QUI) ils s'étaient livrés, et combien de maladies ne leur ont-ils
pas *épargnées* (ÉVITÉES)! Ils ont résisté plus tard à des marches
forcées, à des privations sans nombre, *auxquelles* (SOUS QUI) ils
auraient succombé, s'ils n'y *avaient* (AURAIENT) pas été préparés
à l'avance. *On* (L'ON) a remarqué que peu d'entre eux *ont* (A)
péri *dans* (DEDANS) les campagnes suivantes, quelles qu'*aient*
(ONT) été les fatigues de la route, quelques dures privations qu'ils
se *soient* (SONT) imposées, quelques lointains climats qu'ils
aient (ONT) parcourus *pendant* (DURANT) les longues guerres que
ce peuple a eu à soutenir, dans toutes les contrées conquises
et soumises à la domination romaine.

---

16. — LE PAPE PIE VI.

Par ce que nous avons lu l'autre jour *dans* (DEDANS) la vie
du souverain Pie VI, nous nous sommes laissé convaincre
qu'il a toujours montré une douceur, une patience, une résignation admirable. Il n'y avait pas jusqu'aux réprimandes mêmes
auxquelles il ne sût (À QUI IL NE SAVAIT) ajouter quelque chose
de *doux* (DOUCE) et d'affable. Quand il apprit l'envahissement de
la Ville sainte, il s'est contenté de dire, à *celui qui lui a* (CELUI
LUI AYANT) porté cette nouvelle toute fâcheuse et tout affligeante
pour toute autre personne, que c'était un malheur, une calamité publique que la Providence leur avait envoyée. Peut-être,
ajoutait-il, est-ce une punition que Dieu a eu lieu de nous infliger? De même que toutes ses richesses, son esprit et son
âme étaient *consacrés* (CONSACRÉ) aux pratiques et aux cérémonies
du culte catholique. C'étaient des qualités bien rares à cette
époque. *On* (L'ON) ne savait guère ce que c'était que ces vertus
appelées désintéressement, abnégation. Aussi ce pieux prélat
a-t-il été aimé et admiré de tous ceux qui l'ont approché. *Quoi
qu'en aient* (MALGRÉ QU'EN A) dit certaines méchantes gens, quelque
chose qu'*aient* (QU'ONT) inventée les ennemis de la religion, ils
n'ont point réussi à ternir la gloire qu'ils sont maintenant persuadés que ce saint homme a méritée, gloire qu'ils sont convaincus qu'il a acquise par une conduite *toute* (TOUT) pure, tout
irréprochable, aussi bien *que* (COMME) par les bonnes œuvres
qu'il a répandues sur tous ses enfants bien aimés.

17. — LETTRE A UN AMI.

Tu me demandes quelques détails *sur* (DESSUS) la manière *dont mes confrères et moi* (D'OÙ MOI ET MES CONFRÈRES), nous nous sommes dégagés de la malheureuse position *où* (DANS QUI) nous avaient jetés notre excessive confiance et la rigueur de nos bailleurs de fonds. Je n'ai eu qu'à me louer de l'heureuse issue de cette affaire. Quelle *qu'ait* (QU'A) été ou qu'elle *qu'on ait* (QUE L'ON A) pu juger notre misère quelques dures privations que nous nous *soyions* (SOMMES) imposées, quelque grandes qu'*aient* (ONT) été nos souffrances, quelque méchantes gens enfin que *se soient* (SE SONT) montrés nos créanciers, ou plutôt nos persécuteurs, ils ont vu toutes les avances qu'ils nous ont *faites* (FAIT), tourner à leur désavantage, et la bonne contenance que nous avons *faite* (FAIT), devenir pour nous un moyen d'acquérir les sympathies et le vif intérêt de *tous* (TOUTES) les honnêtes gens, de *tous* (TOUTES) les gens de cœur qui nous ont plaints, bien sincèrement, *d'être* (QUE NOUS SOYIONS) tombés entre les mains de ces impitoyables créanciers Cette pitié ne s'est point arrêtée à *de* (DES) stériles vœux, elle s'est traduite en actes de générosité. C'est te dire *que* (COMME QUOI) les fonds ne nous ont pas fait défaut, et que notre entreprise a pris un nouvel essor qui *en assure désormais le* (ASSURE DÉSORMAIS SON) succès. Quant à moi, cher ami, *quoique* (MALGRÉ QUE) le plus âgé des co-associés, puisque j'ai quelque soixante ans et que les autres ont à peine *atteint la* (ATTEINT A LA) quarantaine, *je pense* (JE COMPTE) avoir fait preuve de caractère, et *je me flatte d'avoir* (J'ESPÈRE QUE J'AI) montré *dans* (DEDANS) cette circonstance comme dans toute autre, la constance, la fermeté, l'énergie que tu m'as connue autrefois. *J'affirme* (J'ESPÈRE) du moins *avoir fait* (QUE J'AI FAIT) tous les efforts que j'ai pu, et n'avoir reculé devant aucune démarche, aucun sacrifice pour y parvenir.

———o°o⟨o⟩o°o———

18. — LES JOURS GRAS.

(Sur les locutions vicieuses) (1). — PREMIÈRE DICTÉE. — Quelles fêtes nous ont annoncées les feuilles publiques qui nous ont dit que des bals se sont organisés, que des plaisirs et des réjouissances sont préparés ? *Sont-ce* (EST-CE) les orgies du **Carnaval**, ces fêtes qui ont remplacé les Bacchanales célé-

(1) Quelques-uns de ces mots, que nous croyons devoir conseiller d'éviter, sont cependant *parfois usités* ; mais ils ne sont jamais employés dans le style élégant et pur. Tels sont entre autres : *défatigué, minable, crassé,* etc.

brées autrefois avec pompe à Athènes, où les femmes couraient çà et là dans le plus grand désordre, les cheveux épars, nu-pieds, nu-jambes et nu-têtes. Elles étaient suivies par les hommes en habit de satyre, traînant après eux des boucs qu'on avait ornés de guirlanles et qui devaient être immolés à Bacchus. Etaient-elles *excusables* (PARDONNABLES) de se livrer à de pareils excès ? Elles ne *cessaient* (DÉCESSAIENT) de courir par les routes les plus *fréquentées* (PASSAGÈRES), que lorsque la fin des fêtes était annoncée, et lorsqu'elles s'étaient senti le plus grand besoin de se *délasser* (DÉFATIGUER). Quelle que *puisse* (PEUT) être notre opinion sur ces réjouissances, quelque scandaleuses que nous croyions qu'elles *aient* (ONT) été, ces fêtes, que l'on avait d'abord chargé des magistrats de régler, n'ont pendant quelque temps rien offert de déshonnête ; mais, plus tard, elles sont devenues le prétexte de toutes sortes d'excès et de dissolutions, et l'homme sage, tout innocents que ces plaisirs lui *ont* (AIENT) paru d'abord, se les a refusés dès qu'il les a crus tout contraires à la moralité publique.

DEUXIÈME DICTÉE. — Les sénateurs romains, ayant appris les désordres *auxquels* (À QUI) les Bacchanales avaient donné lieu depuis qu'elles s'étaient introduites dans la ville, ont défendu sous les peines les plus sévères qu'on les *célébrât* (CÉLÈBRE) à l'avenir. Dans quelques pays on a conservé des fêtes, ou plutôt des folies presque semblables que l'on a désignées sous le nom de **Carnaval**. En Italie surtout *on* (L'ON) les célèbre avec beaucoup de solennité. Un grand nombre d'étrangers s'y *rendent* (REND) pour voir plus particulièrement le **Carnaval de Venise**. Aujourd'hui encore vous voyez les gens *les* (LE) plus pauvres, *les* (LE) plus *misérables* (MINABLES), aussi bien *que* (COMME) les gens les plus *riches* (FORTUNÉS), les plus distingués, faire *de* (DES) grandes dépenses pour prendre part à ces réjouissances Des personnes même toutes *percluses* (PERCLUES) semblent oublier leurs douleurs pour se livrer à ces Bacchanales. Rien n'arrête l'élan public. Quelques malheureux se sont rendus assez *coupables* (RÉPRIMANDABLES) pour abandonner des parents au milieu des *angoisses* (ANGOISES) de la mort, et aller se couvrir de vêtements *encrassés*, *gâtés* (CRASSÉS, ABIMÉS) ou ridicules. On voit quelques personnes, portant à la main des verres, des bouteilles et d'autres objets *fragiles* (CASUELS) ou propres à faire du bruit, se traîner comme des gens éhontés dans la fange pour faire rire le public. *Tant pis* (TANT PIRE) pour elles, dira-t-on, cette affaire les regarde. *Attendez* (ESPÉREZ) encore un instant et vous les entendrez crier dans leur ivresse : Le vin est fait pour *être bu* (BOIRE), et *vous parler* (PARLER AVEC VOUS) comme des insensés.

TROISIÈME DICTÉE. — Combien n'a-t-on pas vu d'hommes déguisés de mille manières ridicules, la figure *saupoudrée* (SOUPOUDRÉE) de farine, ou *toute* (TOUT) barbouillée de lie, ou couverte d'un masque effrayant se déteignant sur leur visage en sueur, courir d'un pas chancelant en poussant des cris comme des sauvages. Ils sont suivis d'une foule tumultueuse de jeunes garçons dont la mise et le costume trahissent l'éducation. Voilà cependant où nous en sommes venus : une futilité, un délire, une extravagance *suffit* (SUFFISENT) pour nous amuser. Nous nous sommes *laissés* (LAISSÉ) aller quelquefois à la joie la plus vive à l'aspect d'un domino, d'un arlequin, d'un polichinelle, d'une folie, enfin de la chose la plus extravagante du monde. On nous a peut-être vus *extravaguant* (EXTRAVAGANTS) aussi bien que ceux dont nous nous sommes raillés plus tard, lorsque l'âge a mûri notre raison. *On* (L'ON) ne doit pas, dit-on, ridiculiser des usages *que l'on a suivis soi-même* (QUE NOUS AVONS SUIVIS NOUS-MÊMES). Quoi que les philosophes *anciens et les modernes aient* (ANCIENS ET MODERNES ONT) dit, quelque chose qu'ils aient *faite* (FAIT), la coutume s'est maintenue, on n'a pu la détruire, quoi qu'elle *méritât d'être détruite* (MÉRITAIT DE L'ÊTRE) pour des raisons qu'on n'a pas cru nécessaire d'exposer, parce *qu'on* (QUE L'ON) les a *crues* (CRU) à la portée des plus faibles intelligences. L'erreur commune fait loi, et nous sommes obligés de nous soumettre à des ridicules *que nous ne pouvons* (QUE L'ON NE PEUT) éviter :

Error communis facit jus ; ridicula patiamur oportet quæ vitare non valemus.

---

19. — CICÉRON ET SÉNÈQUE.

PREMIÈRE DICTÉE. — Cicéron, en caractérisant les philosophes grecs qu'il s'est proposés pour modèles, a tracé son propre caractère. *Dans* (DEDANS) ses ouvrages de morale et de philosophie, qui auraient été suffisants pour qu'il *dût* (DOIVE) être regardé comme l'un des plus beaux génies que l'antiquité *ait* (A) produits, et dont elle *se soit* (S'EST) glorifiée avec raison, on trouve réunies l'élégance et la richesse de l'élocution, la profondeur des idées et l'exactitude de la méthode. C'est celle de Platon qu'il s'est proposé de suivre, parce que la forme du dialogue donne beaucoup de champ à l'élocution, toutes les personnes parlant chacune selon *son* (LEUR) caractère particulier, et répandant ainsi une grande variété dans les matières philosophiques.

Quant à ses chefs-d'œuvre, c'est tout autre chose : il y a déployé une grande vigueur de style ; il a fait preuve d'une flexibilité de génie tout étonnante, toute merveilleuse, qui les a rendus tout difficiles à traduire. Celui des deux Sénèque que quelques-uns ont prétendu opposer à Cicéron, lui est aussi inférieur par la plupart des idées qu'il a répandues dans ses ouvrages, *que* (COMME) par le style dont il les a revêtues. *Celui-ci* (CELUI-LA), dans ses écrits philosophiques dont une partie *ont* (A) péri par le temps, avait embrassé toute la philosophie grecque. Cinq années que les orages politiques avaient continuellement troublées, lui ont suffi pour remplir ce vaste plan ; et *l'on* (ON) peut juger, par là, combien de peines et de travaux ils lui ont coûtés. Non-seulement il a créé pour les Latins une langue philosophique, mais encore il a répandu une foule d'idées toutes neuves dans toutes les doctrines qu'il a créées et discutées, ou qu'il a *suppléées* (SUPPLÉÉ) à *celles qui avaient été agréées* (CELLES AGRÉÉES) par ses prédécesseurs.

DEUXIÈME DICTÉE. — L'imagination de Cicéron s'est plue (1) à établir des théories dont on n'a pas trouvé la moindre trace dans l'antiquité. Sénèque n'a pas embrassé tout le système de philosophie, et ses idées sont *celles qui sont professées* (CELLES PROFESSÉES) par les Stoïciens. Par ce qu'en a dit Quintilien, l'Aristarque de Rome, et par ce qu'en a dit tout récemment La Harpe, on peut juger que sa morale, toute noble et tout élevée qu'elle *est* (SOIT), ne le met pas au niveau de l'académicien, à qui on n'a pas reproché d'avoir méconnu ou d'avoir *suivi avec* (FAIT) peu d'attention *les* (AUX) règles ordinaires de la langue. Quoi qu'il en soit, quelque chose qu'on *ait dite* (A DIT) à ce sujet, les Cicérons et les Sénèques seront toujours très rares. L'un et l'autre *se sont élevés* (S'EST ÉLEVÉ) à un certain degré de gloire, chacun selon l'étendue et la flexibilité de *son* (LEUR) génie. Si le prince des orateurs romains, comme philosophe et comme orateur, a paru avec beaucoup plus d'éclat, le philosophe de Cordoue n'est pas *non plus* (AUSSI) sans mérite.

20. — FIN DE LA PÉRORAISON DU DISCOURS DE CICÉRON POUR MILON.

(EXTRAIT DE **Cicéron**).

PREMIÈRE DICTÉE.— « J'en appelle à vous tous, braves Romains, qui *avez* (ONT) répandu *votre* (LEUR) sang pour la Patrie. Centurions, soldats, c'est à vous *que* (à QUI) je m'adresse *dans* (DEDANS) les dangers que Milon a eu à essuyer. Est-ce devant vous, qui *vous êtes* (SE SONT) présentés à ce jugement les armes à la main, est-ce sous vos yeux que la vertu sera bannie, sera

(1) *Plue* s'accorde, selon nous, comme participe passé d'un verbe essentiellement pronominal (analogie avec *se douter*, etc., *Grammaire*, p. 136).

rejetée, sera chassée loin de nous ? Malheureux que je suis !
Ce sont ces mêmes Romains, ô Milon, qui ont pu t'aider à
me rappeler dans Rome, et il serait possible qu'ils ne m'*ai-
dassent* (AIDENT) pas à t'y retenir ?

« Quelle réponse donner à mes enfants qui t'ont toujours regardé
comme à mon frère, aujourd'hui absent, à toi,
Quintus, qui as partagé mes malheurs ? Je dirai donc : je n'ai
rien pu, pour la défense de Milon, *auprès de* (PRÈS DE) ceux-
mêmes dont il s'est servi pour me délivrer. Quelle cause cependant ai-je embrassée ? Elle est faite pour intéresser tous les
peuples quels qu'ils soient, quelques lointains climats qu'ils
habitent. Quels juges a-t-on choisis ? Ceux-là même qui se
seraient proposé la mort de Claudius, comme une mort tout
avantageuse, toute nécessaire. Qui est-ce qui les aurait suppliés ?
Ne serait-ce pas moi ?

DEUXIÈME DICTÉE.— « Quelle action criminelle ai-je donc commise ou laissé commettre ? De quel forfait me suis-je rendu
coupable ? *Sont-ce* (EST-CE) les recherches que j'ai faites pour
découvrir la conspiration qu'on avait trouvée ourdie contre nous
tous ? N'a-ce pas été plutôt la vigilance que j'ai constamment
apportée dans ces recherches ? Ne seraient-ce pas les efforts
constants et énergiques que j'ai faits pour détruire ou, du
moins, pour neutraliser l'œuvre de destruction qui était déjà
commencée ? Les succès qu'elle avait déjà obtenus, avaient soulevé l'indignation de *tous* (TOUTES) les honnêtes gens. N'était-
ce pas leur devoir de l'arrêter tout court, et de prévenir le
désastre qui en serait le résultat ? Pourquoi m'avez-vous donc
rappelé dans ma Patrie ? Est-ce pour en chasser sous mes yeux
mêmes ceux qui m'y ont rétabli ? Suis-je donc revenu trop tôt ?
Oui, plus tôt *que ne l'eussent* (QUE L'EUSSENT) voulu les conjurés.
Braves Romains, qui êtes ici présents comme juges, ne souffrez pas, je vous en conjure, que j'aie plutôt à regretter le
moment de mon retour que celui de mon départ. Comment
puis-je me croire rétabli dans ma Patrie, si je perds ceux à
qui je dois mon rappel et mon salut. »

21. — UTILITÉ DE LA CONNAISSANCE DES LANGUES ANCIENNES.

PREMIÈRE DICTÉE. — L'ancienneté des langues ne serait pas un
motif assez puissant pour qu'on y *employât* (EMPLOIE) le temps
précieux de la jeunesse. Mille autres langues ont existé, se sont
parlées et ont disparu, ou se sont perdues sans qu'on les *ait* (A)
regrettées, parce que, vraisemblablement, elles n'ont eu rien
d'utile à nous transmettre. Si des savants ont fait toutes les

recherches qu'ils ont pu , s'ils se sont donné toutes les peines imaginables, s'ils ont consacré leurs veilles et compromis leur santé pour découvrir, dans les débris des monuments antiques, les traces de ces idiômes qu'ils étaient persuadés qu'ils y *trou-veraient* (EUSSENT TROUVÉES), et dont nous nous sommes à peine rappelé *les* (DES) noms, c'a été dans l'espérance plus ou moins fondée qu'ils en *tireraient* (EUSSENT TIRÉ) quelques lumières qui leur serviraient de flambeaux pour les éclairer dans la voie des *lettres, des sciences et des arts* (LETTRES, SCIENCES ET ARTS). C'est ainsi que de temps en temps on a recueilli quelques vestiges du Celte, du Toscan , de la langue Punique, du Sanscrit et surtout des Hiéroglyphes égyptiens. Mais le peu de connaissances utiles que toutes ces recherches ont revélées *n'ont* (N'A) pas donné lieu d'en faire l'objet d'une instruction commune ; elles n'ont été enseignées qu'à un petit nombre d'élèves destinés à ce qu'on appelle les carrières libérales. *Voilà* (VOICI) les langues que l'on a véritablement appelées langues mortes. *Ce ne sont* (CE N'EST) que des cadavres que le temps a détruits , et dont nous n'avons trouvé que les ossements et les cendres.

DEUXIÈME DICTÉE. — Il n'en est pas ainsi de la langue que nous ont laissée les Grecs, *ni* (ET) de celle que les Romain sont parlée plus tard. Si nous avons vu certaines langues que des peuples obscurs ont créées, mourir et s'éteindre sans *qu'on en ait conservé le* (QU'ON AIT CONSERVÉ LEUR) souvenir, cela ne peut se dire, assurément, de ces deux dernières : elles sont toutes vivantes ; elles vivront encore plus de siècles qu'elles n'ont vécu. Leur existence sera d'autant plus durable qu'elles ne peuvent plus éprouver aucun changement , étant fixées pour toujours par les immortels écrits qui nous les ont conservées. Nous ne les parlons *pas* (POINT) ; mais elles nous parlent, et il ne tient qu'à nous de les entendre. Nous pouvons, en quelque sorte, tenir conversation avec des générations qui ont existé il y a deux ou trois mille ans. Combien d'entretiens agréables et utiles n'avons-nous pas eus avec cette antiquité qu'on a tant vantée avec raison ! Combien n'en avons-nous pas eus avec les hommes les plus sages qu'elle ait produits , avec ces hommes qu'on a cru juste de louer, parce qu'on les a jugés dignes d'être proposés pour modèles. À la sagesse et à l'expérience que nous avons acquises , nous avons pu ajouter celles du temps où ils ont vécu. Ne compterait-on pour rien un tel avantage, un tel trésor?

TROISIÈME DICTÉE. — Le peu de connaissances que nous avons *acquises* (ACQUIS) dans ces langues nous *ont* (A) déjà servi dans la plupart des circonstances, où les idiômes particuliers d'un pays étranger nous étaient inconnus. Nous nous sommes parlé ou, à défaut de nous entendre à cause des diversités de la pro-nonciation, nous nous sommes souvent écrit. Des hommes érudits de ces pays et nous, nous nous sommes entendus, nous nous sommes communiqué nos idées, nous sommes arrivés insensiblement à comprendre les uns la langue des autres. C'est par ce moyen que nous sommes entrés en relation avec des Allemands, des Hongrois et même des Russes Quant aux Italiens, *aux Espagnols* et *aux Portugais* (ESPAGNOLS ET PORTUGAIS), nous nous sommes encore plus facilement habitués à leurs langues qui ont tant de rapports avec le latin. *Tous* (TOUTES) les gens qui appartiennent aux carrières libérales, *toutes les savantes* (TOUS LES SAVANTS) gens de l'Europe ont étudié les langues anciennes, et se sont familiarisés avec elles pour s'en servir au besoin. Dans quelques cantons de la Hongrie, dit-on, on a conservé l'habitude de parler latin. Avant mil huit cent trente, en France comme en toute autre contrée civilisée, et plus particulièrement en Allemagne et en Angleterre, on a parlé latin dans les classes supérieures des lettres. A une époque plus reculée, tous les chefs-d'œuvre de la haute littérature et des sciences étaient écrits en latin.

QUATRIÈME DICTÉE. — Est-il quelqu'un qui *ne soit* (N'EST) convaincu, et qui ne croie avec fermeté que ceux de nos écrivains qui ont porté la langue française au plus haut degré de perfection, en ont été redevables aux lettres grecques et *aux lettres latines* qu'ils avaient cultivées avec le plus grand soin dès leur enfance ? C'est là *qu'ils* (où) ont puisé ces traits réguliers, cette élégance et cette noblesse que nous avons admirées dans leurs écrits.

« Jeunes élèves qui nous écoutez, qui vous êtes présentés
« dans nos classes dans l'espérance d'y recevoir *de* (DES) bons
« conseils et *d'utiles* (DES UTILES) enseignements, *voilà* (VOICI)
« les modèles que nous avons cru le plus avantageux de vous
« proposer à *suivre* (IMITER). Vous êtes entrés, il est vrai, dans
« la carrière des sciences, et *nous vous en avons montré toute*
« *l'étendue* (NOUS VOUS AVONS MONTRÉ TOUTE SON ÉTENDUE) ; mais
« l'étude des langues savantes s'est offerte à vous dès les pre-
« miers pas ; les progrès que vous y avez faits sont un augure
« de ceux que vous êtes *capables* (SUSCEPTIBLES) de faire encore.
« Par ces études sérieuses, vous développerez toutes vos facultés,
« vous acquerrez une juste confiance dans vos forces, et vous
« ne serez point rebutés par les difficultés ; vous apprendrez
« la philosophie des langues, qu'on ne saurait connaître sans
« remonter à leur origine ; vous vous rendrez compte des ex-
« pressions qui paraissent si difficiles à retenir, quand on *n'en*
« *trouve pas l'étymologie* (NE TROUVE PAS LEUR ÉTYMOLOGIE),
« quand on *n'en connaît pas les* (NE CONNAÎT PAS LEURS) éléments
« constitutifs. Vous comprendrez les expressions, même les plus
« nouvelles, puisées à cette double source, tout extraordinaires,
« toutes bizarres qu'elles *sont* (SOIENT). »

22. — CHARBONNET
Ancien Recteur de l'Université.

PREMIÈRE DICTÉE. — La réputation bien méritée dont Monsieur Charbonnet n'a *cessé* (DÉCESSÉ) de jouir, *durant sa vie*, (PENDANT SON VIVANT) dans le monde littéraire, et que le souvenir de ses talents, de même que la reconnaissance due à ses longs services, ne *pourra* (POURRONT) qu'accroître dans la suite, suffirait pour nous *épargner* (ÉVITER) la peine de donner une notice détaillée des ouvrages qu'il a publiés, *pendant* (DURANT) le peu de temps qu'il a vécu. Non-seulement son mérite particulier, mais encore ses vertus publiques *ont été* (A ÉTÉ) admirées de *tous* (TOUTES) les gens de bien, et notamment de *tous* (TOUTES) les habiles gens, ses émules ou ses admirateurs. Quoi qu'il en *soit* (EST), ne serions-nous pas justement blâmés, si nous ne payions pas le tribut d'éloges dû à son savoir, à sa profonde érudition qu'ont admirée *tous* (TOUTES) les gens de lettres. La maison *dont* (D'OÙ) il sortait *n'avait point de fortune* (N'ÉTAIT POINT FORTUNÉE) et pouvait être comptée dans la classe des pauvres ; mais elle jouissait de l'estime, de la considération publique. C'est la bienfaisance, ou plutôt la charité qui *s'est* (SE SONT) chargée de cultiver les heureuses dispositions que lui avait départies la nature.

DEUXIÈME DICTÉE. — Déjà il s'était fait des amis fidèles et *de* (DES) puissants protecteurs, par les belles qualités de son cœur et de son esprit, lorsque l'Université, vu ses vastes et *solides* (ET SES SOLIDES) connaissances, l'a appelé à diriger une classe de rhétorique. Il *n'est* (N'AVAIT) pas plus tôt entré en fonctions, qu'il s'est fait avantageusement connaître. Peu d'années se sont à peine écoulées, qu'il a publié un petit recueil de vers latins, et quelques autres compositions qu'il a *créées* dans ses moments de loisir. Tout le monde le jugeait déjà digne de la toge des Rollin et des Lebeau, et, en le lisant, *on* (L'ON) se convainc de la justice qu'on lui a rendue. En effet, quelques talents *qu'aient* (QU'ONT) possédés ces deux hommes tout dévoués à l'instruction de la jeunesse, quelque habiles littérateurs qu'on les *ait* (A) jugés, quelque chose qu'ils *aient* (ONT) faite pour l'enseignement. quelle qu'*ait* (ONT) été la réputation, la gloire que leur *ont* (A) value leurs travaux, Charbonnet ne leur *a cédé* (A PAS CÉDÉ) en rien dans l'exercice des nobles fonctions qu'ils ont eu (1) à remplir.

(1) Le participe passé *eu* peut aussi s'écrire *eues*, le faisant alors s'accorder avec le complément direct *que* (mis pour *lesquelles fonctions*), complément direct qui précède. Dans ce cas, on analysera comme suit : Il a eu quoi ? *que* mis pour *lesquelles fonctions à remplir, pour être remplies, devant être remplies*. C'est une particularité du participe passé du verbe *avoir* et de celui du verbe *donner*, lorsque ces *participes* sont séparés d'un *infinitif* par la préposition *à*. (Grammaire, p. 132).   3

TROISIÈME DICTÉE. — Il a été nommé plus tard inspecteur général. Il n'a pas rempli longtemps ce haut emploi, car ses derniers jours ont été remplis par des malheurs politiques. Il y avait à peine cinq ans qu'il avait quitté les laborieuses fonctions de l'enseignement, lorsqu'en mil huit cent quatorze il s'est vu enveloppé dans les désastres de la Champagne, et réduit à vivre de la modique pension que lui avait accordée l'Université. La misère, toute dure, tout insupportable qu'elle *est* (SOIT) pour un homme habitué à vivre dans l'aisance, n'eût pas brisé son âme, si son corps, usé par quelque soixante-dix ans de travaux et de peines, par quatre-vingt-quatre ans d'existence, n'eût succombé *tout-à-coup sous le poids* (TOUT D'UN COUP AU POIDS) des infirmités qui affligeaient sa vieillesse. Il est mort à Paris, le dix-sept février *mil huit cent* (DIX HUIT CENT) quinze, après avoir si utilement rempli les nombreuses années qu'il *avait* (A) vécu. Poète, orateur, savant humaniste, profond helléniste, il a parlé, écrit, enseigné avec un admirable talent *la langue des Démosthène, celle des Cicéron* (LES LANGUES DES DÉMOSTHÈNES, DES CICÉRONS) et celle des Virgile aussi bien *que* (COMME) celle des Bossuet.

---

23. — LE VIEILLARD ET LES TROIS JOUVENCEAUX.

(IMITATION DE **Phèdre**, LIVRE XI, FABLE XII).

PREMIÈRE DICTÉE.— Un vieillard, courbé sous le poids de quelque quatre-vingts ans, s'occupait un jour à planter, quand *tout-à-coup* (TOUT D'UN COUP) *sont* (ONT) survenus trois jeunes gens, qui n'avaient pas encore reçu les leçons de l'expérience. Aussi ont-ils témoigné leur étonnement et se sont-ils dit : « Quelle « folle idée lui est-il venu ! Quelle folle entreprise s'est-il mise « *en tête* (EN SA TÊTE) ! Bonhomme, se sont-ils écriés, vous êtes « là, occupé d'une chimère que votre imagination a créée sans « raison. Si vous n'aviez fait que bâtir, ce n'eût pas été quelque « chose de bien *extravagant* (EXTRAVAGANTE) ; mais quelle folie, « quelle extravagance vous *a* (ONT) porté à planter ? Nous « n'avons jamais vu personne extravaguant d'une manière plus « ridicule. Croyez-vous, qu'en vous fatiguant l'esprit et le corps, « vous *viviez* (VIVREZ) encore longtemps, et que des travaux aussi « fatiguants ne vous *tuent* (TUERONT) pas ? Il faudrait que vous « *vécussiez* (VIVIEZ) autant d'années qu'*ont* (COMME ONT) vécu les « Abraham et les Noé. En vous convainquant de cette vérité, « en vous rendant aux preuves convaincantes qui pourraient « vous être données, vous ne chargeriez point votre vieillesse « d'une besogne pour *laquelle* (QUI) elle est impuissante. Ne

« vaut-il pas mieux que vous pourvoyiez aux besoins de la vie
« future, et que vous priiez pour vous y préparer, en obtenant
« le pardon des erreurs que vous avez commises ou laissé com-
« mettre, des fautes dont vous vous êtes rendu coupable *pendant*
« (DURANT) les longues années que vous avez vécu, et qui vous
« ont paru si courtes, parce que vous les avez passées dans les
« joies du monde? Laissez donc de côté les vaines espérances
« et les vastes pensées : elles ne sont faites que pour nous ; et
« nous sommes les seuls qui *puissent* (POUVONS) les concevoir,
« puisque nous sommes les seuls qui *soient* (SOMMES) à même de
« les réaliser. »

DEUXIÈME DICTÉE. — « Elles ne conviennent pas plus à vous-
« mêmes, » répartit le vieillard. « Quelle *que soit* (QU'EST) votre
« jeunesse, quelque vigoureux champions que vous vous croyiez,
« les Parques se jouent de vos jours comme des miens, vous
« pouvez être frappés au milieu de la carrière. Combien
« d'hommes robustes n'a-t-on pas vus succomber à une mort
« prématurée ! Combien d'hommes, soi-disant faibles, n'a-t-on
« pas vus vivre au-delà des bornes ordinaires de la vie ! Qui de
« nous, *si plein de santé qu'il soit* (SI BIEN PORTANT QU'IL EST),
« peut se flatter de vivre le plus longtemps? Et d'ailleurs,
« jeunes gens, le sage n'est-il pas assez récompensé des peines
« qu'il s'est données, des travaux qu'il a faits, quand sa mé-
« moire est *bénie* (BÉNITE) par ses descendants ? Eh bien ! mes
« arrière-neveux me devront cet ombrage. Ils en seront recon-
« naissants ; et cette reconnaissance, tout éloignée qu'elle *est*
« (SOIT), suffit pour mon bonheur présent. J'en puis jouir encore
« demain et, peut-être, mourrez-vous plus tôt que moi, peut-être
« compterai-je quelques années sur vos tombeaux. » Le vieillard eut raison : l'un des trois jouvenceaux, allant en Amérique,
se noya à la sortie du port ; l'autre, ayant embrassé la partie
des armes, a péri dans les combats: le troisième est tombé
d'un arbre qu'il avait enté lui-même. Ils furent pleurés du
vieillard qui fit graver sur leurs marbres ce que je viens de
raconter.

---

24. — SUR ATTILA.

PREMIÈRE DICTÉE. — Dans les premiers temps, les Romains ont
divisé toutes les puissances qui leur ont nui ou qu'ils ont
redoutées. Vous ne nierez pas que *ce n'ait été* (C'A ÉTÉ) là une
politique machiavélique ; mais vous ne doutez pas non plus
que *ce ne fût* (CE FUT) pour l'époque une politique tout habile,
toute (TOUT) savante. C'a été celle qu'ils ont suivie, pendant les
années qu'ont duré les guerres les plus importantes qu'ils

aient (ONT) eu (1) à soutenir plus tard. Lorsqu'ils se sont *affaiblis* (AFFAIBLI) eux-mêmes, ils ne l'ont plus suivie, quelques grands efforts qu'ils *aient* (ONT) faits, quelques sacrifices qu'ils *se soient* (SE SONT) imposés, quelle qu'on *ait* (A) pu voir la fermeté, l'énergie qu'ils ont déployée. Il a fallu, plus tard, qu'ils *abandonnassent* (ABANDONNENT) au trop fameux roi des Huns toutes les nations du Nord qu'ils avaient subjuguées, et ce conquérant barbare a bientôt détruit tous les ouvrages qu'on avait élevés sur les bords du Danube et du Rhin. Qu'était-ce que ces nations hyperboréennes ? C'étaient les peuplades du Nord que les Romains avaient vaincues et soumises à leur domination. C'étaient celles-là mêmes qu'Attila a *vaincues* (VAINCU) à son tour et *entraînées* (ENTRAÎNÉ) à sa suite. Les Romains mêmes, quelque bons soldats qu'ils *fussent* (ÉTAIENT), quelque grands guerriers qu'ils *se soient montrés* (SE SONT MONTRÉ) à cette époque comme à toute autre, n'ont pas empêché qu'Attila *ne rendît* (RENDE) tributaires les peuples qu'il avait vaincus. On ne disconviendra pas que *ce n'ait été* (C'A ÉTÉ) tout autre chose, tout autre disposition d'esprit que la modération, qui a porté ce barbare à ménager les Romains, et qui a été le motif pour quoi il les a laissés subsister. N'a-ce pas été plutôt l'impuissance ? Et vous ne douterez pas qu'en cela il *n'ait* (N'A) suivi les mœurs de ses pères.

DEUXIÈME DICTÉE. — Qu'était-ce donc que ces mœurs ? C'étaient des habitudes contractées, c'étaient des lois établies qui les obligeaient à soumettre les peuples sans les conquérir. Nous *vous ferons observer* (VOUS OBSERVERONS) qu'aujourd'hui, encore, on ne sait pas au juste ce que c'était que ces lois. Quoi qu'il en *soit* (EST), quelles que nous les puissions supposer, elles étaient exactement observées. Toute autre politique n'aurait peut-être pas bien réussi ; c'est l'opinion que nous avons entendu émettre, et que nous avons *émise* (ÉMIS) nous-mêmes ; et plus d'une preuve convaincante pourrait en être fournie. Savez-vous ce que c'était que ces peuples ? C'étaient des barbares qui *n'étaient* (N'AVAIENT) sortis de chez eux, que pour piller et ravager des peuples dont nous avons entendu parler. Ce n'était pas d'eux que nous vous entretenions l'autre jour, c'était des peuples nomades en général. Quant à ceux dont nous nous sommes occupés et dont nous parlons actuellement, c'étaient des peuples guerriers qui, n'ayant aucune demeure fixe, se jetaient sur des contrées où ils *s'imaginaient* (IMAGINAIENT) trouver du butin ; et ces hommes étaient infatigables. Jamais leur courage ne s'est démenti. C'était les jours de bataille, *qu'ils* (OÙ ILS) étaient *le* (LES) plus résolus, *le* (LES) plus énergiques, *le* (LES) plus intrépides ; c'était ces mêmes jours que leur bravoure était *le* (LA) plus brillante.

———⋈———

(1) Même observation que pour *page 33* ; ainsi que pour tous les participes passés *eu* et *donné* qui peuvent se trouver dans les *autres dictées*.

25. — RESPECT POUR LES VIEILLARDS.

Les vieillards étaient fort *respectés* (RESPECTÉ) en Egypte, quelle que *fût* (FURENT) d'ailleurs leur condition ou leur fortune ; aussi y avait-on établi une loi qui ordonnait que les jeunes gens se *levassent* (LÈVENT) devant eux et leur *cédassent* (CÈDENT) partout la place d'honneur, cette place que personne ne se serait arrogée impunément sans qu'il y *fût* autorisé par son âge. C'est de ce pays *que* (D'OÙ) cette loi *a passé* (EST PASSÉE) dans la Grèce, où elle a été adoptée par les Spartiates. Par ce que nous avons lu sur les mœurs des Égyptiens, qui ont mérité *d'être regardés* (QU'ILS SOIENT REGARDÉS) comme les hommes *les* (LE) plus reconnaissants qu'il y *ait* (A) jamais eu, *nous les avons* (ON LES A) jugés aussi *les* (LE) plus sociables. Par les bienfaits se sont entretenus les liens de la concorde ; et *l'on* (ON) a dû remarquer que les peuples les plus civilisés se sont aussi montrés, *le* (LES) plus généralement, *les* (LE) mieux disposés à décerner des récompenses à ceux qu'ils ont crus *en être dignes* (QUI LES MÉRITAIENT) par les services qu'ils avaient rendus ; et *ceux qui avaient été récompensés* (CEUX RÉCOMPENSÉS) ont montré aux autres les voies qu'il a fallu qu'ils aient suivies, *pour s'être* (POUR QU'ILS SE SOIENT) rendus dignes des bienfaits ou plutôt de la reconnaissance de ceux qui *sont* (ONT) restés, après eux, dans la carrière de la vie.

26. — GUERRE DE LA FRANCE CONTRE L'ALLEMAGNE
en 1742.

PREMIÈRE DICTÉE. — Déjà nos troupes se sont répandues dans la Bohème, après avoir vaincu les plus grandes difficultés, après s'être imposé les plus grandes privations, et sans qu'on les *ait* (A) entendues se plaindre, lors même qu'elles étaient *le* (LES) plus fatiguées, *le* (LES) plus malheureuses. Aux soldats que le fer a moissonnés *ont* (A) succédé de nouveaux soldats ; ils ont toujours déployé le même courage, ils étaient toujours prêts à obéir aux ordres des chefs habiles qui les dirigeaient. C'était une preuve convaincante de la confiance que ces chefs leur avaient inspirée. C'est sous les plus habiles qu'ils ont *le* (LES) mieux combattu, qu'ils se sont *le* (LES) plus particulièrement distingués. Les plus à plaindre cependant de ceux sur qui a pesé cette guerre, *ce sont* (C'EST), sans contredit, les habitants, les pauvres familles qui en sont devenues les victimes. Les Allemands ont fait preuve d'une grande résolution ; mais quelques grands efforts qu'ils *aient* (ont) faits, quelque braves qu'ils *se soient* (se sont) montrés, quelque bons patriotes qu'on les *ait* (a) jugés, quelle qu'*ait été* (ont été) enfin la constance, la fermeté qu'ils ont déployée au milieu des alternatives de succès et de revers qu'ils ont subies, pendant les quelque quatre-vingts jours qu'a duré cette campagne, malgré tout cela, disons-nous, ils ont vu leur capitale tomber au pouvoir des Français, dans le temps même où elle paraissait *le* (la) plus heureuse et *le* (la) plus florissante.

DEUXIÈME DICTÉE. — La maison d'Autriche, tout ancienne, *toute* (tout) célèbre qu'elle *est* (soit), chancelle de toutes parts et voit son orgueil humilié. Sa position est devenue tout autre qu'elle *n'était* (était) naguère. Elle n'a plus cette insolence qu'elle a montrée à toute autre époque : elle est vaincue et humiliée. Elle s'était flattée d'avoir promptement raison de nos armées, elle s'était déjà vantée d'envahir notre Patrie, et aujourd'hui, elle s'enfuit toute honteuse de cette immense défaite, qu'elle a essuyée. Peut-être eût-elle résisté à toute autre armée, *qu'à une armée composée* (que celle composée) de Français, de ces hommes qui étaient sans contredit les premiers soldats du monde. Notre courage, notre intrépidité *a* (ont) franchi tous les obstacles, vaincu toutes les difficultés, rompu toutes les résistances.

TROISIÈME DICTÉE. — Cependant la fortune a jeté un regard de pitié sur cette illustre maison *dont* (d'où) sont sortis tant de rois. Une foule de citoyens avaient déjà abandonné, chacun *leur* (sa) maison, lorsque l'Angleterre, ainsi que ses ministres cédant aux sollicitations qui leur sont adressées, *s'est* (se sont) empressée de réunir *ses* (leurs) armées pour s'opposer au torrent *près de* (prêt à) déborder, et les a envoyées sur les rivages dont elle est entourée. La Hollande s'est agitée dans ses marais, elle s'est laissée aller aux suggestions de l'Angleterre et s'est laissé entraîner elle-même dans la coalition. Du haut de ses montagnes la Savoie a prêté l'oreille au bruit et s'est fait entendre en faveur des opprimés ; toutes les contrées *environnantes* (environnant) sont embrasées, chacune selon *son* (leur) énergie, chacune en ce qui *la* (les) concerne, comme pour préparer aux Français un théâtre digne de leur gloire. Quant à la Russie, elle *est* (a) demeurée simple spectatrice de tous ces désastres. Que de reproches lui a valus cette indifférence ! Que de douleurs, en effet, ont coûtées même aux vainqueurs les années qu'a duré cette guerre.

27. — CAUSE DE LA CHUTE DES EMPIRES.

PREMIÈRE DICTÉE. — Par quelles tempêtes, par quels orages révolutionnaires tant de villes ont-elles été ébranlées ou même détruites de fond en comble, au point que les empires ont à peine survécu à une ruine déplorable ? Ô malheureuses cités ! a-ce été le crime de la fortune ou celui de Mars qui vous *a* (ONT) renversées ? Sont-ce les incursions et les efforts des barbares qui, comme des torrents, vous ont entraînées ou fait disparaître ? L'inquiète ambition des conquérants a-t-elle dévoré tant de richesses ? La rapide révolution des années et des siècles vous a-t-elle précipitées *dans* (DEDANS) le gouffre qui engloutit toutes les choses créées et les créateurs, comme si une inévitable destinée l'avait ainsi réglé de toute éternité ! Athéniens, si vous vous êtes vus esclaves d'une tyrannie ; Spartiates, quelque dangereux ennemis que vous ayiez jugé vos voisins qui se sont acharnés à votre perte, quelle *qu'ait été* (QU'A ÉTÉ) et quelle qu'on ait jugé l'étendue de vos malheurs, et vous enfin, Romains, quelques revers que vous ayiez essuyés, quelque funestes qu'*aient* (ONT) été quelques-unes des guerres que vous avez eu à soutenir contre les barbares, était-ce la fortune ou les révolutions des temps qui devaient en être accusées ? Non. C'est vous-mêmes qui *deviez* (DEVAIENT) être accusés de vos propres maux. Votre terrible chute, de même que votre suprême élévation, *n'a été* (N'ONT ÉTÉ) due qu'aux vices et aux crimes *dont* (DE QUI) vous vous êtes rendus coupables. Non-seulement vos revers, mais encore les sanglantes défaites que vous avez essuyées, que vous avez eu à déplorer, sont dues à votre conduite criminelle. Vous ne les avez dues qu'au peu de peine que vous vous êtes donné, pour conserver dans l'esprit de vos concitoyens le souvenir de ces belles actions qui se sont tant de fois renouvelées sous vos ancêtres, et qui ont *ennobli* (ANOBLI) leur existence. Oui ! vous les avez rayées de vos cœurs, vous les avez laissées périr ces traces de la gloire *et de l'immortatité* (ET IMMORTALITÉ).

DEUXIÈME DICTÉE. — *Voici* (VOILA) la preuve convaincante des fautes que vous avez commises ou laissé commettre en votre nom, des erreurs *auxquelles* (A QUI) vous vous êtes laissés aller par faiblesse ou par ignorance. Vous, Athéniens, qui par un honteux ostracisme avez jugé vos citoyens d'autant plus coupables, qu'ils se sont montrés plus vertueux et plus utiles. Vous, Spartiates, qui flétrissant votre ancienne réputation de sagesse par une basse et frauduleuse politique, n'avez permis à personne d'aspirer à la gloire sans crime et sans punition. Vous, Romains, qui ne vous étant plus rappelé *votre* (DE VOTRE) ancienne vertu, avides de nouveau, presque accablés d'immenses richesses, n'avez pas rougi de changer en seconde ambition l'amour déréglé de la guerre, la gloire en vil intérêt, les rivalités d'honneur en bassesses et en factions, les vertus en vices, l'espoir de l'immortalité en tyrannie peu durable ; vous n'avez pas su *épargner* (ÉVITER) à vos concitoyens les dangers des révolutions, vous avez tous mis les armes aux mains des usurpateurs, et, vous vous êtes même forgé les chaînes dont vous vous êtes vu charger ensuite par vos tyrans ; biens, richesses, cités, empires, vous avez tout détruit, tout anéanti. *Croyez-vous* (ESPÉREZ-VOUS) avoir ainsi rempli la tâche qui vous était imposée ou que vous vous étiez imposée vous-mêmes ? Comptez-vous avoir atteint *le but auquel* (AU BUT A QUI) la Providence vous avait destinés ? On pourrait *vous faire observer* (VOUS OBSERVER) que vous ne vous êtes point persuadés, convaincus, de la nécessité de conserver dans les cœurs la noble passion de la gloire. N'eût-ce pas été plus heureux si vous l'aviez conservée intacte ? N'auriez-vous pas vu revivre les Aristides, les Conons, les Thémistocles, les *Solons* (SOLON) à Athènes, les Lycurgues à Lacédémone, les Cincinnatus, les Scipions, les Gracques et les Cicérons à Rome.

---

28. — JUGURTHA.

Dans la guerre sanglante que Jugurtha, roi des Numides, a faite aux Romains, *ceux-ci* (CEUX-LÀ) ont été presque effrayés, quand ils ont été les témoins de la valeur, de l'intrépidité que cet Africain avait déployée précédemment. Qu'était-ce que ces succès cependant ? Qu'était-ce que ces victoires qu'il avait remportées ? Les succès qu'il avait obtenus, il les avait dus autant aux richesses qu'il avait prodiguées, qu'à l'habileté qu'il avait montrée dans l'art militaire. La République romaine a réparé dans la suite la honte *dont* (DE QUI) elle s'était couverte. Tout affligée, toute désespérée d'avoir cédé un instant aux armes de ce barbare, elle s'est bientôt ravisée ; et quand elle a bien compris, bien vu ce que c'était que ces ressources imaginaires, ce que c'était que ces rares talents militaires qu'on avait *attribués* (ATTRIBUÉ) à Jugurtha, elle *est* (A) restée *toute* (TOUT) surprise, toute honteuse des échecs qu'elle avait essuyés, des victoires qu'elle s'était vu ravir par cet ennemi. Elle s'est demandé la raison pour quoi elle avait été vaincue. Les *voici* (VOILA) ces raisons telles que l'histoire nous les a *transmises* (TRANSMIS) : Les généraux romains s'étaient laissé corrompre, les troupes s'étaient *laissées* (LAISSÉ) aller au désordre. Jugez ce que c'était que des soldats sans règle et sans discipline ; la corruption de leurs chefs semblait autoriser leurs désordres. Ces malheurs n'ont pu être réparés que plus tard Il fallait qu'il *surgît* (SURGISSE) et qu'il se *présentât* (PRÉSENTE) un homme dont l'âme *toute* (TOUT) puissante, tout énergique, ne se *fût* (SOIT) jamais laissée aller aux moyens de séduction. C'est lui qui a rétabli la discipline qu'on avait négligée. Je ne doute pas que déjà vous n'*ayiez* (AVEZ) nommé ce général intègre : c'était Métellus ; c'est lui qui a réformé les mœurs militaires, qui a rétabli l'ordre et relevé le courage abattu. On peut dire qu'il a parfaitement répondu aux vœux que ses concitoyens avaient formés, aux espérances qu'ils avaient conçues de lui. C'est des sages règles qu'il a établies *que sont* (DE QUI EST) sortis le courage, l'ordre et la discipline. Quelque difficiles *que fussent* (QU'ÉTAIENT) les premiers travaux qu'il devait accomplir, quelque dures que *parussent* (PARAISSAIENT) les mesures qu'il eût à proposer, toute l'armée s'y est soumise, sans se plaindre, tant était grande sa confiance dans ce nouveau général.

---

29. — DE LA MUSIQUE.

PREMIÈRE DICTÉE. — Quels que *soient* (SONT) les reproches que *certaines* (CERTAINS) gens, légers et passionnés, se sont *crus* (CRU) en droit d'adresser à ceux *qui ne se sont pas montrés aussi* (A CEUX NE S'ÉTANT PAS MONTRÉS SI) enthousiastes qu'eux-mêmes de la musique moderne, quelque *sottes* (SOTS) gens qu'ils les *aient* (ONT) même supposés et quoiqu'ils les *aient* (ONT) traités de barbares, les personnes sensées se sont bien gardées de répondre aux mélomanes efféminés, qui ne se sont déclarés les panégyristes de la musique , que lorsqu'elle s'est trouvée *le* (LA) plus appropriée aux mouvements de leurs folles passions, *le* (LA) plus contraire à la morale publique, et par conséquent *le* (LA) plus dangereuse. C'est seulement dans ce sens que nous l'avons désapprouvée. Nous ne nous serions jamais permis de déprécier un art *auquel* on a dû *de si* (D'AUSSI) beaux élans et *de si* (D'AUSSI) nobles sentiments, dans toutes les circonstances où *l'on en a fait* (ON A FAIT DE LUI) une juste et intelligente application. Nous ne nous sommes prononcés que contre les louangeurs des airs plats, langoureux et de mauvais goût , de cette musique par trop légère qu'on nous fait entendre aujourd'hui. Quoi qu'ils *aient* (ONT) dit, quelque chose qu'ils *aient faite* (ONT FAIT), ils ne se sont pas attiré un grand nombre de prosélytes parmi les hommes qui sont censés leur être inférieurs, parce qu'ils n'ont pas la même folie. *Si l'on* (SI ON) n'a pas encore réfuté les faibles raisons qu'ils ont données pour appuyer leur système, ce n'est pas qu'elles n'aient mérité *d'être réfutées* (DE L'ÊTRE), mais c'est que l'on a dédaigné d'y répondre.

DEUXIÈME DICTÉE. — Tant que la musique n'a eu pour but que d'exciter le cœur à des actions louables, d'y allumer l'amour de la patrie et celui de la vertu, elle s'est maintenue à un haut point de gloire *parmi* (ENTRE) les peuples anciens *et les modernes* (ET MODERNES). Personne ne niera que cela *ne soit* (N'EST) vrai. Mais elle *est* (A) tombée en discrédit chez *ceux qui ont* (CEUX AYANT) conservé quelque austérité dans les mœurs, quand elle n'a servi qu'à exciter, à nourrir les sentiments mélancoliques et les rêveries langoureuses de l'amour, quand les artistes l'ont appliquée à l'expression des passions dans la romance moderne ; et nous ne doutons pas que *ce ne soit* (C'EST) la détourner de son noble but. Nous nous sommes laissé convaincre que nos musiciens, quel *que soit* (QU'EST) leur mérite réel, quelque *savantes* (SAVANTS) gens qu'ils se croient et que nous les croyions nous-mêmes, n'eussent pas eu une *si* (AUSSI) grande gloire, n'eussent pas été *de si* (D'AUSSI) grands hommes ou, du moins, n'eussent pas *cru* (CRUS) à leur propre mérite, s'ils s'étaient *laissés* (LAISSÉ) aller à la conviction que la réputation ne dépend pas des louanges qu'on a reçues d'un petit nombre de personnes intéressées, mais qu'elle dépend des bonnes œuvres qu'on a *faites* (FAIT), et surtout des bonnes intentions qui les ont *ennoblies* (ANOBLIES)

TROISIÈME DICTÉE. — La musique est déchue de la puissance, de la majesté qu'on a prétendu qu'elle a *eue* (EUES) autrefois, au point que la plupart des gens sensés ont révoqué en doute les merveilles qu'on a *dit* (DITES) qu'elle a opérées, quoique les historiens *les* (LE) plus véridiques nous les *aient* (ONT) attestées, quelques preuves convaincantes qu'ils en *aient* (ONT) données, et quelque chose qu'ils aient *faite* (FAIT) pour nous en convaincre. Nous ne nous sommes pas montrés cependant tout-à-fait incrédules, et nous avons cru à quelques-uns des merveilleux effets que nous a rapportés l'histoire. Nous avons même cru à des merveilles *de plus en plus surprenantes*, (PLUS SURPRENANTES LES UNES QUE LES AUTRES) et *Timothée n'est pas le seul* (IL N'Y A PAS QUE TIMOTHÉE) qui nous *ait* (A) étonné à cet égard, lui qui a su exciter les fureurs d'Alexandre par certains airs, et qui les a calmées par d'autres. Nous savons aussi que, dans des temps plus modernes, la musique a excité dans Eric, roi de Danemark, une telle fureur qu'il a tué ses meilleurs domestiques, parce que ces malheureux étaient moins sensibles à la musique *que ne l'était* (QU'ÉTAIENT) leur prince. L'histoire que d'Aubigny nous a rapportée est aussi tout étonnante, *toute* (TOUT) merveilleuse : il dit que le musicien Clévin, jouant aux noces du duc de Joyeuse, sous Henri III, anima tellement un courtisan, *que celui-ci* (QU'IL) s'oublia jusqu'à mettre une arme à la main ; mais le musicien, en jouant dans un autre ton, calma, comme par enchantement, le courtisan *si* (AUSSI) impressionnable.

30. — BRUTUS ET CATON.

(EXTRAIT DE LA **Pharsale** DE **Lucain**, LIVRE II).

PREMIÈRE DICTÉE. — « O vous, l'unique refuge de la vertu qu'on a souvent méconnue ici-bas. vous qui *vous êtes* (S'EST) toujours montré son ami, que le tourbillon de la fortune, quelles *qu'en soient les* (QUE SONT SES) vicissitudes, ne saurait détourner d'une cause que vous avez embrassée, sage Caton, guidez mes pas chancelants, rassurez mon âme tout agitée, *toute* (TOUT) tremblante, inspirez-moi cette fermeté, cette mâle énergie qui *a résisté aux coups du sort, qui les a bravés* (ONT RÉSISTÉ ET BRAVÉ LES COUPS DU SORT)! Quelque nombreux que *soient* (SONT) les citoyens qui se sont *laissés* (LAISSÉ) aller aux conseils de Pompée, qui se sont *laissé* (LAISSÉS) entraîner dans son parti, quelque braves soldats que vous les croyiez, quelque honorables que *soient* (SONT) leurs antécédents, ils n'ont point balancé la préférence que je me suis toujours sentie et que j'ai toujours manifestée pour Caton, cette préférence que je n'eusse jamais voulu qu'on m'eût accusé d'avoir oubliée ; ils n'ont rien pu sur moi, quoi qu'ils *aient* (ONT) fait, quelque chose qu'ils *aient* (ONT) tentée et quoiqu'ils se *soient* (SONT) vantés d'être seuls *capables* (SUSCEPTIBLES) de nous mener à la victoire ! C'est votre vertu que je me suis proposée pour modèle. Avez-vous choisi la paix pour rester immobile au milieu des secousses qui agitent et troublent le monde ? Votre grande âme serait-elle déterminée à justifier la guerre qui s'est déchaînée partout ? Se serait-elle associée aux forfaits et aux malheurs *dont* (DE QUI) la guerre sera suivie ? C'est pour *soi-même* (LUI-MÊME), que *chacun* (CHAQUE) prend les armes dans cette guerre fatale que les discordes civiles ont allumée. Les citoyens s'y sont précipités, les uns pour éviter la peine que leur ont value leurs méfaits et leurs crimes, pour se soustraire aux lois redoutables *dont* (DE QUI) ils étaient menacés *pendant* (DURANT) la paix, les autres pour écarter, le fer à la main, l'indigence dans *laquelle* (QUI) ils ont vécu, et *à laquelle* (à QUI) l'apathie ou leurs excès les avaient condamnés. Ils veulent s'enrichir des dépouilles du monde, quand ils auront amené l'anarchie, quand le bien et le mal seront confondus.

DEUXIÈME DICTÉE. — « Sera-ce vous qui aimerez la guerre pour elle-même ? Que vous servira-t-il d'avoir eu des mœurs pures au milieu de la corruption qui s'est répandue partout, de tous ces forfaits qui se sont succédé *dans* (DEDANS) notre patrie, et qui l'ont déshonorée? Sera-ce le prix d'une vertu qui a brillé *si* (AUSSI) longtemps ? Les autres s'étaient rendus coupables *avant* (AUPA-

RAVANT) qu'ils eussent pris les armes : Caton seul va le devenir. Le crime, aussi bien que toute la honte de cette guerre, *retombera* (RETOMBERONT) sur vous et *sera* (SERONT) regardé comme un effet de votre faiblesse Qui est-ce qui ne se vanterait pas de mourir de la main de Caton, quoiqu'il *ait* (A) été frappé par toute autre main? Est-il quelqu'un qui ne se croie assez vengé, s'il vous a laissé le reproche de sa mort? Non, elle ne se réalisera pas cette résolution, qu'on vous a prêtée, de prendre part à la guerre qui s'est préparée et qu'ont excitée les ennemis de la Patrie! Le calme est votre partage, comme il est celui des corps célestes, invariables dans leurs cours ; ils ont toujours rempli leur vaste carrière sans être jamais arrêtés, lors même que les régions de l'air étaient embrasées par la foudre. La terre seule est exposée aux tempêtes, l'Olympe repose *au-dessus des* (DESSUS LES) nuages. Plus d'une raison devrait vous détourner de cette résolution que vos ennemis seuls ont prétendu que vous avez prise.

TROISIÈME DICTÉE. — « Quelle joie pour César d'apprendre qu'un citoyen tel que vous a pris les armes! Rangez-vous du parti de son rival; peu lui importe. Caton se déclare assez pour lui, s'il se déclare pour la guerre civile. Déjà une grande partie du Sénat, ainsi que les patriciens, les consuls même *demandent* (DEMANDE) à servir sous Pompée. Qu'on voie Caton subir le même joug, et il n'y a plus au monde que César qui soit libre. Ah! si c'est la Patrie et les lois qui vous *ont poussé* (A POUSSÉ) à combattre, disposez de moi ; mais il n'en est pas encore temps Il faut que vous voyiez dans Brutus, non l'ennemi de César, ni celui de Pompée, mais l'ennemi de celui des deux qui aura remporté la victoire et terminé la guerre. »

A peine Brutus a-t-il achevé cette apostrophe éloquente, que l'on a entendu ces paroles sacrées qui sont sorties du sein de Caton comme du fond d'un sanctuaire :

QUATRIÈME DICTÉE.— « Oui, Brutus, la guerre civile est redoutée comme le plus grand des maux dont l'espèce humaine *puisse* (PEUT) être accablée. Mais je suis obligé de me soumettre à la fortune que m'ont réservée les Destins. S'il a fallu que je *devinsse* (DEVIENNE) coupable, n'a-ce pas été le crime des Dieux, qui se sont plus à me rendre tel? N'eût-ce pas été mille fois plus heureux pour moi qu'ils ne se *fussent* (SOIENT) pas mêlés de ma destinée? Quels hommes a-t-on vus, qui *se soient* (SE SONT) senti assez de force d'âme pour assister avec indifférence à la ruine de l'univers? Quoi! des nations inconnues se sont engagées dans nos querelles, des rois que d'autres cieux ont vus naître, et que *de* (DES) vastes mers ont séparés de nous, se sont rangés sous les aigles *romaines* (ROMAINS), et il n'y aurait que moi, Romain, qui resterais plongé dans un honteux repos. Ne souffrez pas, grands dieux, que mon âme, tout indifférente qu'on l'a supposée, *s'endorme* (s'endort) dans une si coupable inaction ; empêchez qu'on ne dise que Rome, par la chute de laquelle le Dace et le Gête seront ébranlés, s'est écroulée sans m'avoir écrasé et enseveli sous ses ruines !

---

cinquième dictée. — « Un père s'est toujours fait un devoir d'accompagner, jusqu'à la tombe qu'on leur a destinée, les enfants que la mort a *ravis* (ravi) à sa tendresse, et sa douleur s'est plue à se nourrir de leur pompe fatale, quelques pénibles sentiments qu'*ait* (a) éprouvés son cœur, quelque dures, quelque cruelles que *soient* (sont) ces épreuves suprêmes. Ses mains se sont armées des noirs flambeaux par *lesquels* (qui) les bûchers seront bientôt embrasés. Ses bras paternels se sont déjà étendus vers la flamme qui a presque dévoré ses enfants. *Il s'en est allé* (s'est en allé), l'âme tout attristée, toute désespérée, le cœur brisé ; son existence était *compromise* (compromis).

---

sixième dictée. — « Rome, quelle *que soit* (qu'est) ta fortune, de quelques menaces que le ciel te *poursuive* (poursuit), je ne me détacherai de toi qu'après t'avoir embrassée mourante et avoir recueilli ton dernier soupir. Liberté, quelle que *puisse* être ta disgrâce, je suivrai ton nom, lors même que tu ne seras plus qu'une ombre. Désastre épouvantable ! Les Destins l'ont voulu, les dieux inexorables ont demandé Rome tout entière en sacrifice ; qu'ils soient satisfaits ; ne leur dérobons aucune des victimes qu'ils ont demandées. Puissé-je offrir au ciel et aux enfers cette tête toute chargée des crimes de ma patrie ! C'est le seul et l'unique vœu que je *puisse* (veux) et que je *veuille* (veux) former aujourd'hui.

---

septième dictée. — « Les troupes ennemies se sont acharnées sur Décius qui s'était dévoué pour son pays. Je voudrais aussi que ces deux armées de Romains *m'exposassent* (m'exposent) seul au milieu d'elles, et que leurs traits *fussent* (soient) épuisés sur moi. Les soldats dirigeront chacun *leurs* (ses) lances sur ma poitrine *toute* (tout) prête à les recevoir. Il faut que tous les coups, que Mars a résolu de porter à la République, soient dirigés sur moi seul. Il n'y a que moi qui doive les recevoir. Puissé-je être assez heureux pour que mes jours, que j'aurai sacrifiés, deviennent la rançon du monde, et que ma mort soit jugée suffisante pour apaiser les dieux, qui se sont laissés aller à des sentiments de vengeance, vu l'énormité des crimes *dont* (de qui) nous nous sommes rendus coupables. Quelle raison a-t-on donnée pour vouloir exterminer des peuples qui ont subi patiemment le joug d'un maître, quoi qu'ils se soient cru le droit d'être libres? C'est moi seul qui dois mourir ; c'est moi le seul qui *puisse et doive* (PEUT ET DOIT) défendre les lois que de sages législateurs nous ont données, la liberté *dont* (DE QUI) nous avons abusé et *dont* (DE QUI) nous n'avons pas su jouir ; c'est par l'effusion de mon sang que le repos, la paix générale *sera* (SERONT) assurée et rendue à l'Italie. »

31. — MORT D'ALEXANDRE LE GRAND

(TROIS CENT VINGT-QUATRE ANS AVANT JÉSUS-CHRIST).

Babylone tout entière s'est abandonnée au deuil et au désespoir *le* (LES) plus violent, à la nouvelle de la mort prématurée qui est venue frapper Alexandre le Grand dans le cours brillant de ses conquêtes. La première nouvelle de ce funeste événement ne fut accueillie qu'avec incertitude, et ne fut pas crue tout d'abord par la plupart des nations que ce conquérant avait *subjuguées* (SUBJUGUÉ), et *auxquelles* (à QUI) il avait donné des lois sages et sévères. Accoutumées à le regarder comme invincible, elles *s'étaient* (AVAIENT) imaginé qu'il était immortel ; et cette pensée s'est affermie, quand elles se sont rappelé *les* (DES) choses étonnantes qui lui étaient arrivées, quand elles se sont rappelé combien de fois ses soldats, l'ayant cru perdu, l'avaient vu reparaître *tout-à-coup* (TOUT D'UN COUP), non-seulement en pleine santé, mais encore *sur* (DESSUS) son char de victoires. La nouvelle de sa mort ne s'est pas plus tôt répandue, que les nations qui s'étaient *mises* (MIS) sous sa domination *l'ont* (L'AVAIENT) pleuré, non comme un ennemi, mais comme un père. Tant de bontés, que ce vainqueur avait eues pour Sysigambis, avaient attaché cette princesse à la vie, *quoique* (MALGRÉ QUE) la perte de son fils *l'eût* (L'AVAIT) précipitée du trône *dans* (DEDANS) les fers. Toute autre nouvelle l'aurait moins frappée, et elle ne se serait point donné la mort dans toute autre circonstance. Cependant, quelle qu'*ait* (A) été sa douleur, quel qu'on *ait* (A) jugé l'acte de désespoir qui a terminé ses jours, on n'en conclura pas qu'elle *ait* (A) montré plus d'affection, plus d'attachement pour un ennemi, qu'elle n'en avait montré pour son propre fils. Cessons donc de nous étonner qu'elle se soit montrée tout autre qu'elle n'avait paru à la mort de Darius. L'une et l'autre mort lui avaient porté un coup fatal, mais celle *d'Alexandre* (à ALEXANDRE) lui avait porté le coup de grâce.

32. — SUR LA COLÈRE.

Pour peu que nous essayions d'examiner de près les funestes effets qu'a produits la colère, et les maux qu'elle a causés, nous avouerons que c'est la peste *la* (LE) plus terrible qui *ait* (A) affligé l'humanité. Rarement, cependant, les hommes se sont *fait* (FAITS) une idée des funestes conséquences qu'elle a eues ; rarement, ils se sont senti le sang-froid nécessaire pour les détourner, en différant l'exécution des projets qu'elle a inspirés. Un jour, une heure, un instant même aurait suffi quelquefois, en effet, pour désarmer les personnes *les plus portées* (LE PLUS PORTÉES) à la vengeance, lors même qu'elles paraissaient *le plus* (DAVANTAGE) irritées. *Si l'on* (SI ON) avait réprimé leur colère, elles ne se seraient point rendues coupables *de tant* (D'AUTANT) de crimes qui ont déshonoré l'espèce humaine. On n'aurait pas vu les Alexandre sortir d'un banquet, les mains *toutes dégouttantes* (TOUT DÉGOUTTANT) du sang de Clitus. Cette passion est *la* (LE) plus violente et *la plus* (DAVANTAGE) à redouter de toutes les passions. C'est dans le moment *qu'* (où) elle a été *le* (LA) plus violente que l'on a vu ses pas le meurtre, le poison, l'incendie, la ruine des villes et la destruction des nations. Là ont existé les cités *les* (LE) plus fameuses ; et à peine le voyageur *en a-t-il aperçu les vestiges* (A-T-IL APERÇU LEURS VESTIGES) : Hé bien ! c'est la colère qui les a renversées et qui en a détruit les habitants, en les passant au fil de l'épée. Combien de peuples n'a-t-elle pas anéantis ! Combien n'en a-t-elle pas *livrés* (LIVRÉ) aux supplices *les* (LE) plus affreux pour avoir osé résister à une domination étrangère ! Elle en a détruit presque autant qu'elle en a vaincus. On a vu des conquérants mettre à feu et à sang des villes qu'ils avaient été fâchés d'avoir combattues *pendant* (DURANT) trop longtemps. Ces généraux, ces rois même qui ont eu tant de gloire pendant le peu d'années *qu'* (où) ils ont vécu ou régné, *on* (L'ON) les a vus périr victimes eux-mêmes de la colère *dont* (DE QUI) ils avaient peut-être donné l'exemple : L'un a été frappé du poignard dans son lit, l'autre a été empoisonné au milieu des festins, celui-ci a péri *dans* (DEDANS) les temples, celui-là *sous* (DESSOUS) les yeux du peuple. *Voilà* (VOICI) les effets de cette cruelle passion qui, depuis près de six mille ans jusqu'aujourd'hui, l'an mil huit cent trente et un, a désolé et ravagé la terre.

33. — SENSIBILITÉ D'UNE SERVANTE.

Une servante suédoise s'était liée d'amitié avec une veuve qu'un grand nombre d'enfants *avaient* (A) laissée *dans* (DEDANS) un état voisin de la misère. Cette veuve, *s'étant trouvée incapable* (NE S'ÉTANT PAS TROUVÉ SUSCEPTIBLE) de lui donner les gages qu'elle s'était chargée de lui payer, pour les services qu'elle lui aurait rendus, s'était vue dans la cruelle nécessité de s'en séparer, quelque nécessaires que lui *fussent* (ÉTAIENT) encore ses services. Quoi qu'elle *eût* (AVAIT) fait, quelque chose qu'elle *eût* (AVAIT) imaginée, elle ne se serait jamais passée de cette fidèle servante. Combien de projets n'avait-elle pas formés! Combien de réflexions désolantes n'avait-elle pas déjà *faites* (FAIT), quand tout *à* (D'UN) coup cette fille sensible et désintéressée l'a tirée d'embarras. *Voici* (VOILA) les paroles consolantes qu'elle a *prononcées* (PRONONCÉ) à cette occasion : « Je ne vous serai point « à charge, je ferai votre ouvrage et, dans mes moments perdus, « je travaillerai pour mon entretien ; je me suis fait une habi- « tude de vivre *de si* (D'AUSSI) peu que, tout modiques que *peuvent* « (PUISSENT) être mes gains, ils me suffiront pour mon exis- « tence. » Quelle humanité a montrée cette servante ! Elle en a *plus* (DAVANTAGE) montrée que, généralement, toute autre personne à sa place. Elle n'a point *attendu* (ESPÉRÉ) que sa maîtresse vînt la solliciter, mais, d'elle-même, elle s'est proposé de continuer ses services gratuitement, en lui *faisant observer* (OBSERVANT) que sa frugalité l'avait toujours mise à l'abri du besoin. La maîtresse s'est félicitée et *s'est fait* (FAIT) un vrai bonheur d'accepter *une offre si généreuse* (UN OFFRE AUSSI GÉNÉREUX). On n'eût pas été *excusable* (PARDONNABLE), il est vrai, de se refuser à aider *une si* (à UNE AUSSI) bonne mère ; mais combien de personnes n'a-t-on pas *vues* (VU) abandonnant même leurs amis, lorsque *ceux ci* (CEUX-LA) étaient dans les dangers *les plus imminents* (LE PLUS ÉMINENTS), ou qui leur ont refusé dans le besoin une somme d'argent, quelque peu *considérable* (CONSÉQUENTE) qu'elle *fût* (ÉTAIT).

34. — VITELLIUS.

EXTRAIT DE **Suétone**. (*Les douze Césars*).

PREMIÈRE DICTÉE. — Vitellius Aulus, né l'an quinze de Jésus-Christ, était un monstre de cruauté. Combien n'en a-t-il pas donné de preuves convaincantes? Nous en avons choisi quelques-unes entre mille. Étant arrivé à *Bédriac*, où s'était livrée une bataille, il s'y est arrêté uniquement pour se repaître de la vue des cadavres, des membres dispersés çà et là et, enfin, pour entendre en quelque sorte les derniers cris de souffrance des malheureux blessés, mourant dans les douleurs les plus atroces. Il voulait se donner un spectacle qui a toujours excité la pitié et l'horreur des âmes compatissantes et sensibles. *C'est* (CE SONT) des heures entières qu'il s'est plu au milieu des cadavres. Savez-vous ce que c'était que les paroles que l'histoire a *dit* (DITES) qu'il a *tenues* (TENU) aux personnes qui se sont *plaintes* (PLAINT) de l'infection de l'air ? « **L'odeur d'un ennemi mort est toujours agréable.** » Qu'était-ce que ces paroles ? c'était l'indice certain, c'étaient des signes non équivoques de la dureté de son cœur. Voulez-vous savoir ce que c'était que ses mœurs *dans* (DEDANS) la vie matérielle ? C'était un grand mangeur, qui ne croyait être devenu souverain que pour bien manger. Aussi faisait-il quatre *ou* (à) cinq repas par jour, et afin qu'il pût y suffire, il avait contracté l'habitude de vomir quand il le voulait. A force de boire et de manger, il est devenu abruti, sans que sa cruauté *se soit* (S'EST) relâchée. Il a fait mourir de faim sa mère Sextilia, parce qu'on lui avait prédit qu'il régnerait longtemps s'il lui survivait. Bientôt ses excès, ses désordres lui ont attiré la haine, l'exécration universelle ; il en a eu peur ; il a craint qu'on *ne se portât* (SE PORTE) aux dernières extrémités *envers* (VIS-A-VIS DE) lui, qu'on ne lui *fît* (FASSE) payer cher toutes les cruautés qu'il avait exercées contre les autres, qu'on *n'en voulût* (EN VEUILLE) à sa vie. C'était bien là punition que lui avaient value les horribles crimes qui avaient signalé son règne. Que de douleurs, en effet, ils avaient coûtées à *tous* (TOUTES) les honnêtes gens qui avaient eu le malheur de lui déplaire ! Aussi *s'imaginait-il* (IMAGINAIT-IL) que l'heure de la vengeance était sonnée. Dès qu'il y a eu la moindre émeute, dès que l'indignation publique a éclaté, il s'est sauvé comme un lâche, et *s'est caché* (SE CACHE) chez le portier du palais, *dans* (DEDANS) la loge aux chiens.

DEUXIÈME DICTÉE. — *On l'en* (L'ON L'EN) a tiré pour le mener par la ville, sans vêtements, les mains liées derrière le dos, et une épée nue sous le menton pour le forcer à se tenir droit. Ses ennemis se sont ensuite rués sur ce monstre, l'ont massacré et ont traîné son corps avec un croc, *puis* (ET PUIS ENSUITE) l'ont précipité dans le Tibre (soixante-neuf ans après Jésus-Christ). *Pendant* (DURANT) la seule année qu'il a régné, il avait commis, dit-on, *plus* (DAVANTAGE) d'excès que d'autres n'en ont commis *pendant* (DURANT) le nombre d'années qu'ils ont vécu. Quels qu'*aient* (ONT) été ses vices, quelques grands crimes qu'il *ait* (A) commis ou ordonné de commettre, il y a eu des gens assez faibles pour entrer dans ses vues, quand il se rendait coupable des plus grands attentats contre la morale publique :

Tant il est vrai de dire que les hommes, élevés en dignité, sont toujours suivis d'un certain nombre de flatteurs et de gens ambitieux ! C'est ainsi que l'humanité s'est laissée aller aux plus graves erreurs, quand des hommes se sont *laissé* (LAISSÉS) effrayer au point d'approuver les actes les plus despotiques. On doit les blâmer, quelque bons citoyens *qu'on ait* (QUE NOUS AVONS) feint de les croire d'ailleurs. C'est une telle faiblesse qui a fondé les despotismes.

35. — EXCÈS DES VAINQUEURS APRÈS LA MORT DE VITELLIUS.

La mort de Vitellius avait mis fin à la guerre que l'on avait commencée depuis longtemps, et, cependant, la paix ne s'était point encore établie. Les vainqueurs se sont tenus dans Rome tout armés, et se sont acharnés *sur* (DESSUS) les vaincus avec une haine tout autre qu'on n'en avait vue jusque-là. Les malheurs se sont répétés et *se sont succédé* (SUCCÉDÉS) avec moins de rapidité dans toute autre circonstance. Les rues se sont remplies de cadavres ; les temples *et les places* (ET PLACES) publiques ont été ensanglantés. Quelle qu'*ait* (A) été la victime qui s'est présentée, quelques bons moyens de justification qu'elle *ait* (A) fournis, *on* (L'ON) l'a égorgée sur-le-champ. Ces hommes féroces se sont cru le droit de commettre tous les crimes : ils ont trempé leurs mains cruelles dans le sang des innocents. Autant ils en ont rencontrés, *autant* (ET AUTANT) ils en ont immolés. Bientôt, par ce progrès naturel à la licence, ils se sont jetés dans les maisons, les ont fouillées et en ont arraché *ceux qui s'y étaient* (CEUX S'Y ÉTANT) cachés. Comment ne se sont-ils pas sentis saisis d'effroi à la vue de ces êtres souffrants ? Comment ne se sont-ils pas senti le courage de s'arrêter ? D'abord leur cruauté n'a voulu que du sang ; mais ensuite elle s'est tournée en cupidité. Ils ont ordonné qu'on leur *ouvrît* (OUVRE) toutes les maisons, sous prétexte qu'elles avaient servi de retraites aux Vitelliens ; et c'a été la raison qu'ils ont donnée pour y entrer avec violence. C'est alors que l'horreur de leur conduite a été *le* (LA) plus révoltante, et que leurs affreux projets de meurtre et de pillage se sont *montrés* (MONTRÉ) au grand jour. Ils se sont livrés à tous les excès et ont porté le peuple à un tel point de désespoir qu'il est devenu, à son tour, le maître et la terreur de ces tigres qui s'étaient abreuvés dans son sang.

36. — SUR L'ÉCRITURE.

PREMIÈRE DICTÉE. — Quelle qu'*ait* (A) été la barbarie des peuples primitifs, quelque *sottes* (SOTS) gens *qu'on les ait* (QUE L'ON LES A) jugés, on a vu s'élever *parmi* (ENTRE) eux certains hommes supérieurs qui se sont distingués de la foule, qui ont raconté des événements qui s'étaient passés *avant* (AUPARAVANT) qu'ils *fussent* (ÉTAIENT) nés. Ils ont cherché le moyen de conserver la mémoire des découvertes qu'ils ont cru *devoir* (QUI DEVAIENT) intéresser la postérité ; mais l'écriture, c'est-à-dire l'art de peindre la parole *et de parler* (ET PARLER) aux yeux, n'était pas encore découverte. Les hommes *ont donc imaginé* SE SONT DONC IMAGINÉS) différents moyens *dont* (DE QUI) ils se sont servis plus ou moins utilement. *C'est* (CE SONT) des moyens qu'ils ont employés *que* (DE QUI) nous voulons parler aujourd'hui.

DEUXIÈME DICTÉE. — La tradition, aidée de quelques monuments grossiers, est un des premiers moyens qu'on *ait* (A) employés pour parvenir à ce but. Dans la suite, les Egyptiens se sont *proposé* (PROPOSÉS) une conduite tout autre, c'a été de peindre les objets mêmes *dont* (DE QUI) ils se sont proposé de conserver la mémoire et qu'ils ont jugé *bon* (BONS) et avantageux de transmettre à la postérité, parce que c'étaient des objets d'une certaine importance. Ces représentations, tout informes et *toutes* (TOUT) grossières qu'elles *étaient* (FUSSENT), ont rendu quelques services. Elles ont été, d'après les historiens, la première écriture *qu'aient* (QU'ONT) paru avoir les Phéniciens. Nous nous en sommes laissé convaincre nous-mêmes par ce que ces écrivains en ont rapporté. Quoi qu'il en *soit* (EST), les auteurs qui ont *le* (LES) mieux traité de l'histoire et des arts des Chinois, ont expliqué comment s'est établie chez eux leur écriture actuelle, *dont* (DE QUI) ils ont trouvé l'idée *dans* (DEDANS) l'ancienne coutume d'exprimer la pensée par l'image naturelle des objets susceptibles d'être représentés.

TROISIÈME DICTÉE. — Les Egyptiens, qui se sont fait une antiquité fabuleuse et qui se sont prétendus les inventeurs de tous les arts, n'ont pas manqué d'assurer que l'écriture avait pris naissance *parmi* (ENTRE) eux. Ils se sont *obstinés* (OBSTINÉ) à soutenir que Thot, connu chez les Grecs sous le nom d'Hermès, et chez les Latins sous celui de Mercure, en avait fait le premier la découverte. Cette opinion, tout ambitieuse et *toute* (TOUT) ridicule qu'elle était, a trouvé des hommes assez crédules qui l'ont adoptée sans preuve *et sans* (ET) examen. Thot ou Thoth n'avait pas inventé les caractères, *quoi qu'on en ait* (MALGRÉ QU'ON A) dit, mais il avait perfectionné les hiéroglyphes, écriture que les Egyptiens ont abandonnée, dès qu'ils ont eu connaissance des lettres alphabétiques.

***

QUATRIÈME DICTÉE. — Plus de deux *cents* (CENT) ans s'étaient écoulés depuis la mort de Cadmus, fils d'Agénor, roi de Phénicie, qui avait donné aux Grecs la connaissance des caractères de l'alphabet lorsque Evandre, roi d'Arcadie, ayant passé en Italie, enseigna cet art admirable aux différents habitants de ce pays. Les Péruviens, comme les Chinois et d'autres peuples, se sont servis de cordes nouées au lieu de caractères. Mais quelle peine ne leur en a-t-il pas coûté pour exprimer leurs idées, quoiqu'ils *eussent* (AVAIENT) quelquefois employé des cordes de différentes couleurs, notamment *avant* (AUPARAVANT) que les Espagnols *fussent* (ÉTAIENT) venus à travers *les* (DES) mers et *fussent* (AVAIENT) descendus dans leur pays, dont plus tard ils se sont rendus maîtres ! Le nombre considérable de ces cordes rendait l'explication des signes très-difficile ; cependant, quelque variées qu'elles *fussent* (ÉTAIENT), quelles *que fussent* (QU'ÉTAIENT) les différences multipliées des nœuds, ils s'étaient tellement habitués à interpréter ces signes, qu'ils étaient parvenus à les expliquer aussi couramment que nous expliquons nos caractères.

***

CINQUIÈME DICTÉE. — Dès que les différentes nations ont reconnu l'utilité de l'écriture et son avantage *sur* (DESSUS) toute autre méthode, elles ont adopté avec empressement les nouveaux procédés *qu'on* (QUE L'ON) leur a fait connaître, et qu'on leur a démontrés d'une manière *toute* (TOUT) convaincante. Solon *en a* (A) recommandé *l'enseignement* (SON ENSEIGNEMENT) dans les lois qu'il a établies pour les Athéniens, dans les instructions qu'il a créées pour eux et qu'il a crues *devoir* (QUI DEVAIENT) leur être *le* (LES) plus avantageuses dans la suite. Plus les peuples ont cherché de ressources *dans* (DEDANS) les inventions qu'ils ont *faites* (FAIT ET), plus ils en ont puisées dans cet art par *lequel* (QUI) ils se sont *épargné* (ÉVITÉ) toutes les peines *et toutes les difficultés* (ET DIFFICULTÉS) qu'il y avait *eu* (EUES) à vaincre jusqu'alors, et qu'ils auraient toujours rencontrées jusqu'à ce qu'on *eût* (AURAIT) trouvé un moyen plus abrégé d'exprimer la pensée. Homère a corrigé la rudesse des caractères, et, longtemps après lui, Alexandre le Grand, sous le règne duquel les caractères grecs étaient *le* (LES) plus perfectionnés, n'a pas dédaigné de s'occuper de la manière de fabriquer le papyrus, plante qui était née *en* (DEDANS) Egypte sur les bords du Nil. Quant au parchemin et au vélin, ils avaient déjà servi pour l'écriture ;

mais ils furent travaillés avec beaucoup d'art par l'industrie d'Eumène, roi de Pergame. Enfin l'écriture, comme toute autre invention, s'est perfectionnée de siècle en siècle.

SIXIÈME DICTÉE. — Combien d'habiles maîtres en ce genre n'a-t-on pas vus paraître, surtout sous le règne de Louis XIV ! *On* (L'ON) en a tant vus, qu'il y a eu une grande rivalité *entre tous* (PARMI TOUTES) les habiles gens qui se sont proposé de rectifier cet art. Les trois sortes d'écriture qu'on a crues *devoir* (QUI DEVAIENT) être *les* (LE) plus commodes, et *devoir* (QUI DEVAIENT) flatter le plus les yeux, celles qu'on a cru devoir adopter pour cette double raison, sont la Française ou la ronde, l'Italienne ou la bâtarde et la coulée. Depuis l'an mil huit cent jusqu'à nos jours, combien de méthodes différentes n'a-t-on pas suivies *dans* (DEDANS) les écoles ! Quelle qu'*ait* (A) été la vogue qu'elles ont eue dans le principe, quelques grands éloges qu'on en *ait* (A) faits, quelques peines qu'on *se soit* (S'EST) données pour les accréditer, quelque sûrs et quelque brillants enfin *qu'en dussent être les* (QUE DEVAIENT ÊTRE SES) résultats, nous les avons *vues* (VU) abandonnées par ceux-mêmes qui les avaient créées ou propagées, et elles ont été remplacées par d'autres méthodes encore tout étonnantes et *toutes* (TOUT) merveilleuses.

37. — LUCIUS CATILINA.

PREMIÈRE DICTÉE. — Catilina, l'un des plus fameux scélérats dont l'histoire *ait* (A) fait mention, était vaste dans ses projets, hardi dans ses entreprises, infatigable au travail, patient dans les peines, violent dans ses passions. Personne n'a jamais mieux possédé l'art dangereux de feindre et de dissimuler. Il semblait que la nature ne *l'eût* (L'AVAIT) créé que pour commettre des forfaits. Plongé dans des débauches excessives, il a toujours fait des dépenses exorbitantes qu'il a comblées par des crimes horribles. Le premier qu'il ait commis a été un fratricide : il a fait périr son frère afin de pouvoir s'emparer de ses biens ; la commisération et le remords *se sont* (S'EST) éteints dans le sang fraternel. Sylla versait alors le sang romain et envahissait les patrimoines : c'était un spectacle ravissant pour Catilina. Son ambition s'est bientôt développée, il a brûlé déjà du désir d'imiter Sylla, il en a cherché l'occasion, l'a trouvée et l'a saisie. Combien, malheureusement, n'a-t-il pas trouvé de Romains qui l'ont secondé dans ses projets criminels. C'étaient *toutes* (TOUT) les méchantes gens avilis, déshonorés et ruinés qui ne pouvaient plus rien espérer que de la destruction de l'Etat. Il *leur a parlé* (A PARLÉ AVEC EUX), les a séduits, les a engagés dans une conspiration. Le nombre des conjurés a tellement augmenté, qu'on a été obligé de veiller sur un grand nombre de citoyens que leurs manœuvres avaient rendus suspects, et qui étaient devenus un sujet de crainte pour la Patrie.

DEUXIÈME DICTÉE. — Les riches lui ont fourni de l'argent ; les pauvres ont été attirés par l'appât du pillage, et lui ont promis de faire tous les efforts qu'ils auraient pu ; enfin la plupart des jeunes gens *se sont* (s'est) rangés de son parti, parce qu'ils ont pensé qu'ils se seraient livrés plus facilement à leurs débauches. Ayant rassemblé les conjurés, il les a unis et se les est attachés par un grand nombre de crimes qu'il a autorisés et fait commettre. Il a massacré un enfant, et leur a fait boire son sang pour les habituer au meurtre. La résolution est prise, l'époque est fixée, les poignards sont aiguisés, les cœurs que l'on a décidé qu'on aurait percés sont désignés avec soin à tous les conjurés. La crainte et l'espérance *se sont* (s'est) partagé les moyens de les réunir. Mais la passion que l'un d'eux, nommé Curius, a depuis longtemps conçue *pour* (VIS-A-VIS DE) Fulvie, dame romaine d'une illustre naissance, a dévoilé les projets criminels. Il se l'était attirée par les dons *considérables* (CONSÉQUENTS) qu'il lui a faits ; et comme Fulvie n'était attachée à lui que par intérêt, elle ne lui a plus témoigné le moindre amour dès qu'il a cessé de lui faire des présents. Pour donner à Fulvie des espérances flatteuses, il lui a découvert le secret de la conjuration et lui a fait envisager les richesses que le succès lui aurait procurées. Fulvie ne s'est montrée plus discrète que toute autre femme de son caractère ; elle a découvert à plusieurs personnes le secret que lui avait confié Curius. La Renommée a publié ce bruit et l'a porté jusqu'aux oreilles de Cicéron.

TROISIÈME DICTÉE. — Ce grand homme, toujours actif et vigilant, ayant appris cette nouvelle, a remonté jusqu'à la source et est allé chez Fulvie. Cette dame, qui était sans doute flattée de voir un homme de cette importance s'adresser à elle, a sacrifié celui pour qui elle ne s'était jamais senti une grande passion et a tout révélé. L'orateur s'est engagé à ménager Curius, afin d'apprendre jusqu'aux moindres circonstances. Plus il a reçu de renseignements, *plus* (ET PLUS) il en a recherchés encore. La déposition que lui a faite une femme sans honneur n'était pas suffisante, pour qu'il *attaquât* (ATTAQUE) juridiquement un homme d'une si haute naissance. Il a demandé d'autres preuves et d'autres témoins. Il a mis des espions partout, a gagné plusieurs des conjurés et a connu de cette manière les plus secrètes pensées de Catilina. Enfin Cicéron, s'étant muni de preuves convaincantes, a réuni le Sénat et lui a fait connaître tous les renseignements qu'il s'était procurés. Catilina sort de Rome, on le poursuit, on lui livre bataille, et sa mort délivre la ville.

38. — DE L'AGRICULTURE.

Première dictée. — L'agriculture est devenue l'objet d'une foule de livres que des gens instruits ont composés à l'envi, et d'un grand nombre de recherches qu'ils ont jugées nécessaires à la réussite d'une entreprise *si importante* (aussi conséquente). Il s'est élevé des sociétés qui ont imaginé de nouvelles façons de labourer et de semer, *et l'on* (et on) ne saurait dire combien de peines il leur en a coûté pour produire leurs systèmes. Un grand nombre de citoyens *ont* (a) sacrifié des années de récolte à des essais qu'ils se sont proposé de faire sur l'économie rurale. L'Agriculture, comme les autres arts, *a* (ont) eu *ses* (leurs) amateurs. La mode et la philosophie se sont disputé l'honneur *d'ennoblir* (d'anoblir) ce que le luxe et l'orgueil ont avili, et la théorie a occupé presque autant de têtes dans les villes, que la pratique a exercé de bras dans les campagnes. Mais combien de difficultés les cultivateurs n'ont-ils pas trouvées dans l'exécution des nouvelles méthodes proposées par les savants, qui n'ont travaillé que dans le cabinet et qui ont été tentés de regarder les agriculteurs comme des machines un peu moins ingénieuses que celles qu'ils ont imaginées, et qu'ils ont suppléées à toute autre méthode de culture. Quelques grands efforts qu'ils *aient* (ont) faits, quelque brillants chefs-d'œuvre qu'ils *aient* (ont) jugé les ouvrages qu'ils se sont donné la peine de composer, quelles que *soient* (sont) les ressources qu'ils se sont figuré avoir créées pour cet art, quelque constants qu'*aient* (ont) été les travaux qu'ils se sont imposés, et quels qu'*aient* (ont) été les secours qu'ils s'étaient flattés de faire accepter par des agriculteurs ignorants, ils n'ont pas encore réussi à détruire l'aveugle routine qui a dirigé les hommes dans la culture de leurs terres.

Deuxième dictée. — L'agriculture a exercé non-seulement les plus grands héros, mais encore les plus grands écrivains de l'antiquité. Hésiode, qui a vécu cent ans après la prise de Troie, a écrit un poème *où* (dans qui) il a expliqué les moyens que l'on a employés *parmi* (entre) les Grecs, pour *ensemencer* (semer) les champs. Les Démocrite, les Xénophon, les Aristote en ont parlé dans les ouvrages qu'ils ont composés en prose. *Parmi* (ENTRE) les Romains, Caton le censeur a écrit un ouvrage sur l'économie rurale, et le savant Varron a *suivi* (IMITÉ) son exemple. Les ouvrages de Caton sont remplis de sentences ; il a entremêlé des préceptes de morale aux leçons d'agriculture. Mais *parmi* (ENTRE) tous les écrivains qu'il y a eu, c'est Virgile qui a mérité le premier rang. Lui-même a cultivé ses terres, près de Mantoue, jusqu'à l'âge de vingt ans. La longue durée des guerres civiles avait presque dépeuplé les campagnes, et Rome même s'est vue tellement abandonnée, qu'Auguste a cru qu'il n'aurait plus régné que sur des déserts et sur des tombeaux.

———

TROISIÈME DICTÉE. — Quelle influence les arts ont-ils exercée sur la politique des anciens gouvernements ! Ils en ont exercé plus qu'ils n'en ont eue sur l'esprit des peuples modernes, chez qui on les a réduits à distraire l'oisiveté du riche. Chez les anciens, on les a employés efficacement pour remuer la multitude ; les orateurs et les poëtes ont été regardés comme les premiers législateurs. Quelle réputation s'est faite Virgile en composant les Géorgiques ! Quelque savants poëtes que nous *ayions* (AVONS) jugé ses prédécesseurs, quels que nous *ayions* (AVONS) jugé les ouvrages qu'ils nous ont laissés, quelques bonnes leçons qu'ils nous *aient* (ONT) données sur l'agriculture, quelques louanges qu'ils *se soient imaginé* (ONT IMAGINÉ) avoir méritées et être dignes d'obtenir publiquement, nous sommes convaincus que Virgile les a surpassés, autant par la nature du fond que par la nature du style dont il a su revêtir et *ennoblir* (ANOBLIR) les opérations *les* (LE) plus simples, *les* (LE) plus vulgaires de la culture. Les instruments mêmes tout vils qu'ils *étaient* (FUSSENT), et la charrue tout autre que le char de triomphe, et la faulx du cultivateur *toute* (TOUT) différente de l'épée, *sont* (EST) représentés avec la même noblesse d'expression. La vivacité de ses images a donné une idée plus claire des choses qu'il a *décrites* (DÉCRIT), que n'en aurait donnée la vue même des objets. Mais quelles que *soient* (SONT) les couleurs dont on a revêtu les préceptes, ils ennuieront à la longue, si le poëte *n'en corrige pas l'uniformité* (NE CORRIGE PAS LEUR UNIFORMITÉ). Toute autre production que celle de Virgile est restée presque dans l'oubli, *pendant* (DURANT) les premières années qu'a duré la grande influence exercée par une poésie tout autre que celle des écrivains qui, auparavant, avaient composé des ouvrages sur l'agriculture. C'était les dernières années de la République que la poésie était *le* (LA) plus perfectionnée ; et c'étaient aussi ces années qu'on regardait, avec raison, comme l'époque *la* (LE) plus brillante de la littérature.

———

QUATRIÈME DICTÉE. — *Voici* (VOILA) l'idée que nous nous sommes *faite* (FAIT), et l'opinion que nous nous sommes créée en lisant les Géorgiques que Virgile a composées : Dans le premier des quatre livres, il a parlé des moissons, du labourage, des instruments aratoires, de la connaissance de la sphère, des différentes saisons où il faut semer les différents grains, des signes qui annoncent l'orage ou les beaux jours. La variété des tableaux et la rapidité du style caractérisent ce livre qui est terminé par *un* (UNE) magnifique épisode sur la mort de César. Dans le second, le poète a donné à des arbres toutes les passions *et les affections* (ET AFFECTIONS) humaines ; *et l'on* (ET ON) ne peut lire la fin de ce livre, où il y a un épisode sur le bonheur de la vie champêtre, sans être tenté de vivre à la campagne. La description qu'il a *faite* (FAIT) du cheval *dans* (DEDANS) le troisième livre, et celle qu'il a donnée des courses sont pleines de verve et de vigueur. La violence de l'amour y est représentée avec des expressions aussi brûlantes que l'amour même ; et l'hiver de la Scythie est si bien décrit qu'on frissonne pour ainsi dire en lisant. Dans la description de la peste, il s'est efforcé de surpasser Lucrèce, et il faut avouer que si dans *l'un* (L'AUTRE) on aperçoit mieux le physicien, dans *l'autre* (L'UN) on reconnaît bien mieux le poète. Le quatrième livre des Géorgiques paraît être un prélude de l'Enéide.

En un mot, les Géorgiques de Virgile ont toute la perfection que peut avoir un ouvrage écrit par le plus grand poète de l'antiquité, à l'âge *où* (DANS QUI) l'imagination est *le* (LA) plus vive, où toutes les facultés de l'esprit sont dans leur vigueur *et dans leur maturité* (ET MATURITÉ). L'intéressant épisode du berger Aristée a tout le mérite d'un grand poëme.

CINQUIÈME DICTÉE. — *Ce sont* (C'EST) les abeilles surtout qu'il semble que Virgile *ait traitées* (A TRAITÉ) avec *le plus* (DAVANTAGE) de complaisance. Il *ennoblit* (ANOBLIT) les actions de ces petits animaux par des métaphores qu'il a empruntées des plus importantes occupations de l'homme. Quelque différentes que *soient* (SONT) ces actions, quelques faibles moyens que la nature *ait donnés* (A DONNÉ) à ces insectes, et quelle que nous croyions avec raison la supériorité de l'homme, le poète n'a pas décrit, en vers plus expressifs, les combats que se sont livrés Enée et Turnus, qu'il n'a peint les vives attaques des deux essaims qui se sont disputé le passage. Si, dans l'Enéide, il a comparé les travaux des Troyens à ceux des abeilles et des fourmis, ici la comparaison est *faite* (FAIT) des abeilles aux Cyclopes. Tout étonnante qu'elle *est* (SOIT), nous l'avons trouvée *toute* (TOUT) juste et *toute* (TOUT) poétique. La diction est tout image, *toute* (TOUT) beauté ; et les vers sont tout énergie et *tout* (TOUTE) vérité. Quant à la versification, les critiques l'ont jugée tout exacte et *toute* (TOUT) correcte. *Quoiqu'il y ait* (MALGRÉ QU'IL Y A) quelque mille huit cents ans que ces vers ont été faits, *on* (L'ON) ne les a pas moins jugés *bons* (BON) à être donnés pour modèles ; et *ce sont* (C'EST) aussi ces vers, *que* (DONT) nous nous sommes rappelés avec plaisir, que nous avons cru bon de vous engager à étudier avec le plus grand soin, pour sentir la vraie beauté de la versification latine.

SIXIÈME DICTÉE. — Il me reste à parler de ma traduction et des difficultés que j'y ai rencontrées. Comme ces difficultés viennent principalement de la différence des deux langues, elles m'ont conduit à quelques réflexions que j'ai cru convenable de placer ici, parce que je les ai *crues utiles* (CRU UTILE) au développement de mon sujet.

Chez les Romains, on avait proclamé la souveraineté du peuple ; par conséquent les expressions dont ils se sont servis se sont ressenties du fait. Combien peu de termes bas et populaires ont-ils eus, dont les grands aient dédaigné de se servir ? Que d'expressions populaires ont-ils employées, sans *qu'on* (QUE L'ON) les *ait* (A) regardées comme triviales, puisque les poètes mêmes les ont écrites et n'ont point pour cela dégradé leur style ! Nous nous sommes persuadés avec raison qu'une multitude d'idées et d'images que, dans toute autre circonstance, on aurait regardées comme ignobles, ont été généralement adoptées, parce que le caractère de souveraineté, dont la totalité des citoyens était revêtue, a imprimé aussi un caractère de noblesse à toutes les actions qu'ils ont *faites* (FAIT), et, par contre-coup, aux idées et aux images qui les ont exprimées ou qui en ont été empruntées. *Parmi* (ENTRE) nous, la barrière que l'aristocratie a établie *entre* (PARMI) les grands et le peuple a séparé leur langage. Les préjugés ont avili les mots comme les hommes, et il y a eu, en quelque sorte, des termes nobles et des termes roturiers. Une foule d'expressions et d'images *ont* (A) été rejetées, à mesure que la foule des nobles *s'est accrue* (SE SONT ACCRUS) et *s'est crue créée* (SE SONT CRUS CRÉÉS) pour asservir le peuple. Mais les propositions qu'ils ont *faites* (FAIT) n'ont pas toujours été agréées, et *l'on* (ON) a vu de temps en temps l'autorité aristocratique suppléée par la démocratie. Le peu de réussite que les nobles ont obtenu les *a* (ONT) découragés quelquefois. Cependant le peu de succès qu'ils ont eus dans quelques circonstances *ont* (A) de nouveau exalté leur ambition et leur orgueil.

SEPTIÈME DICTÉE. — Comme les grands ont abandonné au peuple l'exercice des arts *et des métiers* (ET MÉTIERS), ils ont aussi abandonné les expressions qu'il a bien fallu qu'on *inventât* (INVENTE) pour peindre leurs opérations. Notre langue est devenue plus pauvre, et a ressemblé à ces gentilhommes ruinés qui se sont condamnés à l'indigence de peur *de déroger* (qu'ils dérogeassent). A la pauvreté s'est *jointe* (joint) la faiblesse : c'est le peuple qui a composé une grande partie de notre langue ; aussi y a-t-il laissé un grand nombre d'exceptions et de bizarreries, qu'auraient facilement évitées des hommes qui se seraient occupés de la philosophie des langues. Les Romains ont mieux peint les grandes passions, les Français ont dû mieux peindre le sentiment, parce qu'ils ont plus vécu *dans* (dedans) les sociétés particulières où ils se sont laissés aller à l'envie de plaire. Les Romains, vivant davantage dans les campagnes, ont dû mieux décrire les objets physiques ; ils ont eu des mots pour toutes les productions de la terre. Quant aux idées morales, nous les avons mieux exprimées ; nous avons eu des expressions pour tous les mouvements du cœur.

---

huitième dictée. — C'est en voyant la campagne, les moissons, les vergers, les troupeaux, les abeilles, ces tableaux délicieux qui ont inspiré l'auteur des Géorgiques, que je me suis senti une certaine disposition à le traduire. Jamais je n'ai trouvé la nature plus belle qu'en lisant Virgile, et jamais je n'ai trouvé Virgile plus admirable que lorsque j'ai contemplé la nature : Car de tous les poètes, c'est lui qui l'a certainement le mieux imitée. *Voilà* (voici) les idées que je me suis faites de la traduction. Quelques grands efforts que j'aie faits, quelque admiration que je me *sois* (suis) toujours sentie pour Virgile, et quelle que soit la vénération que je me suis flatté d'avoir toujours témoignée au public, je n'ose pas *croire* (espérer) que j'aie rempli toutes les conditions que je m'étais imposées et que j'avais cru nécessaire d'observer scrupuleusement, pour rendre ma traduction *le* (la) plus fidèle et *le* (la) plus élégante possible. Toute autre poésie aurait offert moins de difficultés réelles *que* (comme) nous n'en avons trouvées dans cette œuvre didactique. Nous ne nous sommes point *fait* (faits) illusion, en croyant que nous en avions trouvé plus que nous n'en avions vaincues. Nous en avons cependant surmonté qui n'avaient pas encore été *traduites* (traduits) jusqu'ici. Que de fautes avons-nous relevées ! Combien en avons-nous *rendues* (rendu) évidentes à ceux qui se sont montrés de bonne foi ! Par ce que nous avons dit dans les rapprochements que nous avons faits de la traduction et de l'original, on a pu remarquer que les vers français *ont* (avaient) souvent égalé les vers latins. Combien de beautés ne s'est-il pas présenté à l'esprit de ceux qui se sont donné la peine de lire attentivement la traduction de Delille !

39. — Fête en l'honneur des Fondateurs de la Liberté helvétique.

PREMIÈRE DICTÉE. — Le soir qui a précédé la fête, on a allumé des feux *sur* (DESSUS) les montagnes. C'est ainsi qu'autrefois les libérateurs de la Suisse se sont donné le signal de leur sainte conspiration. Ces feux nous ont tracé l'image de la lune telle *que* (COMME) nous l'avons vue s'élever derrière les montagnes, lorsqu'elle s'est montrée à la fois ardente et paisible. On eût dit que *de* (DES) nouveaux astres *étaient* (AVAIENT) accourus, pour assister à un des spectacles *les* (LE) plus touchants que le monde eût encore offerts. L'un de ces signaux enflammés semblait placé dans le ciel, *d'où* (DE QUI) il éclairait les ruines du château d'Unspunnen qu'a possédé autrefois Berthold, le fondateur de Berne, en l'honneur duquel s'est annoncée la fête. Des ténèbres profondes environnaient ce point lumineux, et les montagnes qui, *pendant* (DURANT) la nuit, ressemblaient à de grands fantômes, ont apparu comme l'ombre gigantesque des morts qu'on a voulu célébrer.

DEUXIÈME DICTÉE. — Le jour de la fête, le temps était doux mais nébuleux, il fallait que la nature *répondît* (RÉPONDE) à l'attendrissement de tous les cœurs. L'enceinte que l'on avait choisie pour les jeux était entourée de collines parsemées d'arbres, et des montagnes à perte de vues étaient derrière ces collines. Les hommes et les femmes attirés par la curiosité, et *désireux* (DÉSIREUSES) de voir le spectacle, étaient assis sur la pente au nombre de six mille. La différence et la variété des vêtements, très-agréables d'ailleurs, charmaient les yeux par la diversité des couleurs qui ressemblaient à des fleurs répandues dans la prairie. Jamais un coup d'œil ni un aspect *n'a* (N'ONT) été plus riant dans une fête. Quand les regards se sont élevés, ils ont vu ces rochers suspendus qui semblaient menacer au milieu des plaisirs. Quand la foule des spectateurs *fut* (FURENT) réunie, on entendit venir de loin la procession de la fête qui était consacrée au culte du passé. *On* (L'ON) a vu s'avancer la magistrature et après elle les paysans : chacun d'eux portait un vêtement conforme au costume de *son* (LEUR) canton. Les hallebardes et les bannières étaient portées, en avant, par des vieillards en cheveux blancs que l'on avait habillés précisément comme *on* (L'ON) l'était, il y a cinq siècles, lors de la conjuration de Rutli. Une émotion profonde s'est emparée de l'âme quand on a vu ces drapeaux pacifiques.

TROISIÈME DICTÉE. — Enfin, les jeux ont commencé. Les hommes de la vallée et ceux de la montagne ont déployé une agilité et une force très-remarquables ; ils ont soulevé d'énormes poids, et ont lutté *les uns* (L'UN) contre *les autres* (L'AUTRE). Souvent deux lutteurs ont montré une force et une adresse égales, lorsqu'ils se sont abattus *l'un l'autre* (L'UN ET L'AUTRE). *Avant* (AUPARAVANT) qu'on eût fait usage du canon et des autres armes à feu, la force du corps rendait les nations plus militaires ; mais depuis que la guerre s'est faite à l'aide de la discipline et du nombre, ce n'a plus été la même chose. Les individus ont disparu *dans* (DEDANS) les masses, et le genre humain semble maintenant dirigé, comme la nature inanimée, par des lois mécaniques. Quand les jeux furent terminés, et que le bailli du lieu *eut* (AVAIT) distribué des prix aux vainqueurs, on a dîné sous des tentes et l'on a chanté des vers en l'honneur de la félicité des Suisses. *On* (L'ON) a fait passer à la ronde, *pendant* (DURANT) le repas, des coupes en bois *sur* (DESSUS) lesquelles étaient sculptés Guillaume Tell et les trois fondateurs de la liberté helvétique. *On* (L'ON) a bu avec transport au repos, à l'ordre, à l'indépendance ; le patriotisme et le bonheur *se sont* (S'EST) exprimés avec une cordialité qui a pénétré toutes les âmes.

———◦◦◦◦◦———

40.— LA PIQÛRE D'UNE ABEILLE FAIT LEVER LE SIÈGE D'UNE VILLE.

Talmy, paysan du territoire de Xiatiue, ayant voulu chasser des abeilles des ruches *où* (DANS QUI) elles étaient renfermées, a reçu une piqûre *si* (AUSSI) vive qu'il en a été malade. Depuis ce temps il les a regardées comme des animaux redoutables, et ne s'est jamais approché de leurs ruches sans éprouver quelque frayeur. Il en voyait partout, tant la peur *s'était emparée* (S'EN ÉTAIT EMPARÉE) de lui. La plus grande douleur qu'il *ait* (A) souhaitée à ses ennemis, c'est d'en éprouver celle qu'il avait sentie *lui-même* (PAR SOI-MÊME). Cet homme singulier, s'étant trouvé *dans* (DEDANS) une ville assiégée, dit à ceux qui étaient près de lui : Si nous voulons empêcher que les Portugais *ne ruinent notre ville et ne s'en rendent maîtres* (RUINENT ET SE RENDENT MAÎTRES DE NOTRE VILLE), *nous n'avons* (VOUS N'AVEZ) qu'à lâcher des abeilles sur les murailles ; je n'ai rien vu *de si* (D'AUSSI) terrible lorsqu'elles sont irritées. Ceux qui ont entendu ces propos ont éclaté de rire, et les ont racontés à d'autres qui s'en sont amusés aussi, et s'en sont *fait* (FAITS) un sujet de raillerie. Enfin ils sont parvenus jusqu'aux oreilles du gouverneur qui a pensé qu'il fallait, dans un cas pressant, qu'on *employât* (EMPLOIE) tous les moyens de salut, quelque ridicules qu'ils *puissent* (peuvent) paraître. Quelles *que fussent* (qu'étaient) les railleries que la plupart des soldats avaient débitées à ce sujet, il a fait chercher des ruches et l'on en a trouvé suffisamment pour garnir les murailles. Lorsque les Portugais ont donné l'assaut, *on* (l'on) a chassé les abeilles avec du feu, ce qui les a irritées au point qu'elles se sont *jetées* (jeté) avec fureur *sur* (dessus) les ennemis, et les ont piqués *si* (aussi) vivement qu'*ils s'en sont allés* (se sont en allés) au plus vite. Les assiégés ont fait une sortie et ont tué aux assiégants tant de monde *pendant* (durant) le désordre, que *ceux-ci* (ceux-là) se sont trouvés dans l'impossibilité de continuer le *siége* (siège).

---

41. — PLAINTES DE CÉRÈS SUR L'ENLÈVEMENT DE PROSERPINE.

EXTRAIT DE **Clodius Claudianus**, LIVRE III.

PREMIÈRE DICTÉE. — La nuit avait déjà déployé son voile sombre sur la terre ensevelie *dans* (dedans) le silence et le sommeil. Cérès s'est mise en route, elle s'est meurtri le sein des coups multipliés qu'elle s'est *donnés* (donné). en s'écriant : « Sont-ce
« là, chère Proserpine, les flambeaux que je vous avais des-
« tinés ? Non, sans doute. Ils étaient plus naturels à une mère,
« les vœux que j'avais formés et que je m'étais flattée que
« j'aurais vus s'accomplir. Je m'étais laissée aller à l'espérance
« que les dieux m'avaient inspirée, et qui était tout autre que
« le malheur qui m'arrive. C'étaient des flambeaux plus ra-
« dieux que je devais porter devant vous. Quelle satisfaction,
« quelle joie ai-je éprouvée, quand je me suis figurée que
« j'aurais vu vos noces célébrées dans l'Olympe, quand je me
« suis *plue* (1) dans l'agréable illusion qui *m'avait* (m'a) fait en-
« tendre d'avance le chant de l'hyménée entonné par le chœur
« des immortels ! Les événements ont changé ; Lachésis, ainsi
« que le Destin, *s'est* (se sont) jouée des dieux mêmes.
« Combien j'ai dû être fière ! quel désir, quelle ambition de
« me plaire m'ont pas montrée les plus illustres rivaux, qu'on
« *ait vus se présenter* (avait vu qui se sont présentés), et qui
« se sont disputé la main de ma fille ! Toute autre mère, quelle
« *que fût* (qu'était) son élévation, quelques beaux enfants que
« le ciel lui *eût* (avait) donnés, se serait montrée avec raison
« jalouse de mon bonheur. Je ne vous avais pas encore perdue,
« vous que j'avais toujours regardée comme mon unique es-
« poir, *toutes mes délices* (tous mes délices) et toute ma gloire.
« Dans ce temps, je me suis conduite en déesse, et l'on ne
« *m'a* (m'a pas) jamais vue céder à l'altière Junon. Maintenant,

(1) Voir note de la page 29. — Même observation aussi pour les participes passés des verbes *se plaire* et *se rire* qui se trouveront dans les
autres dictées. (Grammaire, page 136).

« je suis avilie, tombée dans le mépris. Telle est la volonté
« que votre père a manifestée. Mais pourquoi l'accusé-je des
« maux que je me suis attirés moi-même ? C'est moi qui vous
« *ai* (A) perdue, qui vous *ai* (A) quittée, qui vous *ai* (A) livrée
« *toute* (TOUT) seule, sans défense, aux perfides ennemis qui
« n'ont *cessé* (DÉCESSÉ) de vous poursuivre que lorsqu'ils vous
« ont dérobée à ma tendresse.

DEUXIÈME DICTÉE. — « Combien de fois ne m'a-t-on pas entendue
« chanter au milieu des chœurs bruyants de Cybèle ! Combien
« de fois ne m'a-t-on pas vue m'abandonner à la joie ! Combien
« de fois la campagne a-t-elle retenti de cette joie insensée ! Com-
« bien de lions ai-je poursuivis ! Combien en ai-je vaincus !
« N'a-ce pas été au moment où je me suis trouvée *le* (LA) plus
« tranquille, *le* (LA) plus heureuse, qu'une bête plus sauvage en-
« core a trompé ma vigilance et s'est emparée de vous ? Vous
« avez reçu la récompense qui vous était due. Voyez ce visage
« sillonné de plaies, cette poitrine *toute* (TOUT) sanglante, ce sein
« qui vous a nourrie, meurtri de mille coups. Il n'est pas pos-
« sible que vous ne *voyiez* (VOYEZ) pas tous les maux que j'ai
« soufferts, que vous ne *ressentiez* (RESSENTEZ) pas la douleur
« qui m'a accablée et qui a brisé mon âme. Eh bien ! quel-
« qu'*ait* (A) été mon chagrin, ma douleur, mon désespoir,
« quelque grandes qu'*aient* (ONT) été mes peines, quelques san-
« glants outrages que j'aie eu à essuyer, rien ne m'a *autant*
« (TANT) affligée *que* (COMME) le malheur de vous avoir perdue.
« Je vous ai cherchée partout, *et je ne* (ET NE) sais où trouver
« vos traces. Quel char vous a portée ? Est-ce un habitant de
« la terre ou un habitant de l'Océan qui vous *a* (ONT) ravie ?
« Où découvrirai-je les sillons que ses roues rapides ont tracés ?
« Mais après m'être donné *tant* (AUTANT) de peine, après avoir
« accompli tous les sacrifices que je m'étais imposés, plus
« grands que *ceux qui ont été faits* (CEUX FAITS) par toute autre
« mère, quel fruit recueillerai-je de tant d'efforts inouïs aux-
« quels je me suis condamnée ? Pourrai-je vous voir encore,
« fille chérie ? Puis-je espérer de vous serrer encore dans mes
« bras ? N'avez-vous pas perdu cette beauté divine, ce brillant
« éclat qui vous distinguait, cette voix que j'ai tant aimé à
« entendre ? Car si votre personne était *toute* (TOUT) beauté,
« votre voix était tout harmonie. Malheureuse que je suis ! Je
« vous reverrai peut être telle qu'une vision nocturne vous a
« retracée à mes sens éperdus, telle *qu'un* (COMME UN) songe
« affreux vous a peinte à mon âme égarée. »

42. — La laideur d'une femme cause la guerre civile entre Antoine et Octave.

PREMIÈRE DICTÉE. — La mort de Jules César n'a point délivré Rome de la tyrannie : trois séditieux se sont emparés du gouvernement. Marc Antoine, Octave et Lépide ont formé cette fameuse ligue que l'on a connue sous le nom de triumvirat. Ils se sont partagé l'empire du monde, et ont cimenté la puissance qu'ils se sont créée par le sang des plus illustres Romains. Cicéron a péri *dans* (DEDANS) cet horrible massacre et le barbare Antoine s'est fait apporter la tête de ce prince de l'éloquence, afin qu'il *eût* (AURAIT) la cruelle certitude de sa mort. Il l'a ensuite présentée à Fulvie, son épouse, qui s'était, comme lui, déclarée l'ennemie du peuple romain. Cette femme odieuse , ce fléau du monde s'est montrée plus cruelle *qu'on* (QUE L'ON) ne l'avait supposé : elle a mis cette tête sur ses genoux, et après lui avoir prodigué tous les outrages que lui a inspirés son inhumanité, elle a poussé la barbarie jusqu'à percer la langue de ce grand homme de plusieurs coups d'un poinçon qui servait *à retenir sa* (à EN RETENIR LA) coiffure.

DEUXIÈME DICTÉE. — Cette femme était violente *dans* (DEDANS) ses passions. Aussitôt qu'elle a été *instruite* (INSTRUIT) qu'Antoine, qui s'était chargé du gouvernement de l'Orient, est devenu amoureux de Glaphire, femme d'Archelaüs , en Cappadoce, *elle s'est* (S'EST) abandonnée à tous les transports de la jalousie, et a tâché de mettre en usage tous les moyens de vengeance que sa fureur lui a inspirés La première idée qui s'est présentée à son esprit, c'a été d'exciter à son tour la jalousie de son mari. Mais Fulvie ne s'est point attiré toute l'attention et toute la tendresse qu'elle s'était flattée, trop légèrement, qu'elle aurait excitées encore , *quoiqu'elle fût* (MALGRÉ QU'ELLE ÉTAIT) d'un âge avancé, et qu'elle *n'eût* (N'AVAIT) pas reçu de la nature les grâces nécessaires pour inspirer de l'amour. Le jeune triumvir Octave l'a méprisée d'autant plus qu'elle s'est enflammée davantage. Elle *s'est imaginé* (A IMAGINÉ) d'abord que la timidité seule avait arrêté Octave, et lui a découvert les sentiments qu'avait éprouvés son cœur. Mais Octave lui a manifesté plus que jamais la répugnance qu'elle lui a inspirée. Il a même poussé l'outrage jusqu'à donner de la publicité à cette aventure, et a fait à ce sujet six vers qu'il a distribués à ses amis, pour qu'ils *parvinssent* (PARVIENNENT) à la connaissance du public. Ils sont terminés par cette idée piquante et décisive :
« Fulvie m'a offert d'une main son cœur, de l'autre la guerre.
« Sa laideur m'épouvante *plus* (DAVANTAGE) que la mort même :
« Sonnez, trompettes. »

TROISIÈME DICTÉE. — Fulvie ayant appris qu'Octave la méprisait au point de l'avoir rendue la fable de la ville, *a juré sa* (EN A JURÉ LA) perte et s'est promis de se venger par la mort du triumvir. Etant allée trouver Lucius Antoine, frère de son mari, homme d'un caractère faible, elle lui a inspiré la même fureur qu'elle a éprouvée elle-même et l'a engagé à lever des troupes pour faire la guerre à Octave et pour le forcer de quitter le pouvoir. Elle a pris elle-même le casque, s'est *ceinte* (CEINT) d'une épée, a annoncé aux soldats assemblés *sous* (DESSOUS) les ordres de son beau-frère, que la liberté de leurs amis, de leurs enfants dépend de leur courage, de leur énergie, qu'elle s'est chargée de les conduire contre un tyran qui tient Rome en captivité. Quand elle les a crus *capables* (SUSCEPTIBLE) de combattre, elle les a conduits contre Octave ; mais *celui-ci* (CELUI-LA), par des promesses flatteuses, a bientôt gagné une partie de l'armée et a contraint l'autre de mettre bas les armes. Fulvie, dont la fureur s'est animée par les difficultés qu'elle a rencontrées lorsqu'elle a voulu satisfaire sa vengeance, a passé en Orient; *elle est allée* (ELLE S'EN EST ALLÉE) trouver son mari et lui a inspiré de la défiance contre Octave ; enfin, par ses discours artificieux, elle a semé la division *entre* (PARMI) les deux triumvirs, et les a armés *l'un* (LES UNS) contre *l'autre* (LES AUTRES).

—∘⚬⟨⟩⚬∘—

43. — LES PLÉBÉIENS AU CONSULAT.

(LE FAIT EST TIRÉ DE **Tite-Live** LIVRE VI, CH. XXXIV).

PREMIÈRE DICTÉE. — Les tribuns du peuple, quoiqu'ils *aient* (ONT) fait chacun *leurs* (SES) efforts, *quoique chacun ait* (MALGRÉ QUE CHAQUE A) employé *ses* (LEURS) brigues et *ses* (LEURS) cabales, n'ont jamais pu obtenir que les plébéiens *parvinssent* (PARVIENNENT) à la dignité consulaire, tout équitable et *toute* (TOUT) juste que la chose leur *a* (AIT) paru que tous les citoyens devaient être également traités, selon les mêmes lois. En vain ont-ils représenté que l'égalité *est* (ÉTAIT) le seul moyen de donner de l'émulation à tous les citoyens, que la gloire, aussi bien *que* (COMME) la prospérité, *en serait le* (SERAIT SON) résultat; mais l'intérêt, autant *que* (COMME) les systèmes des patriciens, s'y *est* (SONT) toujours opposé. Non-seulement des hommes, mais encore une femme *s'est trouvée intéressée* (SE SONT TROUVÉS INTÉRESSÉS) dans la dispute, et, tout disposés qu'ils *étaient* (FUSSENT) à travailler chacun pour *soi-même* (LUI-MÊME), les larmes de cette femme ont assuré la victoire à ceux qui ont embrassé son parti. Une foule d'exemples *ont* (A) prouvé qu'une infinité de monde *s'est laissé* (SE SONT LAISSÉS) entraîner par le pouvoir des femmes, quand elles ont tiré leurs efforts de leur faiblesse même. La foule des exemples

qu'il y en a eu, suffirait pour remplir un des plus gros volumes que l'on *ait* (A) jamais faits, car le peu de preuves que
nous en avons recueillies rempliraient déjà un volume de quatre
cents pages. Cependant le peu d'érudition que la plupart des
hommes *ont* (A) montré, nous a convaincus qu'ils sont dans une
ignorance complète à ce sujet, nous a déterminés à leur présenter quelques exemples à *suivre* (IMITER), et *nous nous flattons*
(NOUS ESPÉRONS) que nous avons rempli les vues que nous nous
étions proposées.

DEUXIÈME DICTÉE. — Marcus Fabius Ambustius, patricien,
avait deux filles, dont l'aînée était mariée à Servius Sulpicius
qui était du corps des patriciens, et qui occupait alors le consulat ; la cadette, que Lucinius Stolon, plébéien, avait épousée,
étant allée (S'ÉTANT EN ALLÉE) voir sa sœur, a entendu frapper à
la porte d'une manière qui lui a paru *si* (AUSSI) extraordinaire
qu'elle en a été saisie de frayeur. On a ouvert, *et l'on a vu* (ET
ON VOIT) des licteurs qui avaient frappé avec le bâton des faisceaux pour avertir que le consul allait entrer. La femme du
consul a dit à sa sœur avec un sourire piquant :
« Ce bruit n'étonne point les femmes des sénateurs. »
La femme du plébéien a senti toute la malignité du propos. Sa
vanité humiliée l'a jetée dans une mélancolie *si* (AUSSI) grande,
qu'elle ne l'a pu dérober aux yeux de son père et de son mari.
Ils lui *en ont* (ONT) souvent demandé *le* (SON) sujet, sans qu'ils
aient (ONT) pu l'engager à les en instruire. Elle a voulu exposer
plus longtemps son chagrin à leurs yeux, comptant qu'elle les
aurait touchés davantage et qu'elle les aurait préparés à y remé-
dier, lorsqu'elle leur *en aurait* (AURAIT) fait connaître *la* (SA) cause.
Enfin, sitôt qu'elle a cru que le temps propre à son aveu était
arrivé, elle leur a dit, les larmes aux yeux et avec une confusion simulée, que le chagrin l'aura bientôt fait mourir, si,
étant sortie du même sang que sa sœur, elle ne voit point
rendre à son mari les mêmes honneurs *qu'elle* (COMME ELLE) avait
vu rendre à Sulpicius.

TROISIÈME DICTÉE. — Son père et son mari, qui l'avaient toujours
aimée tendrement, lui ont juré qu'ils se seraient donné toutes les
peines possibles, pour que son mari *obtînt* (OBTIENNE) les mêmes dignités et les mêmes honneurs qu'elle avait vu rendre à son beau-
frère. Fabius, sacrifiant l'intérêt du sénat à la tendresse qu'il
s'était sentie *pour* (VIS-A-VIS DE) sa fille, s'est joint à son gendre
pour faire en sorte que les plébéiens *parvinssent* (PARVIENNENT)
au consulat. Ils se sont associé Lucius Sextus, plébéien également aimé du peuple et du sénat pour sa vertu *et son éloquence* (ET ÉLOQUENCE). La femme de Lucinius, tout enhardie et

toute (TOUT) rassurée par la protection que son père et son mari s'étaient juré qu'ils lui auraient prêtée, les a excités, comme aurait fait toute autre femme, à poursuivre leurs efforts et l'entreprise qu'ils s'étaient proposé d'exécuter, parce qu'ils se l'étaient imposée sous la religion du serment.

QUATRIÈME DICTÉE. — Ainsi cette femme artificieuse, qui s'est montrée tout autre dès ce moment, s'est laissée aller à une ambition démesurée, s'est laissé entraîner par un fol orgueil. Après avoir excité des troubles et semé la discorde qui a failli allumer la guerre civile, les plébéiens se sont créé des droits et se sont *fait* (FAITS) admettre au consulat. Lucinius y est parvenu et a donné à sa femme. pour qui il était tout amour, *tout* (TOUTE) tendresse, la satisfaction qu'elle avait *tant* (AUTANT) souhaitée, parce qu'elle était tout ardeur, *toute* (TOUT) passion *pour* (VIS-A-VIS) les dignités propres à flatter une sotte vanité qui l'avait toujours maîtrisée.

Elle a enfin entendu à sa porte le bruit des faisceaux.

Quelles que *soient* (SONT) les ressources d'un gouvernement, quelques grandes richesses qu'il *ait* (A) amassées, quelque puissants que se *soient* (SONT) imaginés ceux qui se sont *crus* (CRU) appelés à gouverner les autres, quelque frayeur qu'ils aient inspirée aux puissances étrangères, un État *n'est jamais* (N'EST PAS JAMAIS) véritablement grand, si les honneurs et les dignités ne sont pas accordés à ceux qui s'en sont rendus dignes par un mérite supérieur et des qualités *éminentes* (IMMINENTES).

---

44. — SUR LES ÉCRIVAINS.

Quelque habiles gens que *soient* (SONT) certains écrivains, quelles qu'on *ait* (A) jugé leurs qualités *éminentes* (IMMINENTES), si la réflexion n'a pas guidé leur plume, s'ils l'ont laissée marcher au hasard, l'ensemble de leurs prétendus chefs-d'œuvre ne *satisfera* (SATISFERONT) pas les critiques judicieux, quelques beautés qu'ils *aient* (ONT) répandues d'ailleurs sur quelques détails ; et l'impression que produira l'œuvre complète ne répondra pas à l'opinion que les auteurs s'en étaient formée. C'est pour n'avoir pas donné à la matière qu'ils s'étaient proposé de traiter, toute l'attention qu'ils auraient dû, et que nous sommes persuadés qu'ils eussent pu apporter, c'est pour ne pas s'en être rendus maîtres par une étude *toute* (TOUT) sérieuse, et, en quelque sorte, pour s'être laissé dominer par leur sujet, que ces hommes d'esprit se sont *trouvés* (TROUVÉ) embarrassés, et qu'un sujet, peut-être fort riche, ne leur a pas présenté toutes les ressources qu'ils avaient supposé qu'ils y trouveraient. Ce n'est pas que ces écrivains aient manqué d'idées, ils en ont *eu* (EUES) un grand nombre. Il s'est offert à leur esprit une foule de pensées qui auraient pu contribuer au succès de leurs ouvrages ; mais comme ils ne les ont pas comparées, ils ne se sont pas aperçus qu'ils *dussent* (DEVAIENT) préférer *les unes aux autres* (L'UNE à L'AUTRE), et ne se sont pas attachés à établir entre elles une subordination telle *qu'on* (COMME L'on) l'aurait désiré. De là le peu de suite qu'on a remarqué dans leurs compositions, le peu de répugnance qu'on a éprouvée en les lisant, quoique d'ailleurs elles *ne fussent* (N'ÉTAIENT) pas dépourvues d'un certain mérite ; de là, enfin, les critiques fondées qu'elles ont *values* (VALU) à leurs auteurs de la part des esprits solides, qui n'ont jamais accordé leur approbation qu'aux ouvrages qu'une raison sage et éclairée *a* (ONT) produits et répandus *dans* (DEDANS) le public. Ce n'est pas ainsi qu'ont procédé les Racine, les Boileau qu'on a vus admirés de toutes les nations policées. Après s'être tracé un plan, ils se sont empressés de mettre en ordre les pensées qu'ils ont jugées *appartenir* (QUI APPARTENAIENT) essentiellement à leur sujet, *et ensuite* (ET PUIS ENSUITE) ils se sont livrés à leur inspiration. C'est alors que les idées se sont succédé sans effort, parées des charmes de l'imagination, et ornées d'un naturel propre à cacher la peine qu'elles ont coûtée. *C'est* (CE SONT) des œuvres de ce genre *que* (DE QUI) nous nous sommes proposé de vous entretenir.

---

45. — LA MACHINE DE MARLY.

PREMIÈRE DICTÉE. — Paris et Versailles sont au nombre des villes que la nature paraît avoir *le* (LES) moins favorisées dans leur position. C'est cependant là, *que* (OÙ) les arts nous ont paru avoir fait les plus grands progrès qui *aient* (ONT) émerveillé des observateurs éclairés et consciencieux ; c'est là *que* (OÙ) les arts inventés ont étalé, en faveur de Louis XIV, tout ce qu'on peut *imaginer* (S'IMAGINER) de plus riche et de plus délicat. En effet, peut-on *s'imaginer* (IMAGINER) quelque chose de plus *beau* (BELLE) que la vue de ces jardins dans *lesquels* (QUI) on trouve réunies la beauté, la grandeur majestueuse, la multitude et la variété des spectacles, pour le plaisir *et le charme* (ET CHARME) des yeux ? La science, aussi bien que l'art, *s'est* (SE SONT) en quelque sorte épuisée dans la production des objets *les* (LE) plus propres à exciter l'admiration des voyageurs, même *les* (LE) plus insensibles au merveilleux ; et *c'est* (CE SONT) des objets mêmes que le génie de l'homme y a produits *que* (DE QUI) nous nous sommes proposé de donner ici une faible et simple esquisse. Dès l'abord nos regards sont frappés d'un spectacle inouï qui nous étonne, qui nous laisse tout ébahis. Si nous avançons un peu plus loin, là où il semble que l'art *ait* (A) déployé toutes ses ressources, nous sommes ravis, transportés, ne sachant où arrêter nos regards préférablement : tout est beau, ravissant.

Quelle qu'on *ait* (A) pu supposer l'imagination humaine, pourrait-on dire quelle merveille elle a créée qui étonne *plus* (DAVANTAGE) que la machine de Marly ?

DEUXIÈME DICTÉE. — Elle présente à la vue tout étonnée, *toute* (TOUT) ravie, une mer, un vaste océan qui effraie d'abord, comme pour faire acheter à l'homme, curieux de voir, la jouissance qui lui est préparée. C'est un fleuve suspendu dans les airs, qui, après avoir franchi les montagnes presque malgré lui, se précipite *dans* (DEDANS) les plaines environnantes, et va porter le tribut de ses eaux à cinq cents familles *toutes* (TOUT) réjouies de le posséder au milieu d'elles. Nouveau Protée, il prend mille formes différentes, et offre à l'œil des observateurs les métamorphoses *les* (LE) plus variées *C'est* (CE SONT) dans les difficultés qu'il y a eu à surmonter que cette merveille paraît *le* (LA) plus surprenante et *le* (LA) plus *propre* (CAPABLE) à donner une haute idée du génie de son immortel inventeur le Hollandais Rannequin. Quelle invention a-t-on jamais vue qui *fît* (FAIT) plus d'honneur à l'esprit humain !

---

46. — CAMILLE, GÉNÉRAL ROMAIN.

Son généreux pardon, autant *que* (COMME) les succès qu'il a obtenus, *a* (ONT) valu à Camille le titre de *second* (DEUXIÈME) fondateur de Rome. Les uns veulent qu'il *ait* (A) détruit les Gaulois dans une bataille qui a suivi leur retraite, et les autres prétendent que ces peuples se sont retirés paisiblement *dans* (DEDANS) leurs limites. Justin assure qu'ils se sont mis au service de Denis l'Ancien qui les a employés contre les colonies grecques du sud de l'Italie ; il dit même qu'une partie des Gaulois *ont* (A) passé dans la Grèce. Leur courage, leur valeur *a* (ONT) beaucoup contribué aux succès de la guerre que Sparte a eu à soutenir contre la ligue des Thébains. Quelle qu'*ait* (A) été d'abord l'issue de l'expédition que les Sénonnais avaient *entreprise* (ENTREPRIS) contre Rome, quelque malheureux qu'ils *aient* (ONT) été quelquefois (car ils ont eu des alternatives de revers *et de succès*) (ET SUCCÈS), cette expédition a laissé dans l'esprit des Romains une profonde impression de terreur. Combien de combats ces deux peuples se sont-ils livrés ! Combien n'en ont-ils pas gagnés ou perdus *l'un l'autre* (LES UNS ET LES AUTRES)! Ils ont perdu dans ces guerres malheureuses qu'ils se sont *faites* (FAIT), plus d'hommes *que n'en a* (QU'EN A) perdus toute autre nation. *On* (L'ON) a pu dire, avec raison, que peu de peuples en *ont* (A) perdu autant *pendant* (DURANT) les années qu'ont duré leurs guerres.

47. — INCENDIE DE PANAMA.

A peine les Indiens, fatigués des travaux du jour, ont goûté les douceurs du repos, que *tout-à-coup* (TOUT D'UN COUP) un (UNE) incendie terrible s'est déclaré. Le ciel, contre l'ordinaire de ces beaux climats, redoublait par son obscurité l'horreur de ce tableau. Le bruissement de la flamme et le fracas des toits, s'écroulant de toutes parts, se mêlaient *aux* (AVEC LES) cris des malheureux sauvages qui sortaient précipitamment de leurs maisons embrasées. On ne saurait *s'imaginer* (IMAGINER) le désordre et la terreur qui régnaient *parmi tous* (ENTRE TOUTES) ces pauvres gens ; mais le courage, l'intrépidité du Cacique *y a* (Y ONT) remédié, autant que c'était en son pouvoir. Dès qu'il a commandé, il *a été* (EST) obéi ; il a rallié ces hommes effarés, et, les ayant excités par son exemple, il les a dirigés vers le foyer du sinistre ; et, cependant, quels qu'*aient* (ONT) été les travaux qu'ils *ont* (AIENT) accomplis, quelques grands efforts qu'ils *aient* (ONT) faits, quelque intrépidité qu'ils *aient* (ONT) déployée, ils ne se sont pas rendus maîtres *tout de suite* (DE SUITE) de l'incendie, sur le point de *consumer* (CONSOMMER) tout le village. Que d'infortunés cette nuit fatale a vus périr ! Combien n'en a-t-on pas vus dévorés par le feu qu'un vent impétueux avait rendu plus terrible ! Ici, c'est une mère qui a fui en portant deux enfants, et qui, à demi-brûlée, est retournée au milieu des flammes chercher le troisième ; plus loin, c'est un jeune homme qui a chargé son vieux père *sur* (DESSUS) ses épaules; sa femme et ses enfants se sont précipités après lui ; là, une foule de malheureux *se sont* (S'EST) arrêtés pour *regarder* (FIXER) tristement leurs biens, leurs familles englouties dans ce gouffre embrasé. La case du Cacique s'est enfin écroulée, et tout n'offre bientôt qu'un vaste tombeau couvert de cendre et de fumée. La nuit tout entière s'est passée au milieu des plus cruelles angoisses, enfin le jour *a* (EST) paru, et est venu *éclairer* (ÉCLAIRER À) la ruine totale de cette peuplade, qui n'a plus que les larmes du désespoir.

48. — SUR LES TRADUCTEURS DE TACITE.

PREMIÈRE DICTÉE. — Un grand nombre d'écrivains *se sont* (s'est) exercés à traduire Tacite, cet historien admirable par l'élégance, la précision et l'énergie de son style. Mais, quels qu'*aient* (ont) été leurs efforts, quelques veilles qu'ils *aient* (ont) consacrées à cette entreprise, quelque habiles gens, quelque *savantes* (savants) gens même *qu'on* (que l'on) les *ait* (a) jugés, ils *sont* (ont) restés au-dessous de la tâche qu'ils s'étaient imposée. Ils y ont donc renoncé *avant* (auparavant) d'arriver à la fin *d'une* (d'un) œuvre *si* (aussi) difficile, dégoûtés complètement par le peu de succès qu'ils ont vu qu'ils avaient obtenu *dans* (dedans) leurs premiers essais. D'autres, un peu plus heureux, ont complété la traduction sans que, pour cela, leur œuvre *ait été* (n'a été) agréée par *certaines* (certains) gens censés bons juges en pareille matière. *On* (l'on) peut dire, avec raison, que la totalité des écrivains qui *se sont* (s'est) exercés à ce travail *est* (sont) restée bien au-dessous de l'original. Non seulement le style, mais encore la pensée leur *a* (ont) échappé ; presque toujours la forme aussi bien que le fond leur *a* (ont) fait défaut. Combien de difficultés, en effet, n'ont-ils pas eu à combattre ! Combien n'en ont-ils pas laissées sans qu'elles *aient* (ont) reçu aucune solution. *Quoi qu'il en soit* (malgré qu'il en est), quelque inutile qu'*aient* (ont) été souvent leurs efforts, il faut avouer cependant que le peu de passages, qu'ils ont bien interprétés, *ont* (a) beaucoup servi à *ceux qui ont* (ceux ayant) fait les mêmes essais après eux.

DEUXIÈME DICTÉE. — Deux hommes célèbres se sont livrés à la même entreprise, et y ont employé toutes les ressources qu'ils ont pu, chacun selon *ses* (leurs) facultés et *ses* (leurs) lumières. D'Alembert en avait traduit des morceaux choisis ; mais sa plume inanimée et froidement épigrammatique était peu propre à rendre la profondeur, l'énergie, l'éloquente concision de son modèle. Jean-Jacques Rousseau, *si* (aussi) éloquent dans ses chefs-d'œuvre, a fait le même effort sur le premier livre des Annales. *Tant* (autant) d'essais malheureux ont fait taxer de témérité l'entreprise qu'a conçue et commencé à exécuter un nouveau traducteur. On ne comprend pas qu'il *ait* (a) osé entreprendre une tâche *aussi* (si) difficile *que* (comme) celle qu'il s'est imposée. Il a dû, *avant* (auparavant) d'ébaucher son œuvre, envisager les grandes difficultés qu'il s'est proposé de résoudre. Il faut qu'il les *ait* (a) sondées, qu'il les *ait* (a) pénétrées jusqu'au fond, sans avoir reculé devant une impossibilité. Quels que *soient* (sont) les résultats de ses travaux, *on* (l'on) lui saura gré des efforts qu'il aura faits, des peines qu'il se sera données et des succès partiels qu'il aura obtenus.

TROISIÈME DICTÉE. — Beaucoup de gens éclairés étaient convaincus que ces ellipses si fréquentes, comme ces termes *si* (AUSSI) hardis de Tacite, ne pouvaient pas être *traduites* (TRADUIT) dans notre idiôme, qui veut toujours être clair et méthodique. Ils en étaient d'autant plus convaincus que les nombreuses ellipses et les expressions *toutes* (TOUT) hardies, tout énergiques, constituent le caractère habituel de son style. Il semble, néanmoins, que la traduction de Dureau de La Malle que nous avons lue avec toute l'attention que nous avons pu et que nous avons crue *être* (QUI ÉTAIT) nécessaire pour la juger consciencieusement, il semble, disons-nous, que cette traduction *ait* (A) prouvé que l'assertion que nous avons souvent vu émettre, et qui nous avait paru à nous même tout exacte et *toute* (TOUT) rigoureuse, n'était pas une vérité tout incontestable. Tous les hommes sensés, *toutes* (TOUS) les savantes gens censés *capables* (SUSCEPTIBLES) d'en juger, seront peut-être de notre avis, quand ils auront lu cette traduction.

---

49. — SIÉGE DE RENNES.

La ville de Rennes qui s'était vue assiégée par le duc de Lancastre, et que les Anglais avaient déjà réduite à la dernière extrémité, aurait bientôt succombé *sous* (à) leurs efforts, *si l'on* (SI ON) n'y avait porté un prompt secours. Le fameux Du Guesclin, ayant formé une entreprise pleine de hardiesse, l'a communiquée aux gens *les* (LE) plus intéressés à la victoire, et, par la célérité qu'il a mise à exécuter son projet, il a triomphé de tous les obstacles qu'on aurait *crus* (CRU) insurmontables, et qui l'auraient été peut-être à toute autre personne qu'à lui. S'étant adjoint cent hommes déterminés, ne respirant que le sang et les combats et tout prêts à se rendre aux ordres qu'il leur avait donnés, il a parcouru, en moins de douze heures, les dix-huit lieues et demie qui le séparaient de l'ennemi. Arrivés à la pointe du jour à l'entrée du camp des Anglais, Du Guesclin et ses hardis compagnons se sont disposés à le traverser rapidement. Ils se sont précipités sur le camp, ils ont égorgé ou renversé *ceux qu'ils ont trouvés* (CEUX TROUVÉS) sur leur passage et ceux qui avaient accouru aux cris des blessés. L'incendie s'est répandu partout ; les tentes se sont embrasées ; les ennemis nu-pieds, nu-tête, n'ayant rien pris, excepté leurs chemises, *sont* (ONT) sortis en foule et ont été poursuivis dans leur fuite par le fer *et par la flamme* (ET FLAMME). Enfin les vainqueurs sont arrivés aux portes de Rennes qu'on leur a *ouvertes* (OUVERT) à l'instant Mais, ayant aperçu à quelque distance deux cents charrettes, chargées de vivres, qu'on avait destinés à l'armée ennemie, ils ont fondu *tout à coup* (TOUT D'UN COUP) sur les Anglais, les ont dispersés et sont entrés *dans* (DEDANS) la ville à la tête de ce convoi. Les habitants se sont autant réjouis de cette prise que de la victoire inattendue qu'on avait remportée. Dans une autre occasion ce célèbre Breton, ayant vu un troupeau de pourceaux qui se trouvait entre l'armée anglaise et la ville, a ordonné qu'on *creusât* (CREUSE) une petite porte dérobée par où on ferait sortir une truie. Lorsqu'on fut hors de la place, on serra le museau de la bête avec des tenailles, et on lui fit suivre le chemin de la ville. Tous les pourceaux qui étaient répandus sur la campagne quittèrent l'armée des Anglais, et, accourant aux cris de la truie, ils se précipitèrent dans le fleuve et le traversèrent à la nage. Enfin, ils ont suivi la truie jusque *dans* (DEDANS) l'intérieur de la ville.

---

50. — IMPRESSION DE LA BATAILLE DE CANNES.

PREMIÈRE DICTÉE. — Il y a des choses *qu'on* (QUE L'ON) a répétées jusqu'à satiété parce *qu'on* (QUE L'ON) les a entendu dire une fois. Les historiens ont tous parlé de la faute qu'ils ont prétendu qu'Annibal a *commise* (COMMIS), en ne marchant pas droit sur Rome après la victoire qu'il avait remportée à Cannes. Il est vrai que cette nouvelle n'avait pas été plus tôt répandue dans la Ville, qu'elle *en avait consterné* (AVAIT CONSTERNÉ) tous *les* (SES) habitants, mais la consternation d'un peuple belliqueux s'est presque toujours tournée en courage ; elle ne peut être comparée à celle d'une nation avilie qui n'a jamais senti que sa faiblesse, et qui s'est laissé abattre par le moindre revers ? Une preuve convaincante que les Carthaginois n'auraient pas réussi, c'est que les Romains, après avoir essuyé *tant* (AUTANT) de pertes, se sont encore trouvés en état d'envoyer partout du secours. *Parmi* (ENTRE) les fautes qu'on a reprochées à Annibal d'avoir *commises* (COMMIS), il en est une sur *laquelle* (QUI) les historiens ont insisté plus que sur toute autre : celle d'avoir mené son armée à Capoue, de l'avoir laissée passer son hiver dans cette ville, *où* (DANS QUI) elle s'est amollie. Mais ceux qu'on a entendus soutenir cette opinion n'ont pas remonté à la vraie cause ou ne s'en sont pas occupés. Les soldats de cette armée que la victoire avait enrichis n'auraient-ils pas trouvés partout Capoue ? Ne se seraient-ils pas procuré les jouissances et *toutes* (TOUS) les délices d'une vie efféminée dans toute autre ville ?

DEUXIÈME DICTÉE. — *C'est* (CE SONT) par les succès mêmes qu'a vait obtenus Annibal, que cette guerre a commencé à changer, que les chances sont devenues tout autres pour lui *qu'elles ne l'avaient été pendant* (QU'ELLES L'AVAIENT ÉTÉ DURANT) les quatorze années qu'il avait vécu presque en maître dans l'Italie, puisqu'il l'avait parcourue depuis les Alpes jusqu'à la partie la plus méridionale.

Ce n'étaient point les magistrats de Carthage qui avaient nommé Annibal et ses lieutenants et qui les avaient envoyés combattre en Italie. Aussi n'étaient-ils pas tout intéressés, tout dévoués à sa cause. Le peu de secours en hommes et en argent que ce général a reçu de la mère-patrie *l'a* (L'ONT) mis hors d'état de tenir la campagne. Tant qu'il est resté avec son armée tout entière, il a battu les Romains ; mais lorsqu'il fut forcé de mettre des garnisons dans les villes *dont* (DE QUI) il s'était emparé, de défendre les alliés qu'il s'était faits, d'assiéger des places ou d'empêcher que ces places *ne fussent* (FUSSENT) assiégées, ses forces se sont trouvées insuffisantes, et c'est ainsi que la plus grande partie de ses ressources a été anéantie en détail.

51. — SALLUSTE A CÉSAR.

*(Commencement de la deuxième lettre de **Salluste**).*

PREMIÈRE DICTÉE. — « On *s'est* (A) longtemps imaginé qu'il *n'est* (N'ÉTAIT) donné qu'à la fortune de disposer des magistratures, *des dignités et des trônes* (DIGNITÉS ET TRÔNES) même. Mais l'expérience a prouvé que la chose *est* (ÉTAIT) tout autre, et a confirmé cette vérité que le poëte Appius a consignée dans des vers : **Chacun est** *soi* (LUI)-**même l'artisan de sa fortune.** Cette vérité est *aussi* (TANT) évidente *que* (COMME) toute autre *et l'on* (ET ON) en a trouvé une preuve convaincante en toi-même, César, qui as tellement surpassé les autres hommes, *qu'on* (QUE L'ON) se lassera plus tôt de louer tes belles actions que *tu* (TOI) ne te lasseras d'en faire de louables. Au reste la puissance a besoin, pour se maintenir, de toute la constance du courage qui l'a créée : témoin ces fameuses batailles qui se sont perdues par la faiblesse d'un chef sans énergie.

DEUXIÈME DICTÉE. — « Celui qui peut tout, quelle *que soit* (QU'EST) sa bonté, sa clémence, et quelques nombreuses preuves qu'il en *ait* (A) données, comme il ne tiendrait qu'à lui d'être méchant, est souvent craint et haï de ses subordonnés, qui se sont *épargné* (ÉVITÉS) toutes les peines que les hauts emplois ont toujours coûtées à tous les habiles gens qui s'en sont vus revêtus. Ces peines balancent jusqu'à un certain point les honneurs que ces mêmes emplois leur ont valus.

« Cette crainte et cette haine sont venues en partie de la mauvaise politique *qu'ont* (QU'A) adoptée la plupart des chefs qui *se sont* (ONT) imaginé que leur puissance serait *le* (LA) plus affermie, si ceux à qui ils commandent *sont* (ÉTAIENT) les plus corrompus ; mais il n'est personne si sot *ni si* (ET SI) crédule qui *puisse* (PEUT) en douter, pour peu qu'il ait étudié, avec soin, l'histoire de quelques gouvernements absolus. Toi, au contraire, César, tu es de tous ceux qui t'ont précédé celui qui a peut-être fait le plus noble usage de la victoire, toi qui as montré dans la guerre plus d'indulgence que les autres n'en ont montrée dans la paix. »

52. — LÉÉNA, LA COURTISANE APPELÉE LIONNE.

Une courtisane appelée lionne qui, par les charmes de sa beauté et par la grâce qu'elle s'était *acquise* (ACQUIS) à jouer de la lyre, s'était particulièrement attaché Harmodius et Aristogiton, fut arrêtée dès que ces deux citoyens eurent subi la peine *qu'ils avaient méritée* (DONT ILS AVAIENT ÉTÉ DIGNES). Le tyran Hippias, qui savait bien que cette femme s'était particulièrement attachée à connaître leurs pensées *les* (LE) plus secrètes, l'a mise à la question, afin que l'on *pût* (PUISSE) apprendre *d'elle* (AVEC ELLE) les noms des complices de la conjuration qui s'était tramée contre son injuste puissance. Mais elle a souffert les plus cruels tourments qu'on *ait* (S'EST) jamais imaginés, avec une résignation, un courage incroyable, étonnant et vraiment héroïque ; c'est même lorsque ses souffrances étaient *le* (LES) plus cruelles et *le* (LES) plus affreuses, que sa constance, sa fermeté *s'est* (SE SONT) montrée *le* (LES) plus opiniâtre et *le* (LES) plus invincible, puisqu'elle a été, pour ne pas trahir l'un de ses complices, jusqu'à *se couper* (COUPER SA) la langue avec *les* (SES) dents et la cracher au visage du tyran. Elle *a* (EST) enfin expiré au milieu des supplices, montrant, ainsi, qu'une femme est plus *capable* (SUSCEPTIBLE) de garder un secret *qu'on ne se l'est* (QUE L'ON L'A) imaginé de tous les temps. Une fois qu'elle *est* (A) expirée, on a été fâché de l'avoir laissée périr *si* (AUSSI) impitoyablement. Les Athéniens n'ont pas permis qu'une action *si* (AUSSI) glorieuse *s'effaçât* (S'EFFACE) de la mémoire des hommes. N'a-ce pas été une preuve bien convaincante qu'ils ne *s'étaient point* (SE SONT PAS) rangés du côté de la tyrannie, puisqu'ils ont érigé en l'honneur de cette héroïne une statue de lionne qui était sans langue ? Par ce qu'ils ont fait *dans* (DEDANS) cette occasion, que se seraient-ils montrés s'ils *n'avaient* (N'AURAIENT) pas été asservis par un tyran ? Je te le demande, mon cher ami, l'eusses-tu crue cette action merveilleuse, si tu ne l'avais pas lue dans une histoire *toute* (TOUT) véridique, en même temps qu'elle est tout ancienne et rapportée par des écrivains dignes de foi.

---

53. — CORAX ET LYSIAS.

Le rhéteur Corax qui, le premier, avait établi une école d'éloquence à Syracuse, convint avec Lysias, l'un des plus zélés disciples qu'il *ait* (A) jamais eus, que *ce dernier* (CELUI-LA) ne le paierait que lorsqu'il serait parfaitement instruit dans l'art de parler. Ayant achevé ses études et ayant acquis une entière connaissance de la rhétorique qu'il avait désiré qu'on lui *eût* (AURAIT) enseignée, Lysias a refusé la somme qu'il *était* (AVAIT) convenu qu'il aurait payée, et Corax s'est vu obligé de le citer en justice. Ses amis ont témoigné à Lysias leur étonnement du peu d'inquiétude qu'a paru lui avoir causé cette assignation dont il ne s'était nullement embarrassé, quelle qu'en *dût* (DEVAIT) être d'ailleurs l'issue. Voici la plaisanterie qu'il a cru *bon* (BONNE) de leur faire : « Si je persuade aux juges que la « somme que l'on me réclame n'est point due, j'ai gagné « ma cause; s'ils ne peuvent point être convaincus, je l'ai « encore gagnée, puisque mon maître ne m'a pas bien « instruit dans l'art de persuader. » Mais Corax, ayant retourné la proposition que son élève avait cru avoir *faite* (FAIT) avec *tant* (AUTANT) de justesse, a raisonné d'une manière tout autre, *toute* (TOUT) différente : « Si Lysias, a-t-il répondu, ne « persuade pas les juges qui se sont proposé de termi- « ner le différent, *sa cause est* (LA CAUSE EN EST) perdue et « et, les aurait-il persuadés, il l'a également perdue et « ce sera une preuve convaincante que je l'aurai bien « instruit. »

---

54. — LA SECONDE GUERRE PUNIQUE.

IMITÉ DE **Montesquieu** (*grandeur et décadence des Romains*).

La seconde guerre punique, qui a commencé l'an deux cent dix-neuf *avant* (AUPARAVANT) Jésus-Christ, a été tant de fois décrite, qu'il n'est personne qui ne l'ait lue. Quand on examine cette foule d'obstacles qu'Annibal a eu à vaincre, on a sous les yeux un des plus beaux spectacles que nous *ait* (A) fournis l'histoire. Rome nous a toujours paru un prodige de constance; on ne doute pas qu'elle *n'ait* (AIT) montré *autant*

(TANT) d'énergie *que* (COMME) toute autre nation, lorsqu'elle s'est trouvée dans des circonstances critiques. Après les batailles qu'elle a perdues sur le Tésin, sur la Trébie, à Trasimène, après la journée de Caunes, plus désastreuse encore, où sa dernière armée *a* (EST) péri, *quoiqu'elle* (MALGRÉ QU'ELLE) *fût* (ÉTAIT) abandonnée de presque tous ses alliés, elle ne s'est point laissée aller au découragement, elle ne s'est point laissé abattre par les revers. C'est alors au contraire qu'elle s'est montrée *le* (LA) plus brave, *le* (LA) plus courageuse ; elle n'a pas même demandé la paix, quelque avantageuse *qu'en pussent être les* (QUE POUVAIENT ÊTRE SES) conditions ; c'est que les patriciens ne se sont jamais départis des maximes qu'ils avaient *vu* (VUES) embrasser par leurs pères. Ils ont agi avec Annibal comme ils s'étaient *conduits* (CONDUIT) autrefois avec Pyrrhus, à qui ils avaient refusé de faire aucune concession, tant que ses troupes ne se seraient pas retirées du territoire romain. Personne ne niera que Rome *ne se soit* (SE SOIT) sauvée par la force des institutions qu'elle s'était créées, et qu'elle avait organisées pour l'intérêt et le bonheur publics; et l'on ne disconviendra pas que les femmes, comme les hommes, *ne se soient* (SE SOIENT) signalées par une constance, une fermeté qui *ne s'est* (SE SONT) jamais démentie. Elles se sont élevées en quelque sorte au-dessus de leur sexe ; non-seulement elles n'ont pas versé de larmes, mais elles ont su encourager les défenseurs de la Patrie.

---

55. — Hélène cause la ruine de Troie par son amour pour Pâris.

PREMIÈRE DICTÉE. — Hélène, fille de Tyndare, roi de Sparte, était d'une *si* (AUSSI) grande beauté que la Renommée l'a vantée comme une merveille. Tous les rois de la Grèce ont aspiré au bonheur d'avoir pour épouse cette belle princesse. Ils se sont rendus tous à Sparte *pour savoir* (POUR QU'ILS SACHENT) qui l'aurait obtenue. Quel plaisir, quelle joie a éprouvée le cœur du père, quand il a vu que tant de monarques *se trouvaient* (SE TROUVENT) honorés d'un regard de sa fille ! Mais aussi quel chagrin, quelle inquiétude *n'a-t-il* (A-T-IL) pas sentie, quand il a réfléchi aux suites qu'aurait entraînées un refus fait à l'un d'eux. Il *s'est* (A) imaginé, avec raison, que *ceux qu'il aurait refusés* (CEUX REFUSÉS) se seraient crus insultés, que le dépit les aurait réunis, et qu'ils se seraient vengés sur sa personne. Ses réflexions n'ayant point diminué ses inquiétudes, il a eu recours à· Ulysse dont toute la Grèce admirait la prudence, et lui a demandé des conseils que celui-ci a cru convenable de lui donner, parce qu'il les a crus en même temps conformes à la justice. Il lui a donc conseillé d'assembler les amants qui s'étaient proposés comme *prétendant* (PRÉTENDANTS) à la main de sa fille, et qui s'étaient aussi proposé de l'épouser aussitôt qu'on aurait jugé lequel d'entre eux en serait le plus digne, et que l'on *sût* (SACHE), alors, lequel méritait le plus une faveur *si* (AUSSI) grande. Tyndare leur a fait jurer solennellement *qu'ils* (COMME QUOI ILS) se seraient contentés du choix qu'elle aurait fait, et qu'ils se seraient réunis tous pour défendre l'amant heureux contre quiconque la lui aurait enlevée.

DEUXIÈME DICTÉE. — Hélène, frappée de la bonté de Ménélas, frère d'Agamemnon, lui a donné la préférence. Ils se sont trouvés très-heureux *pendant* (DURANT) les trois années qu'ils ont vécu ensemble. Ce temps s'étant écoulé, Pâris, fils de Priam, voyant que le royaume de la Troade appartenait à Hector, son frère aîné, résolut d'aller chercher un établissement ailleurs. S'étant rendu à Sparte, il y a vu Hélène qui lui a plu à cause de sa rare beauté. Ils se sont plu tous deux et se sont retirés à Troie. Priam a eu l'imprudence de les accueillir. Ménélas, privé d'une femme qu'il avait adorée, s'est irrité contre celui qui la lui avait ravie, et a fait retentir la Grèce de ses plaintes. Les souverains se sont rappelé *leur* (DE LEUR) serment qui les obligeait à se porter mutuellement secours, et se sont hâtés de prendre fait et cause pour ce prince malheureux. Bientôt les Agamemnon, les Ajax, les Achille, les Philoctète se sont réunis, se sont juré fidélité et se sont décidés à ruiner la ville de Troie.

TROISIÈME DICTÉE. — Priam a passé le reste d'une longue et paisible vie au milieu d'une nombreuse famille. La belle et vertueuse Andromaque n'a *cessé* (DÉCESSÉ) d'employer les soins qu'elle a pu pour plaire à Hector, son mari, qui les a reçus avec plaisir et *se les est* (S'EN EST) rappelés toute la vie. Les citoyens tranquilles se sont trouvés dans une heureuse aisance, *pendant* (DURANT) le peu d'années qu'ils ont vécu sous Priam et qu'ils ont passées sous l'influence des douces lois qu'il s'était imposé l'obligation d'exécuter, indistinctement, *à l'égard* (VIS-A-VIS) de tous ses sujets Les laboureurs ont vu avec joie mûrir leurs blés et se sont sentis *délassés* (DÉFATIGUÉS) de leurs travaux, lorsqu'ils ont tiré un profit convenable des peines qu'ils se sont données. Les plus *riches* (FORTUNÉS), c'est-à-dire *ceux qui avaient le plus* (CEUX AYANT DAVANTAGE) de biens *et le plus d'argent* (ET ARGENT), n'ont jamais insulté même *aux* (LES) gens *les* (LE) plus *misérables* (MINABLES). *Dans* (DEDANS) ce pays fortuné la vertu faisait tout le mérite de *chacun* (CHAQUE). Tous les habitants de la Troade se sont juré une fidélité inviolable. Tant *pis* (PIRE) pour ceux qui auraient violé les serments qu'ils avaient prêtés *chacun* (CHAQUE) en particulier. Ils n'étaient pas *excusables* (PARDONNABLES) dans une ville où le serment était regardé comme la chose *la* (LE) plus sacrée, *quoi qu'ils aient* (MALGRÉ QU'ILS ONT) fait, quelque chose qu'ils *aient dite* (ONT DIT) pour se justifier. Mais tout le monde y *est* (ONT) resté fidèle et *a* (ONT) vécu dans la plus parfaite union. Les gens même *les* (LE) plus éhontés ne s'y sont point dérobés ; c'est ce que nous pouvons juger par ce que nous avons lu au sujet de ce peuple. Les auteurs anciens *et les modernes* (ET MODERNES) se sont accordés sur ce point.

QUATRIÈME DICTÉE. — Sur *ces entrefaites* (CETTE ENTREFAITE), une armée des Grecs *a* (EST) paru et a répandu le trouble par toute la ville. La crainte s'est emparée des esprits ; les gens de la campagne se sont retirés promptement dans la ville, et *les portes en ont été* (SES PORTES ONT ÉTÉ) aussitôt fermées. Le courage, la bravoure d'Hector *l'a* (L'AIT) conduit *sur* (DESSUS) les remparts, et *a* (ONT) relevé les esprits abattus. Quelles gens, en effet, ne se seraient pas *laissés* (LAISSÉ) aller à quelque sentiment de frayeur, en voyant cet appareil de guerre ! Mais quelles *sottes* (SOTS) gens aussi ne se seraient pas laissés rallier à la voix de cet illustre défenseur ! Si les Troyens ont résisté aux efforts des Grecs *pendant* (DURANT) les dix années qu'ils ont demeuré devant la ville et qu'ils ont passées dans des combats continuels, ils l'ont dû à l'habileté de ce chef. Mais enfin, il périt ; et il n'*a* (N'EST) pas plus tôt succombé, que les Troyens *sont* (ONT) tombés *dans* (DEDANS) la consternation et n'ont pu résister davantage à leurs ennemis. Les Grecs se sont précipités sur la ville, et ont égorgé tous ceux qu'ils ont trouvés sur leur passage. Soldats, citoyens, princes, princesses, tout tombe sous le fer du vainqueur. Priam est lui-même égorgé aux pieds des autels ; mais quand Ménélas a revu Hélène, son amour s'est réveillé, il a oublié sa perfidie et l'a ramenée à Sparte.

Après ce massacre, les feux, qu'on a allumés *dans* (DEDANS) les quatre coins de la ville, l'ont sur le champ réduite en cendres.

56. — SÉMIRAMIS FAIT PÉRIR NINUS SON MARI.

PREMIÈRE DICTÉE. — Ninus, roi de Syrie, ayant rassemblé les jeunes gens *les* (LE) plus habiles de son empire, s'est proposé de faire des conquêtes. Non-seulement les exercices de chevaux mais encore le maniement des armes leur *a* (ONT) été enseigné avec le plus grand soin ; il les a aussi accoutumés aux fatigues, et, lorsqu'il les a crus *capables* (SUSCEPTIBLES) de combattre et de vaincre, il les a conduits contre les Babyloniens qu'il a bientôt subjugués. C'était plutôt l'amour de la gloire et l'ambition que ses intérêts particuliers qui l'avaient armé contre ses voisins, et qui avaient été regardés comme les seuls motifs de la guerre qu'il s'est proposé de faire. L'Arménie, aussi bien que la Médie, *a été* (ONT ÉTÉ) subjuguée. Le roi de ce dernier pays, de même que sa femme et ses enfants, *a été* (ONT ÉTÉ) pris et crucifié. L'Asie tout entière, indépendante de toute autre domination, s'est vue obligée de reconnaître Ninus, après s'être vu le droit de se gouverner d'après ses propres lois. Les Bactriens ont arrêté ses conquêtes ; mais le peu de succès qu'ils ont obtenus *n'ont* (N'A) fait que reculer leur défaite. Le héros s'est irrité de la résistance qu'il les a vu faire et qu'il a cru qu'il n'aurait point trouvée chez eux. Les nouvelles troupes qu'il a jugé convenable de faire marcher contre eux, et celles qui étaient aguerries par de longs services se sont lancées sur les Bactriens, et les ont forcés de se renfermer *dans* (DEDANS) les murs de la ville.

DEUXIÈME DICTÉE. — La ville de Bactra, que l'art et la nature avaient fortifiée, a relevé le courage des Bactriens. Leur fermeté, leur constance *a* (ONT) fait leur sûreté. Ils ont rejeté les promesses et bravé les menaces *de* (à) Ninus. Le désir de la vengeance, passion funeste au genre humain, s'est montré dans toute sa fureur, et a tourmenté l'âme irritée de ce conquérant. Quels efforts n'a-t-il pas faits pour se venger d'une manière éclatante ! L'ironie, les outrages, armes ordinaires de la faiblesse, ont été prodigués aux ennemis. Il a excité dans ses soldats la fureur qu'il a conçue lui-même. Mais les outrages, les menaces, les supplices même ont été insuffisants ; rien n'a pu rappeler à l'obéissance des hommes qu'il avait irrités. Ses forces ont diminué, ses bataillons se sont éclaircis, ses soldats accablés par les fatigues qu'ils ont eu à essuyer, ne sont plus *capables* (SUSCEPTIBLES) de combattre. Ni la gloire, ni la vengeance *n'ont* (N'A) pu être *satisfaites* (SATISFAIT) à cause de la malheureuse nécessité à laquelle il a été réduit. Les drapeaux se sont baissés. Ninus et les soldats ont lancé sur Bactra des regards furieux, comme des lions que le courage a excités, et que la fatigue a arrêtés. Ni l'or ni le fer n'avaient pu prendre cette ville, eh bien ! la valeur ou plutôt la prudence d'une femme *a* (ONT) fait plus : car c'est à elle que Ninus a dû cette conquête.

TROISIÈME DICTÉE. — Ninus, jugeant de la grandeur de l'action par la joie qu'il en a ressentie, a demandé à voir *celle qui a donné* (CELLE AYANT DONNÉ) tant d'éclat à son pays, disant qu'il voulait lui-même lui offrir les récompenses qu'a méritées son service. Quand *on* (L'ON) lui a présenté Sémiramis, il a été plus flatté encore de sa beauté que de sa valeur. Il l'a aussitôt demandée en mariage, et lui a offert sa couronne qu'elle s'est empressée de recevoir. C'était le comble de la gloire pour une femme d'une naissance obscure et incertaine. Comme elle avait été exposée dès sa naissance, des bergers l'ont trouvée et l'ont portée chez celui qui avait l'inspection des troupeaux du roi. Le gouverneur de Syrie l'avait obtenue en mariage *auparavant* (AVANT). S'étant trouvé dans la guerre contre les Bactriens, il a mené sa femme avec lui. Sémiramis, s'étant aperçue que les assiégés négligeaient les lieux fortifiés pour se porter sur les endroits *les* (LE) plus faibles, s'est mise à la tête de quelques braves soldats, a monté *dans* (DEDANS) la ville par un passage sans défense, et a fait ouvrir les portes à l'armée assyrienne. *Voilà* (VOICI) l'action *dont* (DE QUI) nous avons parlé plus haut.

QUATRIÈME DICTÉE. — Ninus, voulant se donner le plaisir de voir l'Asie tout entière soumise à sa nouvelle épouse, lui a donné, tout un jour, une autorité absolue, et *a* (IL A) ordonné à ses sujets d'exécuter toutes les volontés de Sémiramis. Toute autre femme plus sage et plus prudente eût sans doute profité de ce badinage, en faisant connaître à Ninus les fautes qu'il avait *commises* (COMMIS), mais Sémiramis n'a consulté que son ambition. Dès que le pouvoir lui a été accordé, elle *s'en est servie* (S'EST SERVIE DE LUI) pour assassiner le roi. Les traîtres, qu'elle avait séduits, n'ont pas manqué de publier que le roi n'avait abandonné les rênes du gouvernement à son épouse, que parce qu'il avait senti sa fin *approcher* (QUI APPROCHAIT). Le peuple, ayant cru ce bruit, a reconnu Sémiramis pour sa souveraine. Bientôt elle est devenue jalouse de la gloire que Ninus s'était *acquise* (ACQUIS) par ses conquêtes, par la fondation de Ninive et par la construction de plusieurs édifices. S'étant persuadé qu'elle se serait attiré les regards du monde, et qu'elle aurait eu des droits à l'admiration de la postérité, elle a bâti la superbe ville de Babylone, et, afin d'en hâter la construction, elle y a employé deux millions d'hommes. Elle s'est mise à la tête d'une armée formidable, et, par ses victoires, elle a étendu l'empire d'Assyrie. Elle a fait des travaux gigantesques ; elle a aplani des montagnes, détourné des rivières et a forcé la terre d'être abondante *dans* (DEDANS) les lieux où elle avait paru devoir être stérile.

CINQUIÈME DICTÉE. — Sémiramis ne s'est point mariée après la mort de Ninus, parce qu'elle avait peur de perdre la puissance qu'elle avait *acquise* (ACQUIS). Mais le trône ne l'a pas mise à l'abri des faiblesses de l'humanité. Elle en a eues dans quelques circonstances ; mais il serait trop long de les énumérer ici. Elle en a plus eues que toute autre personne qui se serait trouvée dans une position moins brillante. Elle a aussi voulu faire la conquête de l'Inde ; mais cette conquête ne lui a point réussi, quelques talents *qu'aient* (QU'ONT) déployés ceux qu'elle avait désignés pour commander ses troupes, quelle *qu'ait* (QU'ONT) été leur valeur, leur intrépidité, quelque habiles capitaines qu'elle les ait crus et quelque braves que fussent généralement les soldats de son armée. Ses troupes furent taillées en pièces, et elle-même fut blessée pendant l'action. Sa défaite a diminué l'autorité qu'elle avait eue jusque-là ; et de tout heureuse, de *toute* (TOUT) puissante qu'elle *a* (AIT) été, elle est devenue la victime du fils qu'elle avait eu de Ninus et qui s'appelait Ninius. Après avoir fait périr sa mère, Ninius a publié qu'elle était montée au ciel. Elle avait déjà quelque soixante-deux ans et en avait régné vingt-deux. Les Assyriens l'ont adorée comme une divinité, quoi qu'en *aient* (ONT) dit quelques historiens, et quelque chose qu'ils *aient* (SE SONT) imaginée pour démontrer le dérèglement de sa vie, qui a été souillée par un grand nombre d'actions déshonnêtes et criminelles.

---

57. — LA CALOMNIE.

Qu'est-ce que la calomnie ? Quelle idée les philosophes anciens *et les modernes* (ET ·MODERNES) s'en sont-ils *faite* (FAIT) ? Ils l'ont appelée un mensonge infâme, une imputation *toute* (TOUT) fausse et tout odieuse ; ils l'ont regardée, avec raison, comme beaucoup plus affreuse que la médisance. (*Quoi qu'il en soit* (MALGRÉ QU'IL EN EST), et quelque chose qu'ils en *aient dite* (ONT DIT), toujours est-il que *ce sont* (C'EST) les deux plus grands fléaux qui *se soient* (SE SONT) déchaînés sur la société. Plus leurs trames sont secrètes et combinées dans le secret, *plus* (ET PLUS) les moyens deviennent insuffisants pour les combattre à force ouverte. Pour peu que nous voyions et que nous appréciions les maux qu'ils ont causés, nous nous convaincrons facilement que *c'est* (CE SONT) des sources impures de ces deux fléaux *que sont* (QU'ONT) sortis les plus grands malheurs qui aient affligé l'humanité. *Voici* (VOILA) encore une définition de la calomnie, donnée par un écrivain dont l'opinion n'est point suspecte : **c'est un monstre vomi par l'enfer pour désoler le genre humain ; il a une tête d'airain, un cœur de fer et des pieds d'argile.** Quelque *sottes* (SOTS) gens qu'on nous *ait* (A) jugés, quelle qu'on *ait* (A) pu supposer notre mauvaise foi ou notre esprit d'opposition systématique, nous comprenons bien la vérité de cette définition. C'est quelque chose que nous avons *compris* (COMPRISE) dès que nous l'avons entendu. Nous y avons trouvé exprimées allégoriquement l'audace, la cruauté et la faiblesse. N'est-ce pas son portrait en **trois** mots ?

58. — ÉLISABETH, REINE D'ANGLETERRE,

à l'ambassadeur de Marie Stuart qui demandait qu'elle la fît déclarer héritière présomptive de la couronne.

PREMIÈRE DICTÉE. — « La demande que la Reine, votre maîtresse, s'est crue en droit de m'adresser et que les grands de l'Ecosse ont jugé convenable d'appuyer, ne m'a laissé aujourd'hui aucun doute sur l'opinion qu'ils ont conçue de moi. S'ils *s'étaient* (SE SERAIENT) montrés justes à mon égard, ils auraient vu sans peine que j'ai toujours avoué, comme l'ont fait mes sujets, que cette princesse est issue du sang des rois d'Angleterre, nos communs ancêtres, et que je ne l'ai jamais attaquée sur le droit héréditaire, lors même qu'on l'a vue tant entreprendre pour avoir ma succession, lorsqu'elle se l'est attribuée, lorsque les armes, aussi bien que les titres de mon royaume, ont été usurpées par elle. Je l'ai traitée avec ménagement, quels qu'*ont été* (SONT) les torts qu'elle a eus *envers* (VIS-A-VIS DE) moi, et l'on peut dire qu'elle n'a que la situation qu'elle s'est faite elle-même, et qu'en définitive elle est moins à plaindre *qu'on ne se l'imagine* (QUE L'ON NE L'IMAGINE). Toute autre Reine aurait, *pendant* (DURANT) son absence, tenté la fidélité de ses sujets et se serait opposée à son retour, mais, quelle *qu'ait été* (QU'ONT ÉTÉ) l'injure, l'outrage qu'elle m'a fait, jamais je n'ai agi ainsi ; et *j'aime à croire* (J'ESPÈRE) que la conduite qu'elle a tenue a été provoquée par ceux qui la dirigeaient, plutôt qu'elle n'a été un effet de ses bonnes *ou de ses mauvaises* (OU MAUVAISES) dispositions *à mon égard* (VIS-A-VIS DE MOI) : car, jusqu'ici, nous nous sommes entendues, nous nous sommes plu *l'une à l'autre* (L'UNE L'AUTRE), et nous ne nous sommes jamais voulu de mal. Ç'a été notre intérêt réciproque qui a été le mobile de notre conduite.

DEUXIÈME DICTÉE. — « Les dispositions que j'ai *prises* (PRIS), l'ordre et l'harmonie que j'ai *mis* (MISE) dans mes affaires, m'ont donné lieu de croire, sans que je me *sois* (SUIS) laissée aller à aucune espèce de présomption, que je serai Reine d'Angleterre tant que je vivrai, et que je mourrai enfin sur le trône. Quant à mon successeur, je ne m'en suis nullement préoccupée. Dieu y pourvoira. Ignoreriez vous, d'ailleurs, ce que *c'est* (CE SONT) que des droits héréditaires à la couronne ? Vous ne doutez pas *qu'il n'y ait* (QU'IL Y A) des lois établies sur cette hérédité ? *Ce sont* (C'EST) les lois inviolables de la Patrie. C'est sur ces lois mêmes que je m'appuie et que je me suis toujours appuyée. Je serai charmée qu'elles *pussent* (PUISSENT) être favorables à la

Reine d'Ecosse, dont la vie a été *ennoblie* (ANOBLIE) par *tant* (AUTANT) de belles qualités. Personne ne niera qu'elle *n'ait* (AIT) des droits incontestables à la couronne, si les lois lui en assurèrent la possession. Ceux qui ont fait opposition aux droits qu'elle pouvait avoir sont aujourd'hui *réduits* (RÉDUIT) à l'impuissance, par le peu de ressources que leur a laissé leur fortune anéantie. Ne craignez donc pas que ces hommes *puissent* (POURRONT) jamais empêcher que la Reine *ne monte* (MONTE) sur le trône, si les lois l'y appellent. Il faut que vous *attendiez* (ATTENDEZ) avec calme, et que vous vous confiiez à la Providence qui élève *ou qui abaisse* (OU ABAISSE), à son gré, ceux qui sont destinés à être les instruments de sa volonté *toute-puissante* (TOUT-PUISSANTE). *Voilà* (VOICI) pourquoi je ne me suis pas donné la peine de songer à mon successeur au trône d'Angleterre. »

59. — L'oubli des dieux et la corruption des mœurs ont causé tous les malheurs des Romains.

IMITÉ D'**Horace** (*Ode aux Romains*). ODE IV, LIVRE III.

PREMIÈRE DICTÉE. — « Romains, si *excusables* (PARDONNABLES), si innocents même que vous vous croyiez, il faudra que vous subissiez les châtiments que les dieux ont cru juste d'infliger à vos pères criminels, jusqu'à ce que vous ayiez rebâti leurs temples, relevé leurs autels et réparé leurs images demi-brûlées et *toutes* (TOUT) couvertes de fumée. Est-ce que par hasard vous ne compteriez pour rien ces outrages que vous avez *faits* (FAIT) aux maîtres du monde ? C'est des dieux *que* (DONT) tout dépend, c'est à eux *qu'on* (A QUI ON) doit tout rapporter. Les dieux que l'Hespérie avait oubliés se sont irrités contre elle, et l'ont impitoyablement accablée des maux *les* (LE) plus affreux qui *se soient* (SE SONT) répandus sur la terre. Ils ne se sont *laissés* (LAISSÉ) aller à aucun mouvement de compassion, ils ne se sont laissé désarmer complètement, qu'après y avoir exercé leur vengeance d'une manière *toute* (TOUT) rigoureuse, tout éclatante. Ces malheureux peuples ont été si cruellement châtiés qu'ils *se le* (S'EN) rappellent encore, qu'ils *se le* (S'EN) rappelleront toujours. Une conduite tout autre que celle qu'ils avaient tenue précédemment pourrait leur *épargner* (ÉVITER) les mêmes désastres.

DEUXIÈME DICTÉE. — « Il n'est point de calamité qui *ne soit* (SOIT) tombée sur nos têtes, et qui *ne nous ait* (NOUS A) cruellement frappés, sans qu'on nous ait entendus nous plaindre ; car nous étions convaincus que les murmures contre les arrêts des destins ne servent *de* (A) rien. Deux fois nous avons négligé les auspices, et deux fois nous nous sommes *vu* (vus) arracher la victoire par les troupes de Monèse et de Pacorus, deux fois ces barbares se sont plus à parer leurs colliers des joyaux qu'ils nous avaient ravis. A quoi a-t-il tenu que l'armée d'Antoine et de Cléopâtre, à laquelle s'était *jointe* (joint) la flotte des Ethiopiens ainsi que les Daces *si* (aussi) habiles à lancer les traits, n'ait renversé Rome que nos cruelles divisions avaient déjà fortement ébranlée? *Voilà* (voici) déjà les malheurs que nous *a* (ont) valus notre indifférence ou l'oubli des dieux; *ce sont* (c'est) là les peines que nous a coûtées notre aveuglement. Nous nous les serions *épargnées* (évitées), si nous *avions* (aurions) accompli les promesses que nous avions *faites* (faits), si nous nous *étions* (serions) acquittés des devoirs que nous nous étions imposés.

TROISIÈME DICTÉE.— « Dès que les crimes se sont répandus sur la terre, ils ont jeté le désordre *dans* (dedans) les familles. *Voilà* (voici) la source funeste d'où (de qui) sont sortis tous les maux qui ont inondé la Ville. En effet, que serait-ce que des peuples tout livrés, tout abandonnés aux vices *les* (le) plus honteux, sinon un amas d'hommes vils et méprisables qui se seraient *laissés* (laissé) aller aux passions *les* (le) plus déshonorantes ? Avez-vous bien compris ce que c'était que les mœurs publiques de ce temps-là ? Les femmes, aussi bien que les hommes, ont été entraînées et se sont laissé gagner par cette peste générale qui a désolé notre Patrie. Les jeunes *et les vieux* (et vieux) Romains, *toutes les sottes* (tous les sots) gens et *tous* (toutes) les habiles gens s'y sont abandonnés, chacun selon *ses* (leurs) inclinations naturelles, c'est-à-dire, chacun en ce qui *le* (les) flattait le plus. A-ce été de tels parents qu'est sortie cette mâle jeunesse qui a teint la mer du sang des Carthaginois, qui a taillé en pièces les armées de Pyrrhus, des Antiochus et des Annibal ? *Sont-ce* (est-ce) là les mêmes Romains qui ont promené leurs enseignes *triomphantes* (triomphants) dans tous les pays ennemis ? Témoin les annales qui ont consigné leur gloire ; témoin les motifs qui ont *ennobli* (anobli) leurs actions *Ce sont* (c'est) des exploits *auxquels* (a qui) les personnes sensées, ou du moins censées telles, ne se sont jamais refusées d'ajouter foi.

QUATRIÈME DICTÉE. — Ces jeunes gens *si* (aussi) vigoureux, qui se sont montrés *si* (aussi) fermes dans le danger, et qui ont toujours tenu ferme pour le parti de la République, allaient, pour obéir à une mère vigilante, couper du bois dont ils rapportaient une charge, chacun dans *sa* (leur) chaumière, lorsque l'astre du jour, terminant sa course *autour* (alentour) du monde, trouvait l'ombre du côté de son lever, dégageait du joug les bœufs, tout haletants, tout harassés de fatigue, et ramenait le repos au laboureur. C'est lorsque la vie était *le* (LA) plus innocente et *le* (LA) plus simple, que les Romains étaient *le* (LES) plus heureux ; c'est au jour de leur prospérité *que* (OÙ) leur existence était *le* (LA) plus agitée et *le* (LA) plus malheureuse. N'eûtce pas été un grand bonheur pour eux, s'ils avaient toujours vécu loin des embarras incessants et de l'agitation continuelle des factions qui s'armaient *les unes contre les autres* (L'UNE CONTRE L'AUTRE) ?

Mais que n'altèrent point les temps impitoyables ?
Nos pères, plus méchants que n'étaient nos aïeux,
Ont eu pour successeurs des enfants plus coupables,
Qui seront remplacés par de pires neveux.

---

60. — HORTENSIA AUX TRIUMVIRS

contre une taxe exorbitante imposée à quatorze cents dames romaines.

PREMIÈRE DICTÉE. — « Les dames que vous voyez ici réunies, et qui m'ont chargée de prendre la parole pour la cause commune, ne se sont présentées pour implorer votre justice et votre bonté qu'après avoir suivi les voies qui leur étaient dictées par la bienséance. *Ces dames et moi nous avons* (MOI ET CES DAMES ONT) d'abord cherché la protection de vos mères *et de vos femmes* (ET FEMMES) ; mais nos respects, ainsi que nos prières, n'ont pas été agréés par Fulvie, comme nous avions osé l'espérer ; non-seulement nos procédés pleins d'égards et de politesse, mais encore la démarche *la* (LE) plus affectueuse et *la* (LE) plus humble que nous avons cru convenable de faire, *est* (SONT) demeurée sans effet. La faiblesse ou la crainte *paraît* (PARAISSENT) avoir été la cause de ce refus. *Quoi qu'il en soit* (MALGRÉ QU'IL EN EST), nous nous sommes crues obligées de faire éclater nos plaintes, en public, contre les règles que l'on a *prescrites* (PRESCRIT) à notre sexe, et que nous avons jusqu'ici observées rigoureusement. Vous nous avez privées de nos pères, *de nos maris et de nos enfants* (MARIS ET ENFANTS), prétendant qu'ils vous avaient outragés ; c'est une question que nous n'essaierons pas de résoudre ; mais, quels qu'*aient* (ONT) été vos griefs contre les hommes, vous n'avez reçu des femmes aucune injure qui vous *ait* (AURA) autorisés à *leur ôter leurs biens* (EN ÔTER LES BIENS). »

DEUXIÈME DICTÉE. — « A-ce été la faute des femmes, si vos affaires se sont trouvées dans un état critique ? Qu'elles soient *proscrites* (PROSCRIT) si vous les avez jugées coupables. Cependant je ne sache pas qu'aucune de nous *se soit* (S'EST) permis de vous déclarer ennemis de la Patrie. Nous n'avons ni pillé vos biens *ni* (ET) suborné vos soldats. Nous n'avons point rassemblé de troupes contre les vôtres , ni formé opposition aux honneurs *ni aux dignités* (ET DIGNITÉS) que vous avez *cru vous être dus* (COMPTÉ QUI VOUS ÉTAIENT DUS) ; nous avons respecté les anciens *et les nouveaux* (ET NOUVEAUX) usages ; nous nous sommes conformées à toutes les prescriptions de la loi. Si les femmes *n'ont pris* (N'ONT PAS PRIS) aucune part aux désordres qui ont amené les embarras des circonstances actuelles, serait-il juste qu'elles *fussent atteintes* (SERAIENT ATTEINTS) par les peines que vous avez infligées aux coupables ? Ni la richesse, ni la grandeur , ni l'empire *n'ont* (N'A) pu exciter leur ambition. *On* (L'ON) n'en a vu aucune qui *ait* (A) prétendu au gouvernement, ni qu'on *ait* (A) jugée coupable des maux qui ont accablé la République. Les femmes sont toujours les mêmes ; elles ont toujours vécu *dans* (DEDANS) la paix, et ne se sont mêlées *d'aucune affaire* (D'AUCUNES AFFAIRES) ; elles ne se sont pas montrées tout autres *qu'on ne les* (QUE L'ON LES) a vues à toute autre époque. Quelle raison avez-vous cru trouver juste *d'alléguer* (POUR ALLÉGUER), puisque vous vous êtes *crus* (CRU) autorisés à les dépouiller de leurs biens *quoi qu'elles n'aient* (MALGRÉ QU'ELLES N'ONT) pris aucune part à vos entreprises ? »

TROISIÈME DICTÉE. — « La guerre, continua-t-elle, a élevé notre ville à l'état *florissant* (FLEURISSANT) et au point de gloire où nous la voyons ; et, se prolongeât-elle encore plusieurs années, Rome conserverait toutes ses libertés, et, par-dessus toute autre chose, la renommée qu'elle s'est *faite* (FAIT), la brillante réputation qu'elle s'est *si* (AUSSI) justement *acquise* (ACQUIS). Quelque critiques *qu'aient été* (QU'ONT ÉTÉ) les circonstances *où* (DANS QUI) vous vous êtes trouvés, quelques sanglantes batailles que vous *ayiez* (AVEZ) eu à livrer, quelque redoutables ennemis *que fussent* (QU'ÉTAIENT) les peuples que vous avez eu à vaincre, *quels qu'aient* (QUELQU'ONT) été parfois les désastres ou, du moins, quels qu'on *ait* (A) pu les juger, il n'y a point d'exemple que les femmes *aient* (ONT) jamais contribué à vos malheurs. Si elles s'étaient mêlées des affaires publiques, n'eût-ce pas été pour vous encourager dans vos revers et pour vous féliciter dans vos succès ? N'est-ce pas à la nature *que* (A QUI) nous sommes redevables de ce privilège ? Jalouses de conserver nos droits, *nous n'avons pas d'autre ambition que de* (NOTRE UNIQUE AMBITION EST DE) mériter vos éloges et votre reconnaissance par les services que nous sommes *capables* (SUSCEPTIBLES) de vous rendre. Qu'on nous *rende donc la justice que nous méritons* (FASSE DONC JUSTICE COMME NOUS LA DÉSIRONS). Vous seriez *inexcusables* (IMPARDONNABLES) de ne pas nous *accorder la grâce* (FAIRE GRACE) que nous sommes venues solliciter de vous.

QUATRIÈME DICTÉE. — « Lors de la guerre de Carthage, nos mères ont assisté la République qui, s'étant jetée dans un danger *imminent* (ÉMINENT), s'est cru avec raison le droit de recourir à elles ; mais se sont-elles *conduites* (CONDUIT) mieux que nous à toute autre époque ? Au moment où la République se trouvait *le* (LA) plus embarrassée, *le* (LA) plus malheureuse, a-t-on vendu tous leurs bijoux, toutes leurs propriétés ? Non. Quelques bagues et quelques pierreries ont suffi pour fournir le secours nécessaire. *Ce n'a été* (CE N'ONT ÉTÉ) ni la violence, ni les peines qui les y ont obligées, c'a été chez elles un mouvement de générosité ; et, en cela, elles ont fait ce qu'elles ont voulu, ce qu'elles ont dû. Quelle crainte avez-vous conçue pour Rome, notre unique Patrie ? C'est aujourd'hui peut-être que sa puissance est *le* (LA) mieux reconnue, que sa situation est *le plus florissante* (LA PLUS FLEURISSANTE). Elle est parvenue au suprême degré de la gloire et de la prospérité ; elle est *la* (LE) plus heureuse, *la* (LE) plus redoutable de toutes les nations. Que les Gaulois ou les Parthes essaient de l'attaquer, et vous verrez si notre zèle et notre courage *laisseront* (LAISSERA) quelque chose à désirer. Quant aux guerres civiles, elles se sont en tout temps faites et accomplies sans notre concours, quelque longues et quelque terribles qu'elles *fussent* (ÉTAIENT). Les César et les Pompée nous *ont* (A) laissées vivre tranquilles au sein de nos familles ; les Marius, les Cinna et Sylla, lui-même, qui le premier a établi la tyrannie, *n'ont* (N'A) jamais proposé cette mesure extraordinaire. »

---

61. — ELOGE DE CÉSAR.

(IMITÉ DE **Pline le naturaliste**).

PREMIÈRE DICTÉE. — César me paraît l'homme qui a reçu de la nature l'âme *la* (LE) plus forte que l'on *ait* (A) jamais vue. Je ne parle ici ni de sa bravoure, ni de sa fermeté, ni de l'élévation de son génie qui s'est étendu sur le monde entier, mais seulement de cette énergie qu'il a toujours montrée, de cette activité qui peut être comparée à la rapidité de la flamme. L'histoire nous a enseigné *dans* (DEDANS) ses fastes que ce grand capitaine écrivait et lisait, dictait et écoutait en même temps ; qu'il dictait à ses secrétaires quatre lettres sur des affaires *im-*

portantes (CONSÉQUENTES) et qu'il en dictait même jusqu'à sept. Il est le seul des Romains qui *ait* (A) livré cinquante batailles, enseignes déployées, et qui *ait* (A) surpassé, à cet égard, Marcellus qui en avait livré trente-neuf.

DEUXIÈME DICTÉE. — Quant aux onze cent quatre-vingt-douze mille hommes qui, indépendamment des guerres civiles, ont été sacrifiés par César, quelqu'en pût être le motif, je ne saurais lui faire honneur d'un *si* (AUSSI) grand désastre causé au genre humain ; et lui-même, en gardant le silence sur le nombre de citoyens qui y avaient laissé la vie, a témoigné que *c'était* (C'EST) l'idée qu'il avait toujours eue de ses victoires civiles. Attribuons au grand Pompée une gloire plus juste : celle d'avoir enlevé huit cent quarante-huit vaisseaux aux pirates ; mais reconnaissons *dans* (DEDANS) César une qualité qu'il a possédée à un degré *éminent* (IMMINENT) : je veux dire la clémence, vertu par *laquelle* (QUI) il s'est élevé au-dessus des mortels, et qui l'a quelquefois forcé au repentir. Il donna aussi un exemple de générosité, *auquel* (à QUI) nul autre ne pourrait être comparé. Il n'appartiendrait qu'à un ami du luxe d'y comparer la pompe des spectacles qu'il avait donnés, l'effusion des richesses qu'il avait su prodiguer dans le besoin, et la magnificence des édifices qu'il avait fait construire. *Voici* (VOILA) quel est ce trait d'héroïsme incomparable, cette marque non équivoque d'une âme invincible : c'est qu'ayant pris la cassette des lettres de Pompée à Pharsale et les papiers de Scipion à Thaspe, César les brûla de bonne foi, sans les avoir lus.

---

62. — SUR L'ÉDUCATION DES ENFANTS.

PREMIÈRE DICTÉE. — Toutes les nations qui ont passé et qui se sont succédé sur cette terre depuis que Dieu l'a créée, quelque simples *que fussent* (QU'ÉTAIENT) les lois qui les régissaient, ont apporté une attention *toute* (TOUT) particulière à l'éducation de la jeunesse et l'ont regardée comme un des objets *les* (LE) plus dignes des préoccupations du gouvernement. Les hommes qui se sont *le* (LES) plus distingués dans leur patrie, ceux-mêmes qui l'ont *couverte* (COUVERT) de gloire, ont dû, au peu d'instruction qu'ils avaient reçue et au peu de lumières qu'ils avaient *acquises* (ACQUIS) par le travail, la supériorité qu'on leur a reconnue sur leurs semblables, et les avantages qu'ils ont eus sur *tous* (TOUTES) les gens mal élevés.

et sur *toutes les sottes* (TOUS LES SOTS) gens que leur ignorance a humiliés. C'étaient les plus instruits, les mieux élevés qui étaient toujours placés en première ligne ; les autres se les sont proposés pour modèles et ont *suivi* (IMITÉ) leur exemple, quand l'envie ou l'intérêt particulier ne les en *a* (ONT) pas détournés et les *a* (ONT) laissés aller à leur pente naturelle. Quelque habiles que certains ignorants *se soient* (SE SONT) crus, quelques brillantes dispositions qu'ils *aient* (ONT) même reçues de la nature, ils ont dû reconnaître le mérite réel et lui accorder les éloges qu'ils *se sont imaginé* (ONT IMAGINÉ) lui être dus.

———

DEUXIÈME DICTÉE. — Quel grand nombre de chrétiens l'éducation a faits, lorsqu'elle les a dirigés sur l'étude de la religion ! Combien de citoyens n'a-t-elle pas formés, quand elle les a portés vers l'étude de la morale ! Combien n'a-t-elle pas fait d'hommes de lettres, quand elle leur a inspiré et qu'elle a excité en eux le goût de la littérature ! La littérature autant que les sciences *a* (ONT) perfectionné l'espèce humaine. On ne doute pas que les sciences *n'aient* (ONT) contribué au bien être des hommes, et personne ne met en doute aujourd'hui que la réunion des lettres et des sciences, sagement organisée dans notre plan d'études, ne *soit* (SERA) pour les peuples une source de richesses et de bonheur. Ne désespérons pas que, sous l'inspiration d'une sage autorité, les bienfaits de l'éducation *ne rendent* (RENDRONT) les hommes meilleurs et plus heureux. *Je pense* (J'ESPÈRE) que vous avez compris le motif pour quoi nous y avons attaché *tant* (AUTANT) d'importance. Je *crois* (COMPTE) au moins avoir fait tous les efforts que j'ai pu pour vous le faire comprendre. *J'affirme* (JE PROMETS), aussi, qu'en lisant l'histoire je me suis convaincu que Lacédémone, aussi bien *que* (COMME) toutes les villes importantes de la Grèce, l'avait également reconnu. C'est un des points sur lesquels les historiens se sont *le* (LES) mieux accordés.

———

TROISIÈME DICTÉE. — Il semblerait que, chez les peuples anciens qui *étaient* (AVAIENT) parvenus à un certain degré de civilisation, les enfants *appartinssent* (APPARTENAIENT) autant à l'État qu'à leur propre famille et *dussent* (DEVAIENT) être élevés en commun sous les yeux de l'autorité publique. Une foule de citoyens *capables* (SUSCEPTIBLES) d'instruire les autres s'étaient *dévoués* (DÉVOUÉ) à leur instruction. Athènes a compté presque autant de maîtres qu'elle a eu de savants distingués. Plus elle a protégé les sciences, *plus* (ET PLUS) elle a vu de savants se produire dans son sein : témoin les illustres citoyens qu'elle a vus naître et qui se sont constitués volontairement les instituteurs des enfants et de la jeunesse. C'est dans leur maison *que* (DANS QUI) se sont formées les premières écoles célèbres sur *lesquelles* (QUI) l'Aréopage exerçait une surveillance tout active, pour qu'il *pût* (PUISSE) juger par lui-même des progrès qu'avaient faits les enfants, et des encouragements que les maîtres avaient mérités par les sacrifices qu'ils s'étaient imposés et par les peines qu'ils s'étaient données.

QUATRIÈME DICTÉE. — Rome, qui s'était crue destinée à la conquête de l'univers, ne s'était occupée que des armes *pendant* (DURANT) plusieurs années : le champ de Mars était devenu une espèce d'académie, *où* (DANS QUI) les jeunes Romains s'exerçaient aux travaux militaires. A cette époque, comme à toute autre où tous les citoyens étaient guerriers, on *s'imaginait* (IMAGINAIT) que les études littéraires ne servaient *de* (à) rien : c'était la force et l'adresse qui assuraient la gloire. Mais une fois que le commerce, ainsi que des relations amicales avec les Grecs, y *eut* (EURENT) introduit le goût de la littérature, on a vu surgir des auteurs, des jurisconsultes distingués qui se sont plus à communiquer leurs lumières aux jeunes gens qu'ils ont crus doués de quelque intelligence, et, dans des entretiens *aussi* (TANT) polis qu'instructifs, ils leur ont développé les principes de l'éloquence et les ont initiés aux secrets des lois de la Patrie. Les élèves se sont efforcés *de suivre* (D'IMITER) les exemples qui leur étaient donnés. C'étaient des leçons tout utiles et *toutes* (TOUT) sérieuses. Vous voyez par là ce que c'étaient que les mœurs et les usages des deux peuples qui ont fourni le plus grand nombre de littérateurs et de philosophes.

CINQUIÈME DICTÉE. — Quelques bons modèles que les anciens *aient* (ONT) laissés aux modernes, quelque supérieurs qu'ils leur *aient* (ONT) été de l'avis de *certaines* (CERTAINS) gens admirateurs exclusifs de l'antiquité, *quoi qu'on ait* (MALGRÉ QU'ON EN A) dit, quelque chose qu'on *ait* (A) imaginée pour exalter le mérite des anciens au détriment de celui des modernes, la postérité sera convaincue, par ce qu'elle verra et par ce qu'elle appréciera en connaissance de cause, que les écrivains de notre siècle ont aussi ajouté et contribué *au développement* (à DÉVELOPPER LES PROGRÈS) de la littérature, par les œuvres nouvelles qu'ils ont créées et qu'ils ont ornées d'une forme *toute* (TOUT) neuve, *toute* (TOUT) pittoresque. Ils ont ajouté, disons-nous, quelque chose qui mérite aussi d'être approuvé et d'être loué. C'est *une chose sur laquelle* (SUR QUOI) *tous* (TOUTES) les gens de bonne foi *sont* (ONT) tombés d'accord. Combien d'écoles n'a-t-on pas organisées *dans* (DEDANS) les diverses contrées de l'Europe ! *Ce ne sont* (CE N'EST) plus les particuliers, mais *ce sont* (c'est) les gouvernements qui se sont chargés de fournir les maîtres *On* (l'on) n'a jamais fait d'études plus variées, plus utiles *qu'on ne le* (que l'on les) fait aujourd'hui.

SIXIÈME DICTÉE. — La France s'est proposée pour modèle à l'Europe tout entière. Il s'est organisé dans son sein une réunion de personnes *aussi* (si) propres à louer les mœurs qu'à inspirer l'amour des lettres. Ses lumières ont repoussé au loin les ténèbres *épaisses* (épais) que la barbarie avait introduites et répandues partout. On ne peut douter que les effets des travaux qu'ils ont exécutés, des chefs-d'œuvre qu'ils ont composés, des sacrifices qu'ils se sont imposés, des peines qu'ils se sont données, qu'ils ont cru nécessaire de consacrer à l'intérêt et au bonheur publics, ne *se soient* (se sont) fait sentir et ne *se soient* (se sont) disséminés dans toutes les parties de la France et même dans les contrées *les* (le) plus éloignées. N'est-ce pas en Europe qu'on vient puiser, comme à la source *la* (le) plus pure, la science et la vertu ? N'a-ce pas été la France qui a marché à la tête de l'Europe aux époques *les* (le) plus florissantes de notre histoire ? On ne niera donc pas que les membres du corps enseignant *n'aient* (n'ont) rendu à l'humanité d'importants services, et qu'ils *n'en aient* (en ont) reçu une récompense *toute* (tout) juste, tout équitable, dans les titres glorieux, dans les privilèges distingués *dont* (de qui) nos gouvernements ont daigné décorer ce corps savant. Ces privilèges se perpétueront et se fortifieront *tant* (autant) que durera l'amour des lettres *et des sciences* (et sciences). Nous ne disconviendrons pas que *ce n'ait* (c'a) été une récompense digne de ces hommes.

SEPTIÈME DICTÉE. — Les distinctions, qu'on a jugé convenable d'accorder à ceux qui étaient chargés d'instruire les enfants, sont une preuve convaincante que *tous* (toutes) les gens sensés ou, *du* (au) moins, tous les gens censés doués de quelque intelligence, les ont regardés comme des citoyens des plus utiles à l'État et à la société. C'est en se convainquant de cette vérité qu'ils ont *aimé* (donné leur amitié) et estimé davantage les maîtres revêtus de leur confiance.

Parmi (entre) les nombreux préceptes que les anciens nous ont laissés sur les devoirs des enfants *envers* (vis-a-vis) leurs maîtres, nous avons remarqué *ceux qui ont été établis* (ceux établis) par Quintilien et confirmés par l'expérience. Les enfants doivent être convaincus que les maîtres, qui se sont chargés de les instruire et qui se sont acquittés fidèlement des obligations qu'ils s'étaient imposées, ont rempli les fonctions d'un père à leur égard et ont travaillé à leur bonheur. Aussi les élèves sont tenus de les écouter avec attention, d'accepter sans humeur les réprimandes *qu'ils ont méritées* (DE QUI ILS ONT ÉTÉ DIGNES) et de recevoir avec joie leurs louanges, quand *ils s'en sont rendus dignes* (ILS SE SONT RENDUS DIGNES D'ELLES) par leur application. Ils chercheront et s'étudieront à en être aimés et à devenir eux-mêmes leurs amis. Chaque jour ils iront en classe avec empressement. C'est alors qu'ils contenteront leurs maîtres : et, en effet, quel plaisir, quelle satisfaction plus vive, un professeur a-t-il jamais éprouvée que *celle qu'il a ressentie*, (CELLE RESSENTIE) lorsqu'il a rencontré des élèves qui se sont montrés dociles aux leçons qu'il leur a données, et qui n'ont eu en vue et ne se sont proposé d'autre but que de le satisfaire. C'est alors seulement aussi qu'ils ont contenté leurs parents qui n'ont reculé devant aucun sacrifice, devant aucuns frais d'argent ou d'intelligence, quand ils les ont crus nécessaires à l'éducation *et à l'instruction* (ET L'INSTRUCTION) de leurs enfants.

———oo✜oo———

63. — La France par ses lumières marche à la tête de la civilisation européenne.

COMPOSITION DU 30 SEPTEMBRE 1831.

PREMIÈRE DICTÉE. — Parlez, ô champs qui *êtes* (SONT) devenus célèbres par la bataille de Poitiers, *où* (DANS QUI) Charles Martel, à la tête des Francs, a repoussé vigoureusement ces conquérants que l'Arabie avait vus naître, et qui jusqu'alors s'étaient fait craindre et admirer de l'univers. C'est là *que* (où) le génie de Mahomet a *ployé* (PLIÉ) devant le génie français. La bravoure et le dévouement de vos ancêtres *ont* (A) sauvé l'Europe qui s'était vu attaquer et quelquefois battre par les Barbares. Vos pères ont obtenu des succès que nous *ne nous serions* (N'AURIONS) point imaginé qu'ils eussent obtenus *si* (AUSSI) facilement. Leurs descendants *se les sont* (S'EN SONT) rappelés et *se les* (S'EN) rappelleront toujours.

Ne craignez rien, nations européennes qui avez *conquis la paix et qui en jouissez* (CONQUIS ET QUI JOUISSEZ DE LA PAIX), espérez avec confiance que les Français auront toujours ce courage, cette valeur, cette intrépidité qui *a* (ONT) bravé et rompu l'impétuosité des *Huns et des Sarrasins* (HUNS ET SARRASINS).

DEUXIÈME DICTÉE. — Lorsque les devoirs de l'homme n'ont *connu* (PAS CONNU) d'autres règles que *celles que lui avaient imposées les oracles* (CELLES IMPOSÉES PAR LES ORACLES), les Français se sont montrés les premiers vengeurs de l'humanité outragée. C'est alors qu'ils ont entrepris ces croisades qu'on a blâmées, et qui méritaient *aussi le blâme* (DE L'ÊTRE) pour les pertes irréparables qu'elles ont *coûtées* (COÛTÉ) à la France. *On a* (L'ON A) dû cependant les célébrer pour la civilisation et les lumières qu'elles ont *values* (VALU) à l'Europe tout entière.

La plupart des gens instruits et sensés *sont* (A) convenus que c'a été encore en France qu'on a porté le premier coup mortel à ce terrible système féodal , monstre né *dans* (DEDANS) les sombres forêts de la Germanie. La mémoire de Louis XI, dont Duclos a si bien dit : « TOUT MIS EN BALANCE, C'ÉTAIT UN ROI, » sera conservée par une postérité reconnaissante , tant qu'on appréciera les droits *et les avantages* (ET AVANTAGES) de la liberté civile.

TROISIÈME DICTÉE. — Qui est-ce qui n'a pas compris, en lisant l'histoire, quelle part les Français ont eue à l'adoucissement des mœurs , *à la* (LA) propagation des lumières et *à la* (LA) conservation de ces idées libérales, sans *lesquelles* (QUI) le genre humain retomberait *dans* (DEDANS) son ancienne barbarie. *On* (L'ON) les a regardés, avec raison, comme les divinités tutélaires de toutes les vertus. Dans le temps où l'Europe tout entière a retenti du bruit des armes , où des chevaliers qui n'avaient reçu aucune instruction, mais qui se sont *fait* (FAITS) un nom *et qui se sont même* (ET MÊME) rendus célèbres par la force de leurs bras , ont paru avec éclat dans les tournois et sur les champs de bataille, *où* (DANS QUI) la cruauté a marché de pair avec une générosité rustique, et où la bonne foi s'est vue confondue avec une grande grossièreté dans les habitudes *et les paroles* (ET PAROLES); dans un temps, enfin, *où* (DANS QUI) l'ignorance a menacé de précipiter l'Europe dans une nouvelle barbarie, la France est devenue l'asile de la politesse , des mœurs douces et humaines. A peine, en effet, les troubadours ont-ils commencé leurs chants mélodieux, qu'elles se sont adoucies. C'est de ce moment que la chevalerie française a exercé son heureuse influence sur tout le reste de l'Europe.

QUATRIÈME DICTÉE. — Quels *qu'aient* (QU'ONT) été les efforts que *certaines* (CERTAINS) gens mal intentionnés ont avoué qu'ils ont faits, quelques grossières faussetés qu'ils *aient* (ONT) suppléées à la vérité *toute* (TOUT) simple et tout aimable, quelque braves gens qu'on les *ait* (A) supposés, lors même qu'ils ont donné les preuves les plus convaincantes de leur méchanceté, l'opinion est devenue tout autre qu'onn e l'a (L'A) vue à toute autre époque; le masque *est* (A) tombé et la calomnie tout affreuse , *toute* (TOUT) dégoûtante a (EST) paru au grand jour. *Quoi que* (MALGRÉ QUE) vous *ayiez* (AVEZ) pu lire dans les ouvrages écrits par ces hommes-là, vous n'avez pu révoquer en doute leurs odieux mensonges.

Comment le mérite des Français dans les lettres, *les sciences et les arts* (SCIENCES ET ARTS) pourrait-il être inconnu à des Français ? Seraient-ils *excusables* (PARDONNABLES) d'ignorer les chefs-d'œuvre *de plus en plus admirés* (PLUS ADMIRÉS LES UNS QUE LES AUTRES) de nos illustrations ? Les Corneille, les Racine, les Cuvier, les Vernet et une infinité d'autres hommes illustres *ont* (A) acquis des droits à l'immortalité ; et vous seriez *inexcusables* (IMPARDONNABLES), si vous ignoriez des noms que les étrangers mêmes ont toujours honorés.

Jeunes élèves, rendez-vous dignes d'appartenir à une nation *si* (AUSSI) glorieusement distinguée , soyez-en fiers et faites tous vos efforts pour répondre aux espérances qu'on a conçues de vous. Les grands hommes ne sont pas les seuls que le ciel *ait* (A) destinés aux postes *les* (LE) plus éminents ; vous êtes *appelés* (APPELÉ) à remplacer un jour les magistrats irréprochables qui se sont *fait* (FAITS) un nom par les lumières qu'ils ont jetées sur notre législation, les administrateurs éclairés qui ont aidé *le* (AU) gouvernement à suivre la marche qu'il s'était *prescrite* (PRESCRIT), et les savants illustres qui, par les heureuses productions qu'ils ont créées, ont également honoré la France et l'humanité. C'est par vos vertus *et par vos talents*, (ET TALENTS) que vous conserverez *parmi* (ENTRE) nous cette gloire nationale qui est une des sources *les* (LE) plus pures et *les* (LE) plus fécondes de la prospérité des peuples.

---

64. — L'OMBRE DE FABRICIUS AUX ROMAINS.

PREMIÈRE DICTÉE. — O Fabricius, quelle eût été votre pensée, si pour votre malheur, rappelé à la vie, vous *eussiez* (AURIEZ) vu le luxe pompeux de cette Rome que votre bras a sauvée et que votre nom respectable a plus illustrée que toutes les conquêtes? « Dieux immortels, » eussiez-vous dit, » que sont devenus ces « toits de chaume *et ces foyers* (ET FOYERS) rustiques qu'ont « habités autrefois la modération et la vertu ? Quelle splendeur « funeste a succédé à la simplicité romaine ! Comment *se sont* « (S'EST) introduits ce langage étranger et ces mœurs efféminées ? « A quoi *sert* (SERVENT) cette multitude de statues, de tableaux et « de beaux édifices qui vous ont coûté *de si* (D'AUSSI) grands frais ? « Quels avantages en avez-vous retiré ou avez-vous espéré *en* « *retirer* (QUE VOUS EN RETIRERIEZ) un jour ? Insensés que vous « êtes, plus vous en avez eus, *plus tôt* (ET PLUTÔT) vous vous « êtes rendus les esclaves des hommes frivoles que vous avez « vaincus ; et vous vous êtes ainsi rendu la vie plus dure et « plus pénible que *vous ne vous l'imaginiez* (VOUS N'IMAGINEZ)

« peut-être. Vous vous êtes laissé gouverner par des rhéteurs,
« vous vous êtes *laissés* (LAISSÉ) aller à des actes de faiblesse et
« de servilité que vous *eussiez* (AURIEZ) condamnés, et devant
« *lesquels* (QUI) vous eussiez reculé à l'époque de votre liberté.
« C'est pour enrichir des statuaires, des peintres, des architectes,
« des histrions même, que vous avez arrosé *de* (AVEC) votre
« sang les champs de la Grèce *et de l'Asie* (ET ASIE)! Fallait-il
« que les dépouilles de Carthage *devinssent* (DEVIENNENT) la proie
« d'un joueur de flûte? Qu'était-ce donc que ces vertus *dont*
« (DE QUI) nous vous donnions l'exemple? C'étaient des modèles
« que vous eussiez dû *suivre* (IMITER). En vous conduisant
« ainsi, vous ne *saviez* (SAVEZ) donc pas ce que c'était que les
« peines et les sacrifices que se sont imposés vos pères, lors-
« qu'ils ont *cru* (IMAGINÉ) conquérir la liberté pour eux et pour
« leurs descendants ?

DEUXIÈME DICTÉE. — « Romains, ne vous serez-vous pas bientôt
« déterminés à renverser ces amphithéâtres, *à briser* (BRISER) ces
« marbres, *à brûler* (BRÛLER) ces tableaux, *à chasser* (CHASSER)
« ces hommes qui se sont toujours plus à vous subjuguer,
« qui se sont *fait* (FAITS) une étude de votre asservissement et
« dont l'habileté dans les arts *les* (LE) plus dangereux *n'a*
« (N'ONT) jamais été plus honorée, *que* (COMME) lorsque les mœurs
« étaient *le* (LES) plus corrompues? Que d'autres mains se
« soient *ennoblies* (ANOBLIES) et *s'ennoblissent* (S'ANOBLISSENT)
« encore par *de* (DES) vains talents, par *de* (DES) prétendus chefs-
« d'œuvre, le seul talent qui *soit* (EST) digne de Rome, *c'est*
« (EST) celui de conquérir *le monde et d'y faire régner la vertu*
« (ET DE FAIRE REGNER LA VERTU DANS LE MONDE). Quand le sénat
« des Romains fut pris par Cinéas pour une assemblée de
« rois, ce n'était ni la vaine pompe, *ni* (ET) l'élégance recher-
« chée qui l'avait ébloui. Cette éloquence frivole, qui est deve-
« nue l'étude et le charme des hommes futiles, ne l'avait pas
« trompé davantage. A-ce été la mise ou les gestes de vos
« baladins? Non, mille fois non. Qu'avait-il donc vu, ô
« citoyens? Un spectacle que n'ont jamais donné vos arts
« futiles, quelle *que soit* (QU'EST) votre application à les culti-
« ver, quelque utiles que vous les *ayiez* (AVEZ) crus, et quelque
« *savantes* (SAVANTS) gens que vous vous croyiez vous-mêmes
« aujourd'hui, parce que vous les avez perfectionnés : c'est l'as-
« semblée de deux cents citoyens vertueux, dignes de comman-
« der Rome et de gouverner la terre. N'est-ce pas là un spec-
« tacle que vous croyez *capable* (QUI MÉRITE) d'exciter l'admira-
« tion? Eût-ce été possible de présenter à Cinéas un tableau
« plus frappant de la grandeur romaine ? »

65. — SUR LES AUTEURS ANCIENS.

Tous (TOUTES) les habiles gens qui se sont donné la peine de lire les auteurs anciens, avec tout autre intention que celle de les critiquer, ont souvent émis des opinions tout autres que celles qu'ils avaient eues plus tôt, c'est-à-dire *avant* (AUPARAVANT) qu'ils en *eussent* (AVAIENT) fait une lecture consciencieuse. Ils se sont laissé convaincre que les auteurs modernes ont puisé, chez les anciens, les plus belles leçons de morale et les idées *les* (LE) plus sublimes *sur* (VIS-A-VIS) la divinité. C'est une vérité qu'ils *sont* (ONT) convenus qu'ils avaient méconnue, et qu'une étude consciencieuse leur a *fait* (FAITE) découvrir avec bonheur. C'est la bonne foi ou plutôt la raison qui leur *a* (ONT) ouvert les yeux. Quel que *puisse* (PEUT) donc être l'orgueil, la vanité qu'ont affectée certains demi-savants, nous nous sommes *laissés* (LAISSÉ) aller aux preuves convaincantes qu'on nous a données de l'excellence de certains chefs-d'œuvre de l'antiquité, et de leur supériorité sur des compositions du même genre qui ont été créées *dans* (DEDANS) le cours des deux derniers siècles. *Ce sont* (C'EST) les anciens qui ont commencé à professer les idées de la plus saine philosophie que d'autres, après eux, ont adoptées et *qu'on* (DONT L'ON) se rappellera toujours. *On* (L'ON) n'oubliera jamais les leçons des Zénon, des Socrate, des Platon, des Aristote, quelles *qu'aient* (QU'ONT) été les contradictions qu'on a prétendu, à tort ou à raison, qu'ils avaient répandues dans leurs ouvrages, quelques grandes erreurs qu'on y *ait* (A) même rencontrées. *On* (L'ON) se convaincra aussi qu'ils ont exprimé des idées *toutes* (TOUT) belles et *toutes* (TOUT) sublimes. Les doctrines, qu'on a cru leur avoir suppléées avec une certaine supériorité, *ont eu leur* (EN ONT LA) source dans l'idée première fournie par les anciens.

66. — LETTRE A UNE BIENFAITRICE.

PREMIÈRE DICTÉE. — Les sentiments que vous m'avez inspirés vous sont assez connus, Madame, pour que vous vous soyiez bien persuadée que je ne vous *eusse* (AVAIS) point oubliée au renouvellement de l'année. Un des vœux *les* (LE) plus ardents que j'aie adressés au ciel, c'a été que vous *devinssiez* (DEVENIEZ) plus heureuse que *vous ne vous* (VOUS VOUS) l'êtes trouvée.

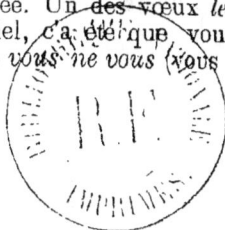

7

En effet, quelque heureuse que vous vous *soyiez* (ÊTES) crue jusqu'ici, vous l'avez toujours été moins que *vous ne le* (VOUS LE) méritez, et, surtout, moins *que je ne l'ai* (COMME JE L'AI) désiré. Si mes vœux sont exaucés, votre bonheur est assuré pour cette vie, et la plupart de *ceux qui vous ont connue* (CEUX VOUS AYANT CONNUE), *ont* (A) regardé vos vertus comme un présage de votre bonheur *dans* (DEDANS) l'autre. Quant à moi, je voudrais seulement que vous *daignassiez* (DAIGNIEZ) me continuer les bontés que j'ai proclamé partout que vous avez eues *pour* (VIS-A-VIS DE) moi.

En *me faisant observer* (M'OBSERVANT) *que* (COMME QUOI) ma conduite n'était pas *aussi* (SI) bonne que vous *l'eussiez* (L'AVIEZ) souhaité, vous m'avez dit, dans les reproches que vous avez cru nécessaire de m'adresser, parce que vous les avez crus nécessaires à mon bonheur, ces paroles remarquables *que* (DONT) je me suis bien rappelées, et que j'ai crues être dictées sous l'inspiration du cœur :

« Puissé-je vous voir *autant* (TANT) de sagesse qu'on nous a
« dit que les Abraham, les Noé et les Salomon ont eue autre-
« fois, et puissiez-vous vivre sagement *autant* (TANT) d'années
« *que* (COMME) ces ardents serviteurs de Dieu *ont vécu et qu'ils*
« *ont passées* (ONT VÉCU ET PASSÉES) dans la pratique de toutes
« les vertus. »

DEUXIÈME DICTÉE. — Ce sont aussi les vœux que j'adresse au Ciel pour les personnes qui vous sont *les* (LE) plus chères ; c'est vous dire : pour *toutes* (TOUS) les bonnes et pour *tous* (TOUTES) les honnêtes gens que vous avez pris sous votre puissante protection. Réprimandez-moi, Madame, personne ne mérite *plus d'être réprimandé* (DAVANTAGE DE L'ÊTRE). De tous vos protégés, c'est moi qui *suis* (EST) le plus coupable, et c'est moi le seul qui *soit* (SUIS) digne de vos reproches *et de vos mercuriales* (ET MERCURIALES). Il n'y a plus que moi qui *ait* (AVAIT) besoin de vos avis salutaires. Ma vie sera tout bonheur, *toute* (TOUT) félicité, si vous la réglez par vos bons conseils ; une tout autre vie ferait mon malheur. Puisse l'assurance de mon respect *et de mon éternelle* (ET ÉTERNELLE) reconnaissance réjouir votre cœur, et être agréée de la bienfaitrice constante de tous les malheureux ; car vous avez toujours été *la* (LE) plus généreuse des femmes, quelque chose que la malveillance *ait* (A) suppléée à la vérité, quoi qu'elle *ait* (A) imaginé pour avancer quelque chose qu'elle a cru *vous être* (QUI VOUS ÉTAIT) défavorable, enfin, quelques monstrueuses calomnies qu'elle *ait* (A) débitées pour vous nuire.

J'ai l'honneur d'être, Madame, votre très-dévoué *et votre très* (ET TRÈS) respectueux serviteur.

MARC.

67. — ARTABAN, FRÈRE DE DARIUS ROI DES PERSES,

veut le détourner de la guerre qu'il a entreprise contre les Scythes.

PREMIÈRE DICTÉE. — « Quand on s'est proposé des entreprises extraordinaires, on *doit* (A DÛ) considérer avant toute autre chose si elles peuvent être utiles ou préjudiciables, *si l'exécution en* (SI LEUR EXÉCUTION) sera facile ou difficile, et si elles peuvent être exécutées *suivant les règles de la justice ou contrairement à ce que ces règles prescrivent* (SUIVANT OU CONTRAIREMENT AUX RÈGLES DE LA JUSTICE). Je ne vois pas, Seigneur, quand même vous vous seriez assuré les plus grands succès, quels avantages vous vous êtes proposé d'obtenir dans la guerre que vous avez cru *bon* (BONNE) de déclarer aux Scythes. *Ce sont* (C'EST) des peuples que *de* (DES) longs espaces de terre *et de mer* (ET MER) ont tenus loin de vous, et qui n'habitent que *de* (DES) vastes solitudes. Ni leurs villes. ni leurs maisons, ni leurs richesses n'ont pu vous séduire : ils en sont totalement privés. Qu'y a-t-il à gagner pour *vos troupes* (VOTRE TROUPE) dans une telle expédition, quelle que vous *supposiez leur* (EN SUPPOSEZ LA) valeur, quelque braves et quelque intrépides soldats que vous les *ayiez* (AVEZ) jugés, avec raison, par le grand nombre de victoires qu'ils ont remportées déjà ? Contre toute autre nation, on aurait trouvé un motif dans les avantages que *vous vous seriez flatté* (VOUS AURIEZ COMPTÉ) *ou que vous vous seriez simplement figuré* (OU SIMPLEMENT IMAGINÉ) pouvoir obtenir et laisser obtenir aux autres. Mais cette contrée est tout autre que bien des personnes *se le sont imaginé* (L'ONT IMAGINÉ), et *l'on* (ON) ne concevra pas la raison pour quoi vous y aurez porté la guerre.

DEUXIÈME DICTÉE. — Les Scythes sont plus difficiles à vaincre que toute autre nation, parce qu'ils sont accoutumés à passer d'une contrée *dans* (DEDANS) une autre. Une fois qu'ils auront pris la fuite, non par crainte ou par lâcheté, car leur courage, leur intrépidité *est* (SONT) connue de tout l'univers, vous ne pourrez plus *les* (Y) atteindre. Combien de conquérants n'a-t-on pas vus échouer dans une entreprise militaire contre ces grossiers nomades qui habitent un pays inculte, stérile et dénué de tout ! Je crains qu'une fausse idée de gloire *ne vous ait* (VOUS AIT) précipité dans une guerre qui pourrait tourner à la honte de la nation. Par la paix que vous avez procurée à vos sujets, vous vous êtes concilié leur estime et leur vénération. C'est des dieux *que* (DE QUI) vous avez reçu votre puissance, et c'est à eux *que* (A QUI) vous rendrez compte de la manière *que* (DONT) vous l'aurez employée. Quelle gloire plus grande avez-vous espéré que vous auriez *acquise* (ACQUIS), en renonçant aux douceurs d'une paix honorable que vos heureux sujets *s'étaient* (AVAIENT) imaginé que vous leur auriez conservée, *durant* (PENDANT) tout le temps que vous auriez régné sur eux. Le carnage, le trouble, la consternation, le désespoir, enfin toutes les horreurs de la guerre vous seraient-elles devenues plus agréables que le bonheur et la tranquillité publics ? La justice, plus que tous les autres motifs, aurait dû être *suffisante* (SUFFISANTS) pour vous détourner de votre projet ; non-seulement votre bonheur particulier, mais encore celui de tout votre peuple *sera* (SERONT) compromis. Quelle raison *vous êtes-vous figuré* (AVEZ-VOUS COMPTÉ) que vous avez eue d'usurper les terres de vos voisins ? La guerre que vous avez faite aux Babyloniens était *toute* (TOUT) juste, *toute* (TOUT) nécessaire ; aussi les dieux l'avaient-ils couronnée d'un heureux succès. Nous nous étions persuadé que vous auriez trouvé une grande différence entre elle et *celle que vous avez entreprise* (CELLE ENTREPRISE) aujourd'hui.

68. — DÉPART D'OVIDE POUR ALLER EN EXIL.

IMITÉ DES **Tristes** D'**Ovide**, ELÉGIE III.

PREMIÈRE DICTÉE. — Lorsque mon âme est frappée de l'image de cette funeste nuit qui a été la dernière que j'ai passée dans Rome, nuit cruelle où il m'a fallu quitter les objets que j'aimais *le plus* (DAVANTAGE), un souvenir, la moindre idée *fait* (FONT) encore couler mes larmes !

Déjà était arrivée l'époque où César avait ordonné que je *sortisse* (SORTE) de l'Italie ; mais dans ce moment, ni le courage ni le temps *ne me restaient* (ME RESTAIENT) pour faire mes préparatifs. Les longs délais qui avaient précédé l'ordre de mon départ m'avaient comme engourdi le corps et l'esprit. Non-seulement mes domestiques, mais encore mon compagnon de route *fut* (FURENT) oublié. Je ne me pourvus ni de vêtements, ni de cent autres choses qui sont *le* (LES) plus nécessaires possible à quelqu'un qui s'exile *si* (AUSSI) précipitamment. Enfin, je ne fus pas moins étourdi de ce coup qu'un homme atteint de la foudre, qui vit sans savoir *lui-même* (SOI-MÊME) s'il vit encore.

Cependant l'excès de ma douleur ayant enfin dissipé le nuage qui couvrait mon esprit, et mes sens s'étant un peu rassis, sur le point de partir, j'entretins pour la dernière fois mes amis tout consternés : il ne m'en était resté que deux du grand nombre que j'avais eu *avant* (AUPARAVANT) ma disgrâce. Mes yeux étaient baignés de larmes ; ma femme pleurant encore davantage, tout éperdue et *toute* (TOUT) désespérée, me tenait étroitement serré *sur* (DESSUS) son cœur. Ma fille, qui se trouvait alors fort éloignée de moi, ne pouvait pas être informée du triste état ni de la cruelle extrémité *à laquelle* (AUXQUELS) était réduit son père : elle *était* (AVAIT) partie pour la Libye.

DEUXIÈME DICTÉE. — Tous les lieux étaient *remplis* (TOUT PLEINS) de deuil. Les gémissements, les cris lamentables *retentissaient* (RETENTISSENT) de toutes parts, tout offrait l'image d'une espèce d'appareil funèbre. Hommes, femmes, enfants, tout le monde me pleurait comme mort. Enfin, pas un coin de ma maison qui *ne fût* (N'ÉTAIT) arrosé d'un torrent de larmes, et s'il *m'était* (ME SERAIT) permis *de comparer* (QUE JE COMPARASSE) les petites choses *aux* (AVEC LES) grandes, telle était la face de Troie, quand les Grecs *l'ont assiégée et s'en sont rendus maîtres* (ONT ASSIÉGÉ ET SE SONT RENDU MAÎTRES DE CETTE VILLE). Combien de contrariétés ne m'est-il pas arrivé par les mauvais temps qu'il a fait, presque continuellement, *pendant* (DURANT) mes derniers jours de liberté. Déjà les hommes et les animaux étaient ensevelis dans un profond sommeil ; tout dormait *dans* (DEDANS) Rome. La lune, qui s'était fort élevée au-dessus de notre horizon, *poursuivait* (POURSUIT) sa carrière. Je la *contemplai* (FIXAI) tristement et, à la faveur de sa pâle lumière, apercevant le Capitole *qui joignait de près ma maison* (DONT MA MAISON ÉTAIT PRÈS), [mais, hélas! bien inutilement pour moi!] j'y *fixai* (ARRÊTAI) mes regards, je m'écriai en me rappelant *tous* (DE TOUS) les malheurs que j'avais eu à souffrir : combien m'en est-il déjà arrivé ! combien m'en reste t-il encore à essuyer ! et je prononçai ces mots : « Grands dieux, qui *habitez* (HABITENT) ce « temple *si* (AUSSI) auguste, *si* (AUSSI) voisin de chez moi, et « que mes yeux désormais ne verront plus, dieux qui *résidez* « (RÉSIDENT) dans cette superbe ville, vous qu'il faut que je « quitte, recevez mes derniers adieux. *Quoiqu'il soit* (MALGRÉ « QU'IL EST) bien tard de recourir à vous, et que *ce soit* (C'EST) « comme prendre en main le bouclier après la blessure, cepen- « dant modérez la haine qu'on a inspirée à César *contre* (VIS- « A-VIS DE) moi ; c'est la seule grâce que j'aie à vous demander. « Dites à cet homme divin quelle erreur m'a séduit, faites- « lui connaître que ma faute *ne fut* (FUT) jamais un crime et « que l'auteur de ma peine juge, s'il se peut, de cette faute « comme vous en jugez vous-mêmes. Enfin, faites en sorte « que ce dieu s'apaise et dès lors je cesse d'être malheureux. »

TROISIÈME DICTÉE. — Telle est la courte prière que j'ai adressée aux dieux ; ma femme en a fait une plus longue et tout entrecoupée de sanglots. Prosternée devant ses dieux domestiques, les cheveux épars, la bouche *toute* (TOUT) tremblante et attachée sur son foyer, *où* (SUR QUI) le feu était éteint, elle *s'est frappée la* (A FRAPPÉE SA) poitrine à plusieurs reprises et s'est répandue en reproches amers contre les dieux qui l'avaient *si* (AUSSI) mal servie. Mais ses imprécations *sont* (ONT) restées sans effet ; elles n'ont rien pu *pour* (VIS-A-VIS) un époux malheureux. Ma tendre épouse m'aurait sauvé, si *j'avais pu être sauvé* (J'AURAIS PU L'ÊTRE) !

Enfin, déjà la nuit était fort avancée et ne permettait plus qu'on *tardât* (TARDE) un seul instant. Déjà l'Ourse, traînée sur son chariot, avait parcouru *plus de* (DAVANTAGE QUE) la moitié de sa carrière. Que pouvais-je faire, hélas ! l'amour de la Patrie, ce lien *si* (AUSSI) doux me retenait encore. Cependant elle était arrivée, cette nuit que l'on avait fixée pour ma fuite. Il fallait partir... Combien de fois n'ai-je pas dit à quelqu'un qui marquait trop d'empressement : « voyez quels lieux vous « allez quitter, et dans quels lieux vous vous hâtez d'arriver! » Combien de fois n'ai-je pas dit faussement que j'avais une heure fixée, et que j'avais du temps de reste pour la route que j'avais à faire. Trois fois j'ai touché le seuil de la porte *pour sortir* (AFIN QUE JE SORTISSE), et trois fois j'ai reculé ; mes pieds, comme d'accord avec mon cœur, semblaient s'être appesantis. Après avoir plusieurs fois fait mes adieux, j'ai encore dit bien des choses , j'ai souvent embrassé tout le monde pour la dernière fois ; combien d'ordres n'ai-je pas donnés, combien n'en ai-je pas réitérés ; à la vue de tant de personnes qui m'étaient très chères, *le* (LES) plus chères qu'il est possible, je me suis plu à me tromper moi-même , croyant toujours ne m'être *pas* (POINT) assez bien expliqué.

QUATRIÈME DICTÉE. — Enfin, quelle raison de presser mon départ, ai-je dit ! C'est en Scythie *que* (où) l'on m'envoie, et c'est Rome que je vais quitter. *Voilà* (VOICI), ce me semble, un motif bien raisonnable de temporiser un peu. *Ma femme et moi nous sommes* (MOI ET MA FEMME SONT) encore vivants ; pourquoi donc nous séparer *l'un de l'autre* (L'UN L'AUTRE) par un éternel divorce ? Il me faut quitter ma maison, ma famille et les membres fidèles qui la composent, renoncer à toute société et à des amis *pour* (VIS-A-VIS DE) qui mon amitié, ma tendresse *ne s'est* (SE SONT) jamais démentie, que j'ai même toujours chéris comme mes propres frères. O chers amis, qui *m'avez* (M'ONT) toujours été attachés avec une fidélité *toute* (TOUT) particulière, pareille à celle que le grand Thésée n'a *cessé* (DÉCESSÉ) de montrer pour son cher Pyrithoüs, venez dans mes bras puisque ce bonheur *ne m'est* (m'est) pas encore interdit ; peut-être sera-ce pour la dernière fois de ma vie ; je mets à profit le peu d'instants qui *me sont* (m'est) accordés. J'embrasse donc à la hâte ceux *qui ont toujours été les* (ceux ayant été le) plus dévoués de mes amis et que je chéris aussi *le* (les) plus. Nous n'avions pas encore terminé nos discours, nos larmes n'avaient pas encore cessé de couler, que l'étoile du matin s'était élevée sur l'horizon. *Sa* (la) lumière tout éclatante nous *était* (en était) alors *le* (la) plus importune. Dans ce moment je me sentis déchiré à peu près comme si *l'on m'eût* (on m'aurait) arraché quelques membres, et qu'une partie de mon corps *se fût* (se serait) séparée de l'autre. Telle dut être la douleur que ressentit Métius, lorsqu'il fut attaché à des chevaux qu'on avait dirigés sur des points opposés pour le démembrer.

---

69. — DISTRIBUTION DES PRIX.

(Août 1829).

JEUNES ÉLÈVES,

PREMIÈRE DICTÉE. — *Avant* (auparavant) de terminer cette imposante cérémonie, dans *laquelle on* (qui l'on) a applaudi *plusieurs d'entre* (à plusieurs parmi) vous parce qu'on devait applaudir *à vos* (vos) succès qui méritaient *les bravos* (de l'être), nous voudrions vous faire part des réflexions qu'elle nous a suggérées, sans toutefois nous obliger à vous décrire les différentes émotions qu'ont éprouvées les personnes intéressées et les spectateurs *les* (le) plus étrangers à cette fête. Ce jour a dû réveiller *dans* (dedans) leurs cœurs *de* (des) bien vives jouissances, en leur rappelant les triomphes de leur première jeunesse, ou *ceux qu'auraient obtenus* (ceux obtenus par) des amis et des parents qui leur sont chers. Tout semble imprimer à cette réunion un caractère auguste et solennel : la vue de ce nombreux auditoire, la présence des magistrats *et des ecclésiastiques* (et ecclésiastiques) qui nous ont fait l'honneur d'être les témoins des victoires remportées dans nos combats littéraires. Ajoutons ce bonheur, cette joie *peinte* (peints) sur le visage *des* (aux) vainqueurs ; ils éprouvent encore les effets de cette vive impression qui *a* (en a) fait tressaillir *leurs* (les) cœurs, quand ils ont entendu proclamer leurs noms *et qu'ils ont cueilli* (et cueilli) des lauriers au bruit des fanfares *et des applaudissements* (et applaudissements) ; cette couronne qu'une mère, *toute tremblante* (tout tremblant) d'émotion, a baignée de ses larmes en la déposant sur la tête de son fils ; *et enfin* (ET PUIS ENFIN) le louable déplaisir, et non l'envie *toute* (TOUT) honteuse, *empreint* (EMPREINTE) sur la figure de *ceux qui ont été moins heureux* (CEUX MOINS HEUREUX) ; ce qui semble d'avance être une garantie des efforts qu'ils feront pour avoir un jour le même bonheur.

DEUXIÈME DICTÉE.— « S'ils sont vaincus, ce ne doit pas être une humiliation pour eux, et ils seraient *incxcusables* (IMPARDON-NABLES) s'ils se laissaient aller à la jalousie qui ne flétrit que les âmes basses.; et c'est avec raison qu'ils ont rallumé *dans* (DEDANS) leur cœur le beau feu d'une noble émulation ; l'insuc-cès *qu'ils ont eu* (DE QUI ILS ONT JOUI), loin de les abattre, sera un moyen d'encouragement pour leur faire redoubler d'ardeur, afin de jouir aussi des mêmes triomphes. Qu'ils se rappellent sur-tout *le* (DU) travail, *la* (DE LA) peine *qu'ont coûtée* (QU'A COÛTÉS) à leurs camarades les succès que *ceux-ci* (CEUX-LA) ont obtenus et que nous récompensons aujourd'hui. Les vainqueurs, de leur côté, ne doivent pas oublier que le plus terrible géant *peut* (POUVAIT) être renversé par un homme moins terrible *que* (COMME) lui : David a attaqué et *terrassé* (TERRASSE) Goliath ; Manlius a osé attaquer *et a même* (ET MÊME) combattu victorieusement le redoutable Gaulois qui défiait toute l'armée romaine. Quelque supérieurs qu'ils se *soient* (SONT) donc crus à leurs antagonistes, qu'ils *n'oublient* (OUBLIENT) jamais que les autres sont aussi des hommes et par conséquent *capables* (SUSCEPTIBLES) de les égaler en tout, pourvu qu'ils *aient* (ONT) toujours *présente* (PRÉSENT) à l'esprit cette maxime du prince des poëtes latins : **l'opiniâtreté du travail surmonte toutes les difficultés.** En effet, pour peu que les efforts se ralentissent, le moindre embarras arrête, l'ardeur qui était *la* (LE) plus grande se refroidit ; et bientôt, vil esclave *de* (à) l'oisiveté, *on* (L'ON) s'endort dans la mollesse. La paresse a des charmes qui séduisent insensiblement, *et l'on* (ET ON) finit par aimer cet état d'inaction *dans lequel on ne pouvait* (DANS QUI L'ON NE POURRA PAS) d'abord se souffrir. Et vous, qui *m'écoutez* (M'ÉCOUTE), intéressante jeunesse, craignez cette mère de tous les vices : l'homme est né pour le travail, et *pendant* (DURANT) le sommeil même, temps où la pensée semble s'arrêter comme si elle *était* (SERAIT) suspendue entre la vie et la mort, il ne reste pas toujours oisif.

TROISIÈME DICTÉE. — « Jeunes élèves , appliquez-vous sérieu-sement aux mathématiques qu'on exige de vous avec raison, pour que *vous entriez* (QU'ON ENTRE) dans les carrières *les* (LE) plus brillantes ; mais n'abandonnez pas *non plus* (AUSSI) l'étude de la belle littérature ancienne ni de la littérature *moderne* (ET MODERNE), où tout est devenu positif comme dans les sciences exactes, depuis qu'on travaille par l'observation des faits à éclaircir les systèmes, tant que le flambeau de l'analyse, un instant délaissée, a *continué à éclairer les* (CONTINUÉ D'ÉCLAIRER AUX) savantes gens et *à* (DE) jeter des lumières sur tout ce que la négligence avait appelé jusqu'ici **bizarrerie des langues.** Étudiez surtout les langues anciennes *si* (AUSSI) fécondes en beautés *et en leçons* (ET LEÇONS) utiles. Car, *quoi qu'on en dise,* (MALGRÉ QU'ON EN DIT) on se rend difficilement compte du discrédit dans *lequel on* (QUI L'ON) a voulu faire tomber cette branche intéressante des études scolastiques. C'est probablement qu'on *a* (AURA) trouvé plus facile de décrier le grec et le latin que *de les* (LES) apprendre ; *et l'on* (ET ON) a dit que l'on perdait un temps tout précieux. Nous *ne le croyons pas* (CROYONS PAS EN CELA), et l'on aura beau dire, nous persisterons à perdre du temps à une étude par *laquelle* (QUI) ont commencé les grands hommes qui ont *imposé à l'Europe et qui l'ont honorée* (HONORÉ ET IMPOSÉ A L'EUROPE) par leurs lumières.

« L'antiquité est un vaste arsenal qui a souvent fourni des armes *triomphantes* (TRIOMPHANT) aux plus illustres défenseurs de l'humanité. C'est *au reste* (DU RESTE) par ces études qu'avaient d'abord commencé les Bossuet, les Massillon, et tant d'autres qui ont porté *si* (AUSSI) loin l'éloquence de la chaire. C'était la boussole des génies supérieurs qui se sont distingués dans tous les genres d'éloquence ; et c'est encore la source *où* (DANS QUI) ont puisé les grands orateurs de la tribune pour jeter les fondements de leur réputation que la pratique a rendue *si* (AUSSI) éclatante dans la suite. Enfin je crois qu'on peut dire, avec quelque raison, que les études premières ont été comme le premier pas qui a conduit aux plus belles illustrations.

QUATRIÈME DICTÉE. — « Qu'on ne dise pas, comme il arrive quelquefois que l'on est simplement un latiniste quand *on a* (VOUS AVEZ) fait des études brillantes dans une école. *On* (L'ON) a été forcé d'étudier aussi l'histoire *dont* (DE QUI) le principal objet *est* (C'EST) de préserver de l'oubli tout ce qui se dit, tout ce qui se fait de bien, pour contenir le vice par la crainte de l'infamie et de la postérité. *On* (L'ON) s'entretient peut-être avec les témoins oculaires des faits qui nous sont rapportés, *et l'on* (ET ON) est à même de s'assurer si les personnes qui les ont traduits, *quoiqu'elles nous aient semblé toutes sérieuses* (MALGRÉ QU'ELLES ONT EU L'AIR TOUT SÉRIEUX) ne nous ont pas induits en erreur. *On* (L'ON) apprend tout ce qui tient à la géographie, aux usages *et aux révolutions* (ET RÉVOLUTIONS) des différents peuples ; et enfin, sans *vous* (AVEC VOUS) parler de tant d'autres avantages qu'il serait trop long d'énumérer, on apprend la mythologie dont la connaissance est indispensable pour *entendre même les poètes modernes et s'en rendre un juste compte* (ENTENDRE ET SE RENDRE UN JUSTE COMPTE DES POÈTES MODERNES), pour juger de l'exactitude d'un tableau ou d'une statue où souvent tout est allégorie. La fable est l'âme de la poésie qui relève tout par des images. *Voici* (VOILA) les bergers, ce sont des satyres ou des faunes ; les bergères sont des nymphes ; les vaisseaux des chevaux ailés comme dans l'histoire de Bellérophon, ou des dragons comme dans celle *de* (A) Médée.

‹ Etudier les anciens, *c'est* (EST) donc remonter à l'origine des idées, des langues, des usages et des cultes ; ce n'est plus juger par tradition, c'est juger par soi-même des événements *les* (LE) plus reculés de nos histoires, des avantages *et de l'excellence* (ET EXCELLENCE) de notre religion *toute* (TOUT) divine sur celles que les hommes *ont* (SE SONT) imaginées.

CINQUIÈME DICTÉE. — « C'est à vous, jeunes élèves, *que* (A QUI) ceci s'adresse : car c'est votre fête que nous célébrons aujourd'hui avec *tant* (AUTANT) de joie. Vainqueurs et vaincus vous êtes tous confondus dans notre cœur. Regardez vos maîtres comme des pères : car le maître et le père contribuent tous deux à vous donner la vie de l'âme. Les professeurs sont disposés à redoubler d'ardeur *pour* (VIS A VIS) votre instruction, si vous encouragez le moins du monde leurs efforts. En les satisfaisant, vous satisfaites aussi vos bons parents qui ne se découragent jamais quand il s'agit de faire pour votre bonheur les sacrifices *les plus grands* (LE PLUS CONSÉQUENTS). Rappelez-vous chaque jour *ces* (DE CES) sacrifices ; répondez à leurs vœux *les* (LE) plus ardents. Rappelez-vous que vous êtes *destinés* (DESTINÉ) à soutenir la gloire et la dignité de l'Etat ; qu'on vous remettra le dépôt sacré des lois dans la confiance que vous les appliquerez avec justice ; que vous tiendrez peut-être en main le glaive vengeur, le commandement des armées pour défendre les intérêts de la Patrie sur *terre et sur mer* (TERRE ET MER). C'est de vous aussi *que* (DE QUI) l'Etat attend ses administrateurs, la religion ses ministres. Soyez persuadés, mes bons amis, que vous serez enchantés d'avoir *suivi* (IMITÉ) nos conseils, quand vous jouirez pleinement du fruit de vos travaux. Le souvenir des difficultés, surmontées dans votre première jeunesse, viendra même doubler vos jouissances : car si les sciences ont des racines amères, *les fruits en* (SES FRUITS) sont doux. Le maréchal de Villars disait souvent : « **Les deux plaisirs *les* (LE) plus vifs, que j'ai ressentis dans ma vie, ont été le premier prix que j'ai obtenu au collége et la première victoire que j'ai remportée sur l'ennemi.** »

70. — PHILÉMON ET BAUCIS.

Imité d'**Ovide**. — (Métamorphoses, Livre VIII).

Première dictée. — Tous les gens curieux et *toutes les sa-*
vantes (tous les savants) gens qui ont voyagé en Phrygie se
sont arrêtés avec plaisir pour *examiner* (fixer) des lieux qui
ont réveillé dans leur esprit une histoire intéressante. *On* (l'on)
voit un étang qui *a présenté* (présente) autrefois une terre habi-
table, et *dont* (de qui) les plongeons, ainsi que toute autre espèce
d'oiseaux marécageux, *se sont* (s'est) emparé. Jupiter y vint
un jour revêtu d'une forme mortelle, et accompagné de son fils
Mercure qui *avait quitté ses* (en avait quitté les) ailes. Ils se
sont *présentés* (présenté) à différentes portes, demandant qu'on
leur *donnât* (donne) un lieu pour reposer, mais *on* (l'on) les leur a
fermées, quelques vives instances qu'ils *aient faites* (ont fait).
Une seule maison s'est *ouverte* (ouvert) à ces augustes voyageurs, et encore n'a-ce été qu'une toute petite cabane couverte
de paille *et de roseaux* (et roseaux), où Philémon et Baucis
s'étaient juré une fidélité éternelle. Ils y avaient vieilli *tous*
deux (tous les deux); et en supportant leur pauvreté avec résignation, ils l'avaient rendue douce et légère. Les peines, *aussi*
(si) bien *que* (comme) les plaisirs, étaient partagées. *Ce sont* (c'est)
eux qui ont toujours composé leur maison, et ils se sont *faits*
(fait) à la fois serviteurs et maîtres ; ils n'ont jamais commandé
sans *être* (qu'ils soient) obéis.

Deuxième dictée. — Dès que les dieux *sont* (ont) entrés sous ce
toit rustique, et qu'ils *ont* (avaient) franchi cette porte *toute* (tout)
basse et tout étroite qu'ils n'ont pu passer sans se baisser, le
vieux Philémon *leur* (leurs) a présenté un *siége* (siège), et Baucis
s'est empressée d'étendre, par-dessus, un tapis grossier. Ensuite
elle s'est mise à écarter la cendre dont elle avait *couvert* (couverte) les tisons qu'elle avait allumés la veille. Elle y a mis
des feuilles, *des écorces et des branches* (écorces et branches)
d'arbres qu'elle avait *coupées* (coupé) en menus bâtons et les a
fait brûler en soufflant avec la bouche.

Par-dessus elle a placé un petit chaudron et a préparé des
légumes que son mari avait cueilli *lui-même* (soi-même) dans le
jardin. Quelque grossiers personnages que des gens *orgueilleux*
(orgueilleuses) *eussent* (avaient) pu juger ces *bonnes* (bons) gens,
quelle *qu'ait* (qu'a) été leur simplicité, ils ont fait le plus grand
plaisir aux dieux qu'ils ont recueillis.

Troisième dictée. — En même temps Philémon détache par
le moyen d'une fourche une pièce de lard qu'il avait conservée
depuis longtemps ; et, cependant, quelle forte somme d'argent

avait-elle coûté *quoiqu'elle ne l'ait* (MALGRÉ QU'ELLE L'A) pas valu. Il en a coupé un morceau et l'a fait cuire dans l'eau bouillante Ils ont employé tous les moyens qu'ils ont pu pour empêcher que l'ennui ne *s'emparât* (S'EMPARE) de ces augustes voyageurs. C'a été moins le luxe *que* (COMME) la décence qu'ils se sont proposé pour règle. Cependant ils se sont plus et se sont étudiés à charmer par la conversation les instants qu'ils ont attendus pour que tout *fût* (SOIT) prêt. Ils emplissent d'eau une cuvette que l'on avait attachée par une anse, et les dieux s'y sont baigné les pieds pour se *délasser* (DÉFATIGUER). Une vieille tapisserie, ornement digne d'un lit bien simple, que l'on n'avait jamais déployée que pour les jours de fête, est étendue *sur* (DESSUS) la table *où* (SUR QUI) s'asseieront les dieux. A peine s'y sont-ils placés que Baucis l'a redressée en mettant une tuile *sous* (DESSOUS) un des pieds qui *s'est* (SE SONT) trouvé plus court. Après l'avoir appuyée ainsi d'une main *tremblante* (TREMBLANT), elle l'a frottée avec de la menthe qui a répandu au loin une odeur très-agréable *Voici* (VOILA) quels services elle s'est procurés à la hâte : deux espèces d'olives, des cormes confites dans du raisiné, de la salade, *des racines, du fromage, des œufs mollets* (RACINES, FROMAGES ET ŒUFS MOLLETS) ; c'était là tous les mets que les vieillards s'étaient *fait* (FAITS) un vrai plaisir d'avoir procurés aux dieux. Ils n'avaient pour servir que des vases d'argile ; toute autre vaisselle leur était tout étrangère.

QUATRIÈME DICTÉE. — Les services se sont succédé avec rapidité, après qu'on *eût* (AVAIT) apporté un potage bouillant et des corbeilles de pommes dont l'oleur avait déjà plu *avant* (AUPARAVANT) qu'on en *eût* (AVAIT) goûté. Quels *qu'aient* (QU'ONT) été les mets qu'ils ont offerts, quelque variés qu'ils *aient été* (ONT ÉTÉ), et quelque bonnes gens que se *soient* (SONT) montrés ces vieillards *à l'égard* (VIS A VIS) des deux étrangers, rien n'a paru comparable à la grâce qu'ils ont mise à les servir et surtout à la bonne volonté qu'ils ont témoignée. Aussi en ont-ils été récompensés le plus tôt qu'il a été possible Les dieux leur ont accordé le choix des faveurs qu'ils ont voulues. Les vieillards se sont bientôt doutés que la liqueur au lieu *d'avoir* (QU'ELLE AVAIT) diminué comme elle *l'aurait dû* (AURAIT DU L'ÊTRE), s'était accrue à mesure qu'ils l'avaient tirée du vase *où* (DANS QUI) elle était enfermée. Tout surpris, tout étonnés de ce prodige, ils ont tendu les mains vers les dieux, leur ont adressé des prières et se sont excusés d'avoir fait *si* (AUSSI) peu d'apprêts. S'ils *s'étaient* (SE SERAIENT) doutés qu'ils *eussent* (AVAIENT) eu des dieux à traiter, ils les auraient accueillis de tout autre manière ; quant à leur bonne volonté elle n'aurait pas *cessé* (DÉCESSÉ) d'être la même, mais les dispositions auraient été *tout autres* (TOUTES AUTRES). C'est alors surtout *qu'ils* (OÙ ILS) se sont sentis pénétrés de la vénération *la* (LE) plus profonde, et c'est lorsqu'ils ont reconnu cette indulgence de la part des deux divinités, que leur piété s'est montrée *le* (LA) plus grande et *le* (LA) plus généreuse. Aussi n'ont-ils pas balancé d'immoler *une* (UN) oie qu'ils ne s'étaient procurée que pour garder leur chaumière.

CINQUIÈME DICTÉE. — Les vieux époux, quelques peines qu'ils *se soient* (SE SONT) données, quelle *qu'ait* (QU'A) été leur bonté, leur générosité même *à l'égard* (VIS A VIS) des voyageurs, quelque touchants *qu'aient* (QU'ONT) été les soins qu'ils *ont* (AIENT) cru juste de leur prodiguer, se sont sentis frappés d'étonnement et pénétrés d'admiration quand ils ont entendu les paroles que les dieux ont *prononcées* (PRONONCÉ) avec majesté : **« Nous sommes des dieux, et nous vous accorderons « la récompense que vous avez méritée. Sortez de « cette cabane** *où* (DANS QUI) **se sont écoulés vos beaux « jours ; vous ne regretterez pas d'avoir suivi la route « que nous vous aurons prescrite. »** Les vieillards se sont rendus facilement à l'invitation que leur ont *faite* (FAIT) les dieux, et, quoique les années les *eussent* (AVAIENT) déjà épuisés, ils ont monté enfin *jusqu'au* (JUSQUES AU) haut d'une côte *toute* (TOUT) rude et tout escarpée. Quand leurs regards se sont portés en arrière, ils se sont aperçus que toutes les maisons voisines *étaient* (SONT) submergées, et que leur cabane seule avait été respectée. Quelle admiration a excité en eux ce prodige ! Mais combien de larmes ont-ils versées quand ils ont vu le malheur de leurs voisins ! Combien n'en ont-ils pas répandues, quand ils ont cessé de voir cette chaumière, *d'où* (DONT) ils sont sortis et qu'ils ont habitée avec le plus grand bonheur *pendant* (DURANT) les années qu'ils ont vécu ! Ils l'ont cherchée sous les flots qui l'ont engloutie. Cette maison *si* (AUSSI) étroite qu'elle *fût* (ÉTAIT), est devenue un superbe temple ; ses appuis grossiers sont *changés* (CHANGÉ) en colonnes, le chaume qui l'a couverte en un toit doré ; la porte basse et étroite s'est métamorphosée en un portail magnifique, et le sol mal uni est devenu un pavé de marbre. *Voici* (VOILA) les paroles que Jupiter a prononcées d'un ton *plein* (TOUT PLEIN) de bonté : **« Vieillard « vertueux, qui nous as fait un** *si* (AUSSI) **bon accueil, « et toi, digne épouse** *d'un* (A UN) **tel homme, demandez** *tous les deux* (TOUS DEUX) **la faveur qui pourrait** *le plus* « (DAVANTAGE) **vous flatter ; nous vous l'aurions déjà « accordée, si nous ne nous en** *étions* (SERIONS) **parfaite- « ment reposés sur le choix que vous allez faire. »**

SIXIÈME DICTÉE. — Après qu'ils se sont un instant concertés et qu'ils se sont mutuellement demandé quelle faveur ils auraient *le* (LA) plus désirée, ils ont souhaité *qu'on* (QUE L'ON) les fît les prêtres de ce temple qui *a remplacé* (EN A REMPLACÉ) leur chaumière. « Nous désirons bien, ont-ils poursuivi, puisque

« tous les jours que nous avons vécu se sont succédé et se sont
« écoulés sans le moindre nuage, que la même heure nous
« voie mourir *tous deux* (TOUS LES DEUX) en même temps, pour
« qu'aucun de nous *n'ait* (N'AURA) la douleur de rendre les derniers
« devoirs à l'autre. » Les dieux ont exaucé la prière que leur ont
adressée ces deux époux ; ils les ont établis les gardiens du
temple pendant toutes les années *qu'a duré leur* (QU'EN A DURÉ L')
existence. Quand ils sont arrivés à la fin , à peine se sont-ils
raconté les aventures qu'ils ont eu à courir dans la vie, que
Baucis est restée *toute* (TOUT) surprise et tout interdite en regar-
dant les branches et les feuilles qu'elle a vues croître *sur* (DESSUS)
la tête de Philémon ; et Philémon a éprouvé la même surprise,
quand il a vu ce prodige se répéter sur la tête de Baucis. *Avant*
(AUPARAVANT) que l'écorce *se soit* (S'EST) étendue sur leurs visages,
ils se sont dit les derniers adieux et se sont parlé continuellement jusqu'à ce que leurs bouches *eussent* (AVAIENT) été fermées.
Voilà (VOICI) l'histoire que m'ont racontée des vieillards que j'ai
crus dignes de foi, parce qu'ils n'ont eu aucun intérêt à *me
tromper* (M'IMPOSER) ; la *voilà* (VOICI) telle *qu'ils* (COMME) me l'ont
dite, et telle *que* (COMME) j'ai cru convenable de la rapporter ici.
Nous nous sommes *dit* (DITS) en lisant ce récit : Les dieux ont
toujours chéri la piété; ceux qui les ont honorés en sont honorés
à *leur* (SON) tour.

---

71. — L'AUTEL DE LA PITIÉ.

Thébaïde de Stace , LIVRE XII.

PREMIÈRE DICTÉE. — Au milieu de la ville s'élevait *un* (UNE)
autel qui n'était consacré à aucune de ces divinités que l'on a
toujours *vues* (VU) environnées des brillants attributs de la puissance. La clémence, l'humanité *en avait jeté les* (AVAIT JETÉ SES)
fondements, et *ce sont* (C'EST) les malheureux qui l'ont sanctifié,
parce que *c'est* (CE SONT) des malheureux *que* (DE QUI) s'est
occupée *le plus* (DAVANTAGE) la divinité que l'on s'est choisie
pour y présider. *Elle est toujours environnée* (IL Y A TOUJOURS
ALENTOUR D'ELLE) de nouveaux suppliants, parce qu'elle n'a
jamais rejeté les vœux que lui ont adressés les affligés. La
protection qu'ils *s'étaient flattés* (AVAIENT IMAGINÉ) qu'ils auraient
trouvée près d'elle, ils *se la* (S'EN) sont assurée dès qu'ils lui
ont adressé leurs prières. Les malheureux ont obtenu tous les
secours qu'ils ont cru convenable de lui demander, quand elle
les a crus *nécessaires* (NÉCESSAIRE) à leur bonheur. Combien
n'en a-t-elle pas soulagés qui s'étaient *cru* (CRUS) assez de raisons pour se livrer au désespoir, puisqu'ils s'étaient crus *les* (LE)
plus malheureux des mortels ! Combien n'en a-t-elle pas *ren-*

dus (RENDU) à la vie, lorqu'ils étaient *près de* (PRÊTS A) mourir dans le plus grand désespoir ! Son âme s'est toujours laissé attendrir aux pleurs *et aux plaintes qu'on* (ET PLAINTES QUE L'ON) lui a présentés en invoquant ses faveurs.

DEUXIÈME DICTÉE. — Quant aux sacrifices *qu'on* (QUE L'ON) lui a offerts, elle les a voulus *le* (LES) moins dispendieux et *le* (LES) moins magnifiques possible : elle n'exige point que des monceaux d'encens *soient* (SERAIENT) brûlés sur son autel, ni qu'un grand nombre de victimes y *soient* (FÛT) immolées ; mais il semble qu'elle ne *veuille* (VEUT) être honorée que par quelques larmes.

Une simple guirlande de cheveux, des habits de deuil que lui ont présentés *ceux qui ont* CEUX AYANT) éprouvé les effets de sa protection, *sont* (EST) les seules offrandes que l'on voit suspendues *autour* (ALENTOUR) de la demeure que sa bonté propice a ménagée aux infortunés ; car *auprès d'elle* (PRÈS D'ELLE) les prières *ne sont* (ONT) jamais restées sans être exaucées, et elle a toujours écouté favorablement *celles qui lui étaient adressées* (CELLES ADRESSÉES) par l'infortuné. Nuit et jour *chacun* (CHAQUE) des mortels peut lui exposer *ses* (LEURS) besoins. L'autel s'élève au milieu d'une forêt qui calme la douleur *et qui est* (ET EST) environnée d'un culte religieux. Les arbres *dont* (PAR QUI) elle est formée sont tout *autant* (TANT) de lauriers que la piété des affligés a couronnés de bandelettes sacrées, et dont l'aspect est varié par *quelques* (QUELQUE) oliviers, symbole de la paix. Aucun tableau, aucune image, aucune statue ne retrace les traits de la déesse. C'est dans l'âme des mortels bienfaisants *qu'elle* (OÙ ELLE) s'est peinte elle-même, et qu'elle s'est choisie une demeure. Sa figure est *toute* (TOUT) beauté, son cœur est *tout* (TOUTE) bonté, tout humanité. Ses autels ne sont gardés que par la foule environnante des hommes qui *ont* (EST) accouru à *toute heure* (TOUTES HEURES) pour y déposer *leurs* (SES) hommages et *leurs* (SES) prières. Toute autre condition que la condition malheureuse l'a trouvée sourde à ses prières. Vous, favoris de la fortune, qui ne lui *rendez* (RENDENT) *aucun* (AUCUNS) hommage, vous êtes les seules personnes qui *n'aient* (N'AVEZ) pas reçu ses bienfaits ; il n'y a que vous qui lui *aient* (AVEZ) refusé *de* (DES) pareils honneurs ; *c'est* (CE SONT) vous enfin qui *vous êtes* (SE SONT) montrés les ennemis déclarés de son culte.

TROISIÈME DICTÉE. — *On* (L'ON) prétend que les petits-fils d'Hercule vaincus, poursuivis après la mort de leur divin aïeul, s'étaient *réfugiés* (RÉFUGIÉ) à Athènes et qu'ils y avaient bâti cet autel à la clémence. Mais *l'origine* (SON ORIGINE) en est plus ancienne, plus auguste *qu'on* (QUE L'ON) ne l'a cru. Il est à croire que les dieux eux-mêmes avaient érigé ce monument, qu'ils avaient voulu, par là, récompenser les Athéniens qui leur avaient donné l'hospitalité, qui *s'étaient* (SE SONT) occupés de la civilisation, qui s'étaient donné les premières lois et imposé l'obligation de les observer rigoureusement, qui avaient constitué les cérémonies des sacrifices et qui, enfin, s'étaient les premiers instruits *dans* (DEDANS) l'art *d'ensemencer* (DE SEMER) les terres et l'avaient enseigné aux autres peuples. Cet asile respectable était ouvert à tous les êtres souffrants : la violence, les menaces, la tyrannie, tout en était banni, et c'a toujours été une retraite assurée pour tous les hommes que la fortune a injustement poursuivis. Toutes les nations l'ont connu et l'ont révéré ; autant d'hommes la guerre a moissonnés, autant on en a *vus* (VU) accourir dans le lieu sacré. Les personnes qu'on avait exilées, les rois que la fortune avait *trahis* (TRAHI) et privés du trône de leurs pères, ceux-mêmes *qui s'étaient souillés* (SOUILLÉS) de crimes involontaires, ont trouvé au pied de cet autel le repos ou le secours qui leur était nécessaire.

72. — MODESTIE DE TURENNE.

Personne n'a jamais remarqué qu'il *soit* (EST) échappé à M. de Turenne la moindre parole qu'on *oit* (A) pu soupçonner de vanité. A-t-il remporté quelque avantage, il ne s'est point montré habile, mais *ce sont* (C'EST) les ennemis qui se sont trompés. Lorsqu'il a rendu compte d'une bataille, il n'a rien oublié, si ce n'est que c'a été lui qui l'a gagnée. Quelques belles actions qu'il *ait faites* (A FAIT), et quelle *qu'ait* (QU'A) été la gloire qu'il y a trouvée, à l'entendre il les aurait seulement vues. Quand il est revenu des glorieuses campagnes qui ont rendu son nom immortel, il s'est dérobé aux acclamations populaires, et a en quelque sorte rougi des victoires qu'il a remportées, tout heureuses et *toutes* (TOUT) brillantes qu'elles *étaient* (FUSSENT). Souvent il a balancé pour aborder le roi, parce qu'il s'est trouvé obligé, par respect, de souffrir patiemment les louanges que Sa Majesté lui a toujours prodiguées. Nous nous serions laissé difficilement persuader, et nous nous serions aussi laissés difficilement aller à la conviction de cette vérité histoque, si nous ne *l'avions* (L'AURIONS) pas lue dans plusieurs écrivains, qui ne nous ont rapporté que les faits qu'ils ont cru nécessaire de proposer comme des modèles à *suivre* (IMITER). En effet, quelque honnêtes gens qu'on nous *ait* (A) jugés, quelque importantes que *soient* (SONT) les ressources que nous nous sommes créées, nous n'avons point mérité le beau titre de *bonnes* (BONS) et honnêtes gens, si nos discours *et nos actions* (ET ACTIONS) mêmes n'ont pas été *ennoblis* (ANOBLIS) par un caractère de véracité qui peut seul faire estimer l'honneur social.

73. — DIMANCHE DE LA QUASIMODO.

PREMIÈRE DICTÉE. — La fête que les Armoricains ont célébrée de temps immémorial, le dimanche de la Quasimodo, est une des plus singulières que l'on *ait connues et que l'on ait vu* (A CONNU ET VU) célébrer ; c'est une de celles *dont* (DE QUI) l'origine est restée perdue dans la nuit des temps, puisque ni l'histoire, ni la tradition *n'en ont* (EN A) donné aucune connaissance et n'en ont même laissé aucune trace, quelque grandes *qu'aient* (QU'ONT) été les recherches que nous *avons* (AYIONS) faites, quelque savants antiquaires que nous croyions et que nous *ayions* (AVONS) toujours cru avec raison les auteurs que nous avons consultés, nous ne nous sommes point laissé persuader par les gens demi-savants, et nous ne nous sommes point *laissés* (LAISSÉ) aller aux preuves sophistiques qu'ils ont voulu nous donner pour des preuves convaincantes. *Quoiqu'il en soit* (MALGRÉ QU'IL EN EST), la *voici* (VOILA) cette fête telle *que* (COMME) nous l'avons vue tout récemment *dans* (DEDANS) un gros bourg de la Basse-Bretagne : Un grand nombre de jeunes gens des deux sexes, après avoir ouï la messe *et les vêpres* (ET VÊPRES), *se sont* (S'EST) réunis sur la place qu'ils s'étaient choisie, et comme ils s'en étaient donné le mot, *ils ont* (IL A) rassemblé le plus de vieux pots qu'ils ont pu ; *puis* (PUIS ENSUITE) s'étant *disposés* (DISPOSÉ) en cercle à une certaine distance *les uns des autres* (L'UN DE L'AUTRE), ils se sont jeté un pot de *mains en mains* (MAIN EN MAIN) et l'ont fait ainsi circuler jusqu'à ce qu'il *ait* (A) échappé des mains de quelque maladroit.

DEUXIÈME DICTÉE. — En effet, quelques précautions qu'ils *aient prises* (ONT PRIS), quelles *qu'aient* (QU'ONT) été leur attention et leur adresse, il a fallu que quelqu'un le *fît* (FASSE) tomber et le *brisât* (BRISE). Quels éclats de rire, quelles clameurs ont alors poussées les joueurs *et les spectateurs* (ET SPECTATEURS)! Ils se sont raillés tant qu'ils ont pu de celui qui a causé cet accident; on l'a ensuite pris par la tête et par les pieds, puis *on* (L'ON) l'a élevé jusqu'à neuf fois et, pour le dernier coup, on a frappé le sol avec le dos du maladroit. C'est en vain qu'on a voulu faire remonter cet usage jusqu'à une époque connue dans l'histoire, la vérité *est* (A) demeurée cachée. Quelques-uns ont prétendu que les Juifs avaient coutume de renouveler chaque année les vases dont ils s'étaient servis ; mais ceux qui se sont donné la peine de consulter l'histoire se sont facilement convaincus de la fausseté de cette assertion. Toute autre recherche que celle que nous avons avoué avoir déjà *faite* (FAIT) serait tout inutile. Il vaut mieux rester dans l'ignorance sur un fait, que de lui attribuer une cause, une origine rejetée par *tous* (TOUTES) les gens sensés qui ont sondé *autant* (TANT) que possible les profondeurs de l'antiquité *la* (LE) plus reculée, et qui sont, par conséquent, censés plus *capables* (SUSCEPTIBLES) de donner une solution satisfaisante sur les points *les* (LE) plus obscurs de l'histoire.

74. — POMPÉE.

Un grand nombre de victoires, que Pompée avait *remportées* (REMPORTÉ) sur l'ennemi, lui semblaient plus que suffisantes pour qu'il *s'irritât* (S'IRRITE) de ce qu'on lui avait refusé les honneurs du triomphe qu'il avait cru avoir mérités, et que ses nombreux partisans s'étaient *fait* (FAITS) une loi de lui procurer par la voie des armes. Mais son âge, ainsi que la loi romaine, s'y opposait. Il n'avait pas encore été consul, il n'était pas même sénateur. *Toutes puissantes* (TOUT PUISSANTES) que lui *paraissaient* (PARUSSENT) ses raisons, et tout justes qu'il *croyait* (CRÛT) ses droits, il n'obtint point la faveur qu'il avait voulu : « Vous « refusez de me rendre *la justice* (JUSTICE) que j'ai méritée, » dit-il au dictateur : « Hé bien ! sous peu je l'aurai obtenue du « peuple romain. Oui, j'aurai les honneurs que m'ont valus mes « exploits et que vous vous repentirez de m'avoir refusés. » — « Si vous avez cette hardiesse, » répondit Sylla. « vous éprou- « verez ma colère, quelque puissants que vous vous croyiez, et « que vous vous *soyiez* crus vous et vos amis. » — « Hé ! que « m'importe votre colère ? *On* (L'ON) adore plutôt le soleil levant « que le soleil couchant. » Cette repartie vigoureuse de Pompée déconcerta le dictateur qui, pour des motifs plus légers, avait immolé des milliers de citoyens. « Triomphez donc, puisque « vous le voulez, » s'écria-t-il, et Pompée triompha.

75. — GÉNÉROSITÉ DE SCIPION L'AFRICAIN.

Des espions d'Annibal, s'étant introduits *dans* (DEDANS) le camp de Scipion, furent arrêtés et conduits à ce général. *Quoiqu'il eût* (MALGRÉ QU'IL AVAIT) pu les punir du dernier supplice, *suivant* (CONFORMÉMENT ET SUIVANT) les lois qu'on s'était prescrites dans la guerre, il les a fait conduire dans tous les quartiers, leur a ordonné d'examiner tout avec soin, et, quand *on les* (L'ON LES) a ramenés devant lui, il leur a demandé s'ils s'étaient fait donner tous les reuseignements qu'ils avaient voulus, et s'ils avaient pris toutes les instructions que leur général avait jugé nécessaire d'avoir sur la position de l'armée romaine. Ensuite on les a vus, tout joyeux de la réception qu'on leur avait *faite* (FAIT), partir sains et saufs pour rejoindre l'armée. Ils *s'en sont allés* (SE SONT EN ALLÉS) même, sans que Scipion *les interrogeât* (NE LES INTERROGE) sur les desseins qu'avait formés l'ennemi. Une infinité de monde se serait *conduit* (CONDUITE) de toute autre manière, et peu de gens se seraient montrés *aussi* (SI) confiants et *aussi* (SI) obligeants. Quels éloges s'est-il attirés, et quelle frayeur a-t-il répandue *parmi* (ENTRE) les Carthaginois par cette confiance tout héroïque ! Ils se sont crus vaincus même *avant qu'ils aient* (AUPARAVANT QU'ILS ONT) combattu. Nous-mêmes, quelque braves que nous nous croyions, quelque bonnes gens que nous nous *soyions* (SOMMES) toujours jugés, quelques belles qualités que nous *ayions* (AVONS) déployées par ailleurs, nous serions-nous senti le courage d'agir avec *autant* (TANT) d'audace et de générosité qu'en a montrées ce général romain.

———oo•◦•oo———

76. — CATILINA AUX CONJURÉS.

IMITÉ DE **Salluste**. CONJURATION DE CATILINA.

———

PREMIÈRE DICTÉE. — « Soldats, si je *n'avais* (N'AURAIS) déjà connu votre courage et que je *n'eusse* (N'AVAIS) éprouvé votre fidélité, en vain se serait-il *offert* (OFFERTE) une occasion favorable, en vain aurions-nous conçu l'espérance magnifique de cette domination que nous avons *tant* (AUTANT) ambitionnée, sans que nous *ayions* (N'AVIONS) pu la conquérir, *quoi que* (MALGRÉ QUE) nous *ayions* (AVONS) fait, quelque chose que nous *ayions* (AVONS) imaginée, quelque grandes qu'*aient* (ONT) été les peines que nous nous sommes données, quelque braves républicains que nous nous *soyions* (SOMMES) crus et, *enfin*, (PUIS ENFIN) quelques dures privations que nous nous *soyions* (SOMMES) imposées. Fussé-je presque assuré de la victoire, je n'aurais pas abandonné, avec des cœurs lâches et des esprits inconstants, le certain pour le sacrifier à l'incertitude de l'avenir.

« Comme votre fermeté, aussi bien *que* (COMME) votre attachement, *a été mise* (ONT ÉTÉ MIS) à l'épreuve dans de nombreux et violents orages, mon âme a osé former l'entreprise *la* (LE) plus grande, *la* (LE) plus glorieuse qu'on *se soit* (S'EST) jamais proposée.

« Les biens et les maux nous sont communs. J'ai compris d'ailleurs que la preuve *la* (LE) plus convaincante d'une solide amitié, *c'est* (EST) de s'accorder toujours sur ce qu'on *veut* (vou-

LAIT) et sur ce qu'on ne *veut* (VOULAIT) pas. Les projets que j'ai formés, vous les avez déjà connus séparément. *Au* (DU) reste, mon courage s'enflamme de jour en jour, quand je considère quelle condition nous est réservée si nous n'atteignons *à ce* (CE) but, si nous n'obtenons la liberté que nous nous sommes proposé de conquérir.

DEUXIÈME DICTÉE. — « Depuis que la République a été livrée au caprice de quelques hommes *puissants* (CONSÉQUENTS), depuis qu'ils se sont arrogé le droit d'administrer toutes les affaires, les provinces, comme les royaumes, sont devenues leurs tributaires; non-seulement les Tétrarchies, mais encore les empires même *les* (LE) plus puissants ont été soumis à un impôt *en faveur* (POUR ET EN FAVEUR) de ces ambitieux. Quant à nous, citoyens courageux et honnêtes, nobles ou plébéiens, *on* (L'ON) nous a confondus dans la foule; *on* (L'ON) nous a laissés sans crédit, sans considération, à la merci des hommes que nous épouvanterions *et que nous ferions* (ET FERIONS) trembler, si la République *subsistait* (SUBSISTERAIT) encore. Ainsi grâces, honneurs, richesses, tout *est* (SONT) pour eux ou pour leurs créatures. Les rebuts, les dangers, les condamnations, la misère même nous *est* (SONT) réservée.

« Braves amis, *jusques à* (JUSQU'A) quand souffrirez-vous ces indignités que vous avez déjà eu à essuyer? Ne préférez-vous pas mourir avec courage à traîner honteusement une vie *toute* (TOUT) misérable, *toute* (TOUT) déshonorée, *pendant* (DURANT) laquelle vous aurez servi de jouet à leur insolence? Mais j'en prends *à* (POUR) témoin les dieux et les hommes, la victoire est dans vos mains: Nous sommes dans toute la vigueur de l'âge, notre âme est *toute* (TOUT) flamme, tout énergie. Quant à nos ennemis, ils ont tout perdu; l'âge, les richesses, tout *a* (ONT) vieilli chez eux. Il ne faut qu'entreprendre, le reste viendra de *soi-même* (LUI-MÊME).

TROISIÈME DICTÉE. — « Est-il quelqu'un *parmi* (ENTRE) les mortels, pour peu qu'il *ait* (A) reçu de la nature l'âme énergique d'un homme, qui *puisse* (PEUT) souffrir que l'abondance, le superflu même *soit* (SERAIT) chez nos tyrans, eux qui se sont donné le bon plaisir de combler des mers et de niveler des montagnes; tandis que nous sommes privés des choses même *les* (LE) plus nécessaires à la vie, ils se sont *trouvés* (TROUVÉ) à même de bâtir deux ou même un plus grand nombre de palais à la suite *les uns des autres* (L'UN DE L'AUTRE), tandis que nous sommes nous-mêmes restés sans asile. Ils achètent des tableaux, des statues, des vases ciselés, renversent, élèvent des édifices, enfin tourmentent, fatiguent de toutes les manières leur argent, sans que ces désirs effrénés *puissent épuiser leurs* (EN PUISSENT ÉPUISER LES) richesses.

Quant à nous, nous n'avons eu jusqu'ici que misère au dedans, dettes au dehors, une situation tout affreuse, un avenir plus affreux encore ; car *enfin* (ENFIN APRÈS TOUT) que nous reste-t-il? si ce *n'est* (NE SERAIT) le misérable souffle qui nous anime.

« Que ne sortez-vous de votre léthargie? *Voilà* (VOICI) cette liberté que vous êtes *capables* (SUSCEPTIBLES) de conquérir avec les richesses, les dignités et la gloire qui *brillent* (BRILLE) à vos yeux. Victorieux, *voilà* (VOICI) votre récompense. Je *vous parle* (PARLE AVEC VOUS) avec conviction. L'entreprise, l'occasion, vos périls, les dépouilles, votre détresse même *doivent* (DOIT) vous exciter encore davantage. Je serai votre chef ou votre soldat. Ni mon esprit, ni mon corps ne vous *fera* (FERONT) défaut ; et, comme consul, je mènerai bien cette entreprise, si vous êtes plutôt prêts *à* (DE) commander *qu'à* (QUE DE) servir. »

---

77. — LES PHILIPPIQUES.

IMITÉ DE **Démosthène**.

ATHÉNIENS,

PREMIÈRE DICTÉE.— « Si l'objet qui nous réunit ici présentait quelque chose que l'on n'*eût* (AURAIT) jamais proposé à vos délibérations, *j'aurais* (J'AURAI) attendu que les orateurs qui jusqu'à ce jour se sont illustrés *dans* (DEDANS) la carrière du barreau, où leur dévouement, aussi bien que leur éloquence, *a été tant* (ONT ÉTÉ AUTANT) apprécié, *eussent parlé avant* (PARLENT AUPARAVANT) moi, et *se fussent expliqués* (S'EXPLIQUASSENT) sur les moyens de salut qu'ils auraient cru *le* (LES) plus convenable de vous proposer. Dans le cas *où ils* (QU'ILS) auraient paru donner un bon avis, mon silence les *eût* approuvés, et je vous aurais *épargné* (ÉVITÉ) la peine de m'écouter ; si mes sentiments *avaient* (AURAIENT) été différents des leurs, je les aurais combattus avec les raisons que j'aurais jugées *les* (LE) meilleures ; mais il s'agit ici d'une question *toute* (TOUT) débattue, tout éclaircie que vous avez entendu discuter plusieurs fois sans que vous *l'ayiez* (NE L'AVIEZ) définitivement résolue. Je me flatte donc, quelle *que soit* (QU'EST) ma jeunesse, que vous me permettrez de prendre ici la parole sur une question que vous avez jugé à propos de remettre en délibération. Je pourrais vous prier de m'indiquer la cause qui vous a *réduits* (RÉDUIT) à délibérer encore en ce jour ; mais je vous la dirai moi même : c'est que plusieurs personnes vous ont conseillés, et que vous ne vous êtes pas *sentis* (SENTI) assez courageux pour suivre le peu de sages conseils qui vous *ont* (A) été donnés : car je sais que *d'autres* (DES AUTRES) personnes plus hardies vous en ont donnés et que vous les avez rejetés avec mépris. Cependant quel *que soit* (qu'est) le triste état de vos affaires, et quelque *affligeantes* (affligeant) qu'elles vous paraissent, convainquez-vous bien que ce n'est pas en vous décourageant que vous y *remédierez* (remédieriez). De la même cause qui vous a perdus, il faut que vous *sachiez* (sauriez) tirer des motifs d'espérance. Que veux-je dire par là ? *Je veux* (je compte) dire : si vous êtes dans une situation fâcheuse, si vos affaires ont empiré, c'est que vous ne vous êtes pas senti le courage d'exécuter les sages et vigoureuses résolutions qu'on vous avait conseillé *de prendre* (que vous prissiez).

---

deuxième dictée. — « Certes vos affaires seraient bien désespérées, s'il *était* (serait) vrai que vous *n'eussiez* (n'aviez) négligé aucun des moyens qu'on vous a proposés, et que vous *eussiez* (aviez) fait tous les efforts que vous avez cru convenable pour mettre fin à vos disgrâces ; mais il s'en faut bien : car mille fois on vous a avertis *que vous couriez les dangers les plus grands, que vous en étiez menacés depuis quelque temps* (que vous courriez, que vous étiez menacés depuis quelque temps des dangers le plus grands). Mille fois *de* (des) sages orateurs se sont efforcés de vous ouvrir les yeux sur les projets ambitieux que Philippe avait formés *contre* (vis-a-vis de) vous. Vous *êtes* (avez) restés dans une coupable inaction, quelques bons avis que vous *ayiez* (avez) reçus, quelque bons citoyens que se *soient* (sont) montrés ceux qui vous ont conseillés, et quels *que fussent* (qu'étaient) leurs efforts. Quelque chose que ces bons citoyens *aient mise* (ont mis) en œuvre pour vous donner une preuve convaincante de votre conduite *toute* (tout) coupable et tout indigne d'hommes tout dévoués à leur Patrie, vous êtes demeurés dans l'inaction *la* (le) plus absolue. Je vais vous citer des faits bien frappants, ne fût-ce que pour vous faire voir combien je mérite votre attention. Plusieurs d'entre vous les *ont* (a) vus se passer, et les plus jeunes, qui ne les ont pas vus, les ont entendu raconter. Rappelez-vous *l'époque* (de l'époque) où la puissance de Lacédémone s'était accrue à un degré *si* (aussi) alarmant. Athènes, ainsi que tout le reste de la Grèce, était menacée *de subir son* (d'en subir le) joug ; mais le courage, la fermeté que vous avez montrée, cette énergie, cette vigueur que vous avez *déployée* (déployées) à propos, tout *l'a* (l'ont) forcée de rentrer dans les bornes de la justice qu'elle avait franchies : Tels sont les effets qu'a produits le soin de conserver votre honneur. Mais pourquoi vous *rappelé-je* (rappelè-je) ce fait dans ce moment-ci ? C'est pour que vous voyiez et que vous *réfléchissiez* (réfléchissez) que, dans ce temps-là, la vigilance vous garantit de tout danger, tandis que votre inertie vous perd maintenant. A cette époque votre ardeur sagement soutenue et dirigée vous aurait rendus supérieurs à toutes les forces de la Grèce.

TROISIÈME DICTÉE.— « Lacédémone, que nous avions tant redoutée *pendant* (DURANT) un temps, avait reconnu notre supériorité sur terre *et sur mer* (ET MER) : aujourd'hui, de votre indolence sont provenues les vives alarmes que Philippe vous a causées et les procédés humiliants *dont* (DE QUI) il vous a outragés. Quand ce conquérant, dira-t-on, paraîtra à la tête d'une armée nombreuse, après nous avoir enlevé nos meilleures places et après nous avoir privés de nos meilleurs moyens de défense, nous ne vaincrons pas aisément Je vous avouerai que je ne crois pas que vous *vainquiez* (VAINQUEREZ) jamais ces fiers Macédoniens, que votre indolence seule a rendus *si* (AUSSI) puissants ; mais il ne faut pas que vous oubliiez qu'il *fut* (AVAIT ÉTÉ) un temps où tous les Grecs nous ont reconnus pour *leurs* (SES) maîtres naturels ; aucune des villes de la Grèce ne s'était élevée contre cette prééminence que nous nous étions attribuée. Dans ce même temps, des alliés nombreux, que vous aviez entendus *se vanter* (QUI SE VANTAIENT) de leur indépendance, se sont constamment montrés indifférents à l'amitié de Philippe et très-jaloux de conserver la nôtre. De toutes les entreprises que nous lui avons vu finir à son avantage, il n'en est pas une seule qu'il *eût* (AURAIT) osé commencer, s'il *avait* (AURAIT) été retenu par la crainte de se commettre avec une République puissante et qui, jusque-là, s'était maintenue dans (DEDANS) la possession de ses places frontières ; sans notre faiblesse, sa puissance se serait-elle élevée au point *où* (A QUI) nous la voyons aujourd'hui parvenue? Non, sans doute. Quant à ces places qu'il nous a enlevées plutôt par sa ruse que par sa valeur, il les a regardées comme autant de prix qu'on aurait *exposés* (EXPOSÉ) à la vue des combattants et que la fortune aurait *destinés* (DESTINÉ) au vainqueur. Il sait, d'après le cours ordinaire de la nature, que presque en tout temps les présents se sont occupés à dépouiller les absents, et que ceux qui *ne se sont* (NE S'ÉTANT) laissé effrayer ni par les dangers *ni* (ET) par les fatigues ont fini par écraser les paresseux, *du* (AU) moins ils les ont punis du peu d'attention qu'ils ont donné à leurs affaires : telle est la source à *laquelle* doivent être attribuées les conquêtes *et les grands* (ET GRANDS) progrès *de* (A) nos ennemis : imitons-les, si nous voulons nous conserver.

QUATRIÈME DICTÉE.— « Aujourd'hui Philippe a tout conquis : les provinces qu'il n'a pas *conquises* (CONQUIS) par les armes se sont données à lui à titre d'alliées. *Cela* (CECI) ne doit pas vous étonner : n'embrasse-t-on pas volontiers un parti *où l'on* (OÙ ON) se convainc que l'activité et la force *ont* (A) toujours dominé ? Athéniens, il faut que vous *adoptiez* (ADOPTEZ) le plus tôt possible la conduite qu'a tenue Philippe, que *chacun* (CHAQUE) de vous concoure de bonne foi et de tous *ses* (LEURS) moyens à ce que requièrent le bien et le salut publics, qu'on vous *voie* (voit) empressés à montrer votre amour *pour* (vis a vis) la liberté ; soyez prêts *à* (de) répondre à l'appel de la Patrie et je ne doute pas, qu'avec l'aide des dieux, vous ne *soyiez* (serez) bientôt en état de réparer des pertes que j'attribue à votre négligence *plus* (davantage) qu'à toute autre cause. Quelle que *vous croyiez sa* (vous en croyez la) félicité, *ne vous imaginez* (n'imaginez) pas qu'elle *soit* (est) immuable comme celle des dieux. Il y a un grand nombre de gens qui le *haïssent* (hait) ; j'en connais d'autres qui le craignent ou qui *lui portent envie* (l'envient). *Parmi* (entre) ceux mêmes qui *ont* (sont) paru tout dévoués à sa cause, plusieurs sont prêts *à* (de) le frapper au plus léger revers qu'il *essuiera* (essuierait). Jusqu'à ce jour ils n'ont pas éclaté, et s'ils ne se sont pas fait justice, c'est qu'ils ne se sont pas sentis soutenus et qu'il ne s'est pas présenté une occasion *favorable* (fortunée). Voyez à quel point *est* (en est) montée aujourd'hui *son* (l') arrogance ; voyez à quel excès de mépris *pour* (vis a vis de) vous son imprudence s'est laissé emporter.

CINQUIÈME DICTÉE. — « Sa conduite *à votre égard* (vis a vis de vous) est telle que je puis vous dire qu'il ne vous a pas laissé le choix entre la paix et la guerre. Car depuis la paix il n'a cessé *cessé* (décessé) de vous provoquer et de fatiguer votre patience. Y a-t-il une promesse, une convention, un traité qu'il *ait* (a) regardé comme sacré ? Non : son âme fausse s'est jouée des choses *les* (le) plus saintes dans le droit des nations. Son ambition n'est pas assouvie de tout ce qu'il a conquis. Vous vous êtes d'abord laissé duper par ses belles promesses ; mais bientôt vous *jetterez* (fixerez) les yeux *autour* (alentour) de vous, et vous resterez tout surpris de voir qu'il vous a enveloppés de tous côtés. *Attendez-vous* (espérez-vous) pour courir aux armes qu'une plus grande nécessité vous y *ait* (aura) contraints ? Mais, en vérité, je ne sais quelle idée *vous vous êtes formée* (vous avez imaginé) de tout ce qui se passe ; et pour des hommes fiers et jaloux de leur liberté, quelle nécessité plus pressante y a-t-il jamais eu *que* (comme) celle d'effacer par les armes et par une noble résistance l'ignominie *dont* (de qui) ils se sont couverts eux-mêmes ? D'abord il faut, et plus tôt que plus tard, que nous contraignions *ceux qui se sont vendus* (contraignons ceux vendus), et qui vous ont vendus vous-mêmes à Philippe d'avouer et *de réparer* (de donner réparation a) leur infâme prévarication. Depuis quelque temps, je ne vous vois occupés *qu'à* (seulement qu'a) former les hypothèses *les* (le) plus ridicules qu'on *ait* (a) jamais entendu faire.

SIXIÈME DICTÉE. — Qu'y a-t-il de nouveau, vous demandez-vous *dans* (DEDANS) les places publiques ? Quoi ! la nouvelle *la* (LE) plus étrange, *la* (LE) plus inouïe vous *est* (SONT) encore inconnue ! Eh bien ! je vais vous l'annoncer : les Macédoniens sont près de subjuger les Athéniens, de faire la loi à la Grèce tout entière ; et les Grecs les ont laissés faire. Philippe est-il mort ? demandez-vous. Eh ! grands dieux ! qu'il vive ou qu'il meure, *c'est* (EST) la chose dont vous vous soucieriez le moins, si vous *étiez* (SERIEZ) des hommes sensés. Mourût-il aujourd'hui, votre insouciance, votre indolence vous créerait un autre ennemi. Est-ce par sa valeur seule que *sa puissance* (LA PUISSANCE) s'est étendue, qu'elle est devenue si formidable ? Non : c'est votre conduite lâche, insouciante et aveugle qui *l'a* (L'ONT) rendue telle. S'il *arrivait* (ARRIVERAIT), à la vérité, quelques-uns de ces événements que dans votre oisiveté vous vous êtes plus tant de fois à désirer, mais qui ne s'effectueront pas davantage pour cela, vous pourriez tout espérer au milieu des dangers qu'une révolution subite ou toute autre cause aurait amenés *dans* (DEDANS) la Macédoine.

« Que dis-je ? Vous êtes-vous jamais prévalus du moindre des avantages que vous a offerts la fortune qui a veillé à vos intérêts *plus* (DAVANTAGE) que vous-mêmes ? En vérité, vos préparatifs sont si lents, votre inertie est telle, vos projets sont si mal arrêtés et si incohérents que vous ne pourriez pas profiter de la plus belle occasion. Non, quelque favorables que se *trouvassent* (TROUVAIENT) les circonstances, vous ouvrît-on les portes d'Amphypolis, je suis sûr que vous n'y entreriez pas. Ce n'est pas que je ne vous croie tout convaincus de la nécessité de vous tenir prêts *à* (DE) faire la guerre dès que l'occasion se présentera ; mais je vois avec douleur que la volonté vous a toujours manqué, et que vous n'avez pas assez réfléchi sur les moyens pour l'entreprendre et la terminer avec succès.

SEPTIÈME DICTÉE. — « Il y a deux choses *dont* (DE QUI) je suis sûr que je vous convaincrai aisément ; et, quelle *que soit* (QU'EST) votre apathie, votre indolence naturelle, peut-être vous *déterminerez-vous* (SE DÉTERMINERA-T-ON) à agir enfin avec quelque vigueur : la première, que la fin que Philippe s'est proposée dans toutes ses actions, *c'est* (EST) de vous perdre ; *la seconde est* (LA SECONDE C'EST) que vous vous êtes *laissés* (LAISSÉ) aller sur son compte à un tel point d'aveuglement, que vous ne vous en êtes pas aperçus. Les orateurs qu'il s'est gagnés *parmi* (ENTRE) vous, vous ont amusés des belles idées qu'on a prétendu qu'il s'est formées sur vos forces *et sur votre amour* (ET AMOUR) pour la liberté, et que tous les gens sensés sont persuadés qu'il *n'a* (A) jamais eues : tels sont les discours de *ceux qui ne se sont* (CEUX NE S'ÉTANT) appliqués qu'à vous flatter et qui, tout en caressant votre amour-propre, se sont proposé de vous aveugler ; mais moi qui ne veux pas vous flatter, qui ne vous *dirai* (DIRA) que la vérité, je vous avoue *que tant* (QU'AUTANT) de belles occasions de le vaincre, que vous avez eues *depuis* (DE DEPUIS) peu et que vous avez *laissées* (LAISSÉ) échapper, *n'ont* (N'A) pas dû lui donner une idée bien haute de votre jugement, de vos ressources *ni de votre amour pour* (ET AMOUR VIS-A-VIS) la liberté; et je crois qu'à ses yeux vous êtes censés les êtres *les* (LE) plus frivoles qu'il *ait* (A) jamais vus; en effet, par ce qu'il vous a vus faire jusqu'à ce jour *pour défendre votre honneur et la Patrie, et pour en être les gardiens les plus fidèles* (POUR DÉFENDRE ET POUR ÊTRE LES GARDIENS LES PLUS FIDÈLES DE VOTRE HONNEUR ET DE LA PATRIE), pouvez-vous passer pour des hommes sensés? Quelques-uns de nos orateurs ont insisté sur la nécessité de faire la guerre dès que l'occasion s'en *offrira* (OFFRIRAIT). Mais quelle plus belle occasion s'est-il jamais présenté que celle *dont* (DE QUI) nous avons déjà parlé et dont vous n'avez pas profité?

HUITIÈME DICTÉE. — « *Quoi qu'il en soit* (MALGRÉ QU'IL EN EST), je pourrais dire à ces orateurs : Quels préparatifs vous a-t-on dit qu'il *fallait* (FAUDRAIT) faire? Quelles troupes a-t-on jugées nécessaires pour cet objet? Quels subsides a-t-on jugé convenable de leur assigner? Et, levât-on *tout de suite* (DE SUITE) une armée, à quel général étranger, ô Athéniens, *en confieriez-vous le* (CONFIERIEZ-VOUS SON) commandement? En un mot, quels moyens plus sûrs et plus prompts vous resterait-il à employer pour soutenir cette guerre? Êtes-vous prêts *à* (DE) l'entreprendre avec cette énergie, cette vigueur et cette volonté résolues qui *caractérisent* (CARACTÉRISAIT) les peuples dont les idoles chéries *sont* (EST) l'honneur et la liberté, et que l'on voit prêts *à* (DE) tout faire pour les défendre? Hélas! Quand je pense à votre insouciance et à votre dissipation ordinaires, je crois que vous n'êtes pas près *de* (A) commencer. C'est dans la paix qu'un peuple sage *doit* (DEVAIT) se préparer à bien faire la guerre. Il n'est pas un de vous que je ne croie pleinement convaincu de cette vérité; et pourtant, comment vous êtes-vous souvent comportés *pendant* (DURANT) ce peu d'années *qu'a* (PENDANT QU'A) duré la paix que vous avez conclue avec les Macédoniens. On vous a vus vous livrer aux douceurs du repos *et de la mollesse* (ET MOLLESSE); loin de ménager les revenus publics pour faire la guerre, vous les avez prodigués par vos fêtes sacrées que vous représentez avec un luxe, une magnificence qui *est* (SONT) extraordinaire Venez maintenant me demander la raison pour quoi vos honneurs et votre prééminence *sont* (EST) passés dans des mains étrangères. Mille fois on vous a avertis des projets ambitieux de Philippe. Quelle a été alors votre conduite? L'a-t-on vue changer? Non, c'a toujours été le même genre de dissipation.

NEUVIÈME DICTÉE. — « Que dirais-je des orateurs qui se sont succédé à cette tribune ? Quelles sont les choses sur *lesquelles* (QUI) ils ont insisté *le plus* (DAVANTAGE) ? Les uns vous ont conseillé de vous maintenir en paix, les autres se sont récriés sur les dangers d'une guerre douteuse : Ceux-ci *vous ont parlé* (ONT PARLÉ AVEC VOUS) des frais que vous ont coûtés les campagnes précédentes, et ils les ont exagérés ; ceux-là vous ont entretenus de vos finances et vous les ont représentées comme épuisées ; enfin il n'est point de fable, quelle qu'en *puisse* (PEUT) être l'absurdité, qu'on ne nous *ait* (A) donnée comme vérité démontrée.

Depuis cette paix, quelle révolution ne s'est-il pas opéré dans la conduite *et dans les sentiments* (ET SENTIMENTS) même *des* (AUX) ennemis ! Comme leurs actions *et leurs discours* (ET DISCOURS) ont changé ! Autrefois, dès qu'ils avaient appris qu'ils s'étaient rendus suspects, nous voyions qu'ils se hâtaient de se justifier ; souvent même vous les avez entendus se plaindre des soupçons qu'on avait prétendu que nous avions formés mal à propos *contre* (VIS A VIS D') eux ; mais, je le répète, depuis quelque temps les choses sont bien changées. Vous n'êtes pas sans vous être aperçus de l'arrogance qu'ils ont montrée, et du peu de précaution qu'ils ont employé pour nous cacher les plans qu'ils ont eu l'audace de former contre la Grèce tout entière. Nous les ont-ils tenus secrets ? Se sont-ils donné la moindre peine pour nous tromper ? Non : ils sont venus chez nous et nous les ont, pour ainsi dire, annoncés eux-mêmes.

DIXIÈME DICTÉE. — « Mais, me demandera-t-on, sur quoi donc sont fondées les craintes *et les alarmes* (ET ALARMES) que vous avez laissées paraître *tant* (AUTANT) de fois à cette tribune ? Elles sont fondées sur *votre activité et sur l'activité* (ET ACTIVITÉ) de vos ennemis. Quant à *ceux-ci* (CEUX-LA), ils ont calculé sur l'insouciance qu'ils vous ont vu témoigner en tout temps pour les affaires. Peuple frivole, hélas ! ne serais-tu plus digne de la liberté, puisque tu ne fais rien pour la conserver ? O Athéniens, sera-ce toujours pour vous une peine dégoûtante, une fatigue insurmontable que de surveiller vos ennemis ? Quand prendrez-vous *contre* (VIS-A-VIS) leurs attaques, contre leurs entreprises audacieuses quelques-unes des mesures que les aînés de la Patrie ont cru convenable de vous indiquer ? Hélas ! Que je vous plains ! Pourvu que vous soyiez dans les fêtes, que vous riiez ou que votre apathie chérie ne soit pas trop troublée, vous vous souciez peu qu'on vous prépare des fers et que la Patrie coure à sa ruine. Vous subirez l'esclavage, je le prévois. J'ajoute que vos ennemis ont particulièrement compté sur les partis qui se sont formés dans toute la Grèce Leurs espérances sont surtout fondées sur les discussions qu'ils ont vues naître parmi vous, et qu'ils prennent soin d'exciter au moyen des traîtres qu'ils soudoient dans votre sein. Ils comptent *sur* (DESSUS) l'or et l'argent et sur les belles espérances *dont* (DE QUI) ils ont flatté et nourri l'ambition des autres. Enfin, le dirai-je ? Ils ont calculé sur l'assurance que votre conduite insensée leur a laissé former, à savoir : que vous êtes prêts *à* (DE) vous laisser corrompre et que vous rendrez et sacrifierez votre Patrie à vos intérêts particuliers.

ONZIÈME DICTÉE. — « N'allez pas *vous imaginer* (IMAGINER) que ce *soient* (SONT) des terreurs chimériques que j'ai cherché à répandre *dans* (DEDANS) vos cœurs. Vous vous convaincrez de la réalité des dangers dont je vous ai dits menacés, si vous jetez les yeux sur la situation actuelle des deux peuples, et si vous réfléchissez mûrement sur les changements que nous avons vus qui se sont opérés chez eux et chez nous depuis quelques années. Tandis que les Grecs, que le démon de la jalousie anime *les uns contre les autres* (L'UN CONTRE L'AUTRE), se sont laissés aller à toutes les fureurs de la discorde et se sont affaiblis en s'entre-déchirant, les Macédoniens, que nous avons vus faibles et petits *dans* (DEDANS) leur origine, sont toujours allés croissants ; ils se sont aggrandis et se fortifieront chaque jour de plus en plus. D'où leur est venue cette prospérité ? A quoi attribuez-vous leurs progrès toujours croissants ? Ces avantages sont uniquement dus à leur union constante et à la sage politique qu'ils ont jugé à propos d'adopter. Comme elle leur a profité jusqu'à présent, ils n'en dévieront jamais.

« Que conclurez-vous de tout cela ? Quant à moi, *voici* (VOILA) ce que j'en conclus : Par ce que Philippe a déjà conquis en *si* (AUSSI) peu de temps, vous prévoierez sans peine qu'il conquerra bientôt Athènes d'abord, et qu'ensuite tout le reste de la Grèce se soumettra facilement à lui. Mais à qui attribuerons-nous notre avilissement, la perte notre liberté, tous les malheurs que nous avons eu à éprouver ? Il faut bien que nous les *attribuions* (ATTRIBUONS) aux infâmes que la Grèce avait chargés de prendre ses intérêts et qui l'ont trahie, aux âmes vénales que Philippe a toujours tenues sous sa dépendance, à ceux enfin qui, dans les dernières négociations, vous ont persuadé qu'il était de votre intérêt de lui abandonner la Phocide et les Thermopyles ; mais n'était-ce pas lui ouvrir la porte de toute la Grèce ? Quand vos orateurs se sont laissé séduire, ils se sont rendus coupables d'un bien grand crime ; mais ils se sont persuadé qu'ils en seraient absous, s'ils *parvenaient* (PARVIENDRAIENT) à vous aveugler sur les vraies intentions de l'ennemi et que leur faute diminuerait, si vous la *partagiez* (PARTAGERIEZ). Vous voyez qu'ils ont complètement réussi dans ce dessein.

DOUZIÈME DICTÉE.— « Vous devez sentir par ce que je viens de vous dire à combien de dangers on vous a exposés. Ne vous verra-t-on jamais sévir contre les traîtres? Cependant quelles que *soient* (SONT) les peines qu'ils ont encourues, s'il faut, pour les punir, que leur trahison *soit* (SERA) prouvée par l'arrivée des maux qu'ils nous ont préparés et que je vous ai prédits, je désire que nous *ne soyions* (SOYONS) jamais dans le cas de les punir. Quoi que nous *ayions* (AVIONS) pu vous représenter dans la plupart de nos assemblées sur les entreprises que Philippe a formées contre vous et contre toutes les autres villes grecques, depuis la paix honteuse que vos ambassadeurs se sont cru permis de signer ; enfin, *quoique* (MALGRÉ QUE) vous *soyiez* (ÊTES) forcés de l'avouer, et encore est-il possible que vous ne l'avouiez pas, qu'il est de la plus urgente nécessité *que l'on* (QU'ON) recoure aux moyens *les* (LE) plus efficaces pour réprimer l'audace de cet ambitieux, je vois que ses affaires n'en sont pas allées plus mal et que les nôtres ne se sont pas améliorées. Au contraire, elles sont allées en empirant ; enfin, elles ont *si* (AUSSI) mal tourné que vos orateurs, eussent-ils jamais juré votre ruine, et Athènes elle-même eût-elle consenti à sa perte, à son déshonneur, il ne serait pas possible que vous *fussiez* (SOYIEZ) tombés dans un état plus déplorable.

TREIZIÈME DICTÉE. — « Plus d'une cause *a* (ONT) concouru à vos malheurs. De toutes ces causes *celles qui ont le plus* (CELLES AYANT DAVANTAGE) contribué à vous perdre *sont* (EST) la corruption et la perfidie de vos harangueurs, et la faiblesse avec *laquelle* (QUI) vous vous êtes laissés aller à leurs insinuations dangereuses. Oui, Athéniens, vous vous êtes laissé mener par eux. Ne vous en défierez vous donc jamais, pas même au moment *où* (QU') ils sont près *de* (A) vous entraîner dans l'abîme qu'ils ont creusé *sous* (DESSOUS) vos pieds ? Depuis quelque temps je les étudie avec l'attention *la* (LE) plus grande, et jamais je ne les ai vus s'écarter de la route que Philippe a cru de son intérêt de leur tracer. Contents des applaudissements que leur *a* (ONT) prodigués une multitude souvent irréfléchie , contents surtout des sommes et de la considération que leur *a* (ONT) values leur trahison *en faveur* (VIS-A-VIS) de l'ennemi , les avez-vous vu songer à l'avenir ou à la Patrie? Non : cette idée les tourmenterait trop ; mais ce que je trouve *plus* (DAVANTAGE) affreux plus révoltant, *c'est* (EST) qu'ils voudraient que leur exemple *fût suivi* (SOIT IMITÉ) et que *chacun partageât* (CHAQUE PARTAGERAIT) leurs sentiments criminels. *Quoi que nous ayions* (MALGRÉ QUE NOUS AVONS) pu vous dire sur l'infâme trahison de vos harangueurs *et de vos négociateurs* (ET NÉGOCIATEURS), et quoique ces *gens-là* (CI) vous *soient* (SONT) bien connus, parce qu'ils sont réellement dans les délibérations *les* (LE) plus *importantes* (CONSÉQUENTES), on les a vus *l'emporter* (EMPORTER) sur nous ; ils ont réussi dans la plupart de nos débats à détruire nos meilleures raisons et *à rendre* (RENDRE) nulles les réclamations de la justice et les derniers cris d'une liberté *expirante* (EXPIRANT).

QUATORZIÈME DICTÉE. — « A quelle cause encore attribuerons-nous tant de maux que nous avons déjà soufferts et *ceux qu'il nous reste* (CEUX RESTÉS) sans doute à souffrir ? Pourquoi les délibérations *les* (LE) plus *importantes* (CONSÉQUENTES) où il s'agit de l'honneur, du repos et de la liberté de la Grèce, ont-elles fini depuis peu chez nous par les résultats *les* (LE) plus déplorables ? C'est que dans ces hommes vils et corrompus, que Philippe s'est gagnés par son or et ses promesses et qui siégent *parmi* (ENTRE) nous, les cris de la conscience et de l'honneur sont depuis longtemps étouffés par l'avarice. La honte et le remords sont bannis de leurs cœurs : ils les ont sacrifiés à la fortune. Séduits, corrompus eux-mêmes, il n'est point d'effort qu'ils *n'aient* (N'ONT) faits pour *séduire les autres et pour leur donner le change* (SÉDUIRE ET DONNER LE CHANGE AUX AUTRES) sur les vrais projets de Philippe. « **Ce qui m'a jusqu'ici animé,** » disait un jour un de ces traîtres, « **c'est la gloire.** » Quel langage plus hypocrite a-t-on entendu tenir, quel mensonge plus révoltant a-t-on entendu faire à tout un peuple ? Eh bien ! Feignons de croire à la sincérité de ce discours ; je l'admets, comme j'admettrai une vérité, *quoique ce ne soit* (QUOIQUE CE N'EST) à nos yeux *la* (LE) plus maladroite des tromperies qu'ils ont inventées. Mais est-il possible que nous croyions à la sincérité, à la bonne foi de ces hommes qui se sont dits convaincus qu'il *faut* (FALLAIT) tout hasarder pour la gloire et qui, dans la même séance, vous ont conseillé de vous couvrir d'ignominie ? Quoi ! de telles gens se sont vantés ouvertement qu'ils désiraient que la postérité *apprît* (APPRENNE) que leurs noms ont brillé dans Athènes, et il leur importera peu qu'Athènes et la Grèce tout entière *se soient* (SE SONT) avilies aux yeux de l'univers.

QUINZIÈME DICTÉE. — « Quelques autres se sont plaints que nous ne nous *soyions* (SOMMES) pas bornés au soin de diriger nos propres affaires, et que nous nous *soyions* (SOMMES) trop occupés de celles *des* (AUX) autres. Mais, hommes vils que l'or de Philippe conduit à son gré, ne puis-je pas vous dire que, quand vous vous êtes mêlés de ses affaires, à l'honneur près vous avez joliment trouvé votre compte ? Et, d'ailleurs, si nous nous sommes occupés de ses affaires, c'est qu'il nous y a forcés par ses provocations insolentes, par ses attaques continuelles. Mais qui vous a chargés de prendre ici la défense de Philippe ? Par quel motif êtes-vous devenus *tout à coup* (TOUT D'UN COUP) les apologistes de sa conduite ? Qui vous a autorisés à nous interpréter ses intentions et à nous *en garantir la pureté* (GARANTIR LEUR PURETÉ) ? En vérité, Athènes est la seule ville du monde *où* (DANS QUI) l'on voit plaider la cause de l'usurpateur en présence même de *ceux qu'il a dépouillés* (CEUX DÉPOUILLÉS). Vous eût-on vus prendre impunément le parti de Philippe dans le conseil des Thébains, *avant* (AUPARAVANT) qu'il leur *eût* (AURAIT) rendu la Béotie et qu'il les *eût* (AURAIT) affranchis de sa tyrannie ? Ce n'est que dans Athènes *que* (où) l'on voit des hommes qui, d'obscurs et misérables qu'ils *étaient* (FUSSENT), *se sont* (S'ÉTAIENT) tout-à-coup enrichis.

SEIZIÈME DICTÉE. — « Quant à moi je vous répéterai souvent que, quelle que *puisse* (PEUT) être la guerre que vous ferez à Philippe, elle demeurera inutile *tant* (AUTANT) que vous ne punirez pas ceux de vos orateurs *qui se sont rendus* (RENDUS) à lui, qu'il paie ou qu'il tient encore à ses gages. *Du* (AU) moins est-il à propos qu'après les avoir convaincus de trahison, vous les humiliiez et que vous les contraigniez au silence. Vos pères se sont crus dans l'obligation de veiller au salut public : telle est la fin qu'ils se sont proposée quand ils ont résolu d'empêcher que la corruption, qui avait déjà pénétrée dans le Péloponèse, *ne se glissât* (SE GLISSE) dans le reste de la Grèce. Quel bel exemple ils ont donné quand ils ont décrété que l'infâmie, ainsi que les noms des séducteurs, serait gravée sur le bronze ! Quelle terreur salutaire ils ont cherché à inspirer par là à ceux des agents du roi *qui seraient tentés* (TENTÉS) de vous séduire ! Mais dans ces derniers temps vous avez singulièrement dégénéré et les choses ont bien changé. Ce n'est pas sûr vous seuls, ô Athéniens, *que sont* (QU'ONT) tombés ces reproches : Il n'est point de Grec qui ne se les soit attirés par le peu d'attention qu'il a donné aux affaires publiques, et par le peu d'exactitude qu'il a *mis* (MISE) à surveiller les démarches de l'ennemi commun. Dans quelle faute on vous a entraînés et combien mal on vous a conseillés, quand on vous a conseillé de faire *si* (AUSSI) précipitamment la paix avec les Macédoniens ! *Pendant* (DURANT) le temps que les négociations ont traîné en longueur, vous vous êtes laissé amuser par les promesses *les* (LE) plus frivoles : vous vous êtes permis de lier par vos infâmes traités vos descendants mêmes.

DIX-SEPTIÈME DICTÉE. — « Quand un jour vos malheurs vous auront instruits et vous auront ouvert les yeux ; quand, confus des disgrâces qu'ils vous auront attirées, vos orateurs se seront tus et auront changé de langage, vous courrez à la vengeance et vous ferez ce qu'on vous a vus faire, toutes les fois que vous

vous êtes vus plongés dans l'abîme ou près *d'y* (A Y) tomber.
Quelques-uns de nos orateurs nous ont retracé, avec une malignité qui sans doute avait quelque but, tous les maux que la
Grèce et Athènes en particulier avaient eu à éprouver de la part
des Lacédémoniens. Mais ne puis-je pas leur répondre que si, à
cette époque, nous en avons enduré *plus* (DAVANTAGE) que tout
autre, c'était *du* (AU) moins de la part de nos égaux : ne sont-
ils pas des Grecs comme nous autres ? Si un esclave, si un enfant supposé *dissipait* (DISSIPERAIT) les biens d'une famille,
de quel œil le verrait-on ? Et vous, quelle inquiétude avez-vous
montrée, quelle indignation avez-vous fait éclater toutes les fois
que les usurpations de Philippe *sont* (ONT) parvenues à vos
oreilles ?

DIX-HUITIÈME DICTÉE. — « Cependant, dites-le moi, quels sont les
outrages dont ces ambitieux ne vous aient accablés? Vous vous
êtes convaincus que Philippe est d'une audace sans exemple et
d'une avidité sans bornes. Faut-il donc que vous *soyiez* (ÊTES)
assez insensés pour *vous imaginer* (IMAGINER) que mes haran-
gues suffisent pour le contenir dans le devoir ? Le peu de fruit
que vous avez retiré, jusqu'ici, de vos raisonnements *les* (LE) plus
justes et *les* (LE) plus convaincants contre lui vous *a* (EST) sans
doute paru une preuve évidente du contraire. Certes, toutes les
fois que nous nous sommes défendus avec les armes de la
raison, la victoire nous *est* (A) restée ; mais avec *de si* (D'AUSSI)
beaux frais d'éloquence, l'ambition de cet usurpateur s'est-elle
trouvée arrêtée, réprimée ? Ses affaires en sont-elles allées *plus
mal* (PIRE), et les nôtres se sont-elles améliorées par les plus
beaux discours du monde? Quels effets ont produits sur lui et
même sur vous toutes ces paroles *que* (A QUI) vous n'avez pu
vous empêcher d'applaudir ?

« Croyez-moi, Athéniens, c'est fait d'un état libre, si, lorsqu'il faut qu'il coure aux armes pour défendre la Patrie contre
les dangers *imminents* (ÉMINENTS) dont elle est environnée, il
perd son temps dans des déclamations puériles. C'est en vous
convainquant de cette vérité que peut-être vous prendrez le seul
parti qui convienne à votre situation. Quand donc vous verra-
t-on imiter la conduite qu'a tenue Philippe ? Voyez combien il
a affronté de hasards pour *parvenir* (QU'IL PARVIENNE) aux fins
qu'il s'était proposées. Quant à vous, on dirait qu'une divinité
fatale vous *a* (AURA) fermé les yeux sur les dangers de toute
espèce dont vous êtes menacés.

DIX-NEUVIÈME DICTÉE. — Mais il est temps que nous essayions
de vous indiquer les moyens qui remédieront à vos maux. S'ils
se sont accrus d'une manière *si* (AUSSI) effrayante, ce n'est pas
que vous *n'ayiez* (N'AVEZ) reçu *de* (DES) sages avertissements :

car nous vous en avons donnés toutes les fois que les circonstances nous ont conseillé de le faire. Votre détresse n'a augmenté que parce qu'après avoir écouté nos conseils et après *y*
(LES) avoir applaudi, vous n'écoutez pas moins favorablement
ceux qui combattent (CEUX COMBATTANT) nos raisons et qui, de
tout temps, se sont étudiés à vous tromper. Vous avez suivi
aveuglément les avis qu'ils ont jugé à propos *de* (POUR) vous
donner, vous *êtes* (AVEZ) tombés dans tous les *piéges* (PIÉGES)
qu'ils vous ont tendus. Mais d'où vous *est* (SONT) venu *tant* (AU
TANT) de folie, *tant* (AUTANT) d'aveuglement ? Quant à moi, je
ne puis m'empêcher de croire que quelque divinité s'est plue
depuis quelque temps à tout diriger chez nous : témoin ces
sottises sans nombre que vous avez répétées, que vous n'avez
cessé (DÉCESSÉ) de faire.

Quoi qu'il en puisse (MALGRÉ QU'IL EN PEUT) arriver au milieu
des dangers *les* (LE) plus grands, vous voulez qu'on vous *attendrisse* (ATTENDRIRAIT), qu'on vous *flatte* (FLATTERAIT), qu'on vous
amuse (AMUSAT), soit par malignité, soit par goût *pour* (VIS A VIS)
la satire, vous ordonnez à vos orateurs chéris qui *ne sont* (NE
SONT SEULEMENT) que des traîtres et que vous avez avoué vous-
même être tels, de prendre ici la parole. Après que de telles gens
vous ont amusés par mille traits satiriques qu'ils avaient lancés
contre la probité même, après qu'ils se sont *persuadé* (PERSUADÉS)
avoir jeté le ridicule sur moi et sur mon patriotisme en m'appelant
le buveur d'eau, vous en riez et des applaudissements indécents leur sont prodigués : mais n'est-il pas honteux que vous
riiez de pareilles sottises? Ne devriez-vous pas plutôt chercher
à les réprimer ? Quelque affreux que *soient* (SONT) les désordres
que votre légèreté a occasionnés, il n'y a point d'espoir que
jamais vous vous *corrigiez* (CORRIGEASSIEZ) ni que vous *ayiez*
(EUSSIEZ) une conduite tout autre.

VINGTIÈME DICTÉE. — Pour moi, je ne *cesserai* (DÉCESSERAI) pas
de vous répéter, [dussé-je ennuyer et lasser votre impatience],
que vous avez couru mille fois plus de dangers à écouter ceux
de vos orateurs qui vous ont flattés, que vous n'en *eussiez*
(AURIEZ) courus à écouter ceux qui, sans ménagement pour votre
amour propre, vous ont avertis des sottises qu'ils vous ont vu
faire. Jetez les yeux sur les chagrins que vous avez eu à éprouver et sur les humiliations qu'il vous en a coûté depuis trois
ans, et toutes les fois que les progrès et les victoires de Philippe
sont parvenus à vos oreilles : Eh bien ! tous ces désagréments
vous sont arrivés parce que vous vous êtes refusés à
suivre nos sages avertissements. Rappelez-vous, me dira-t-on,
les (DES) belles promesses que Philippe nous a *tant* (AUTANT) de
fois réitérées. *Je me les* (JE M'EN) rappelle bien, et même *j'aime
à croire* (J'ESPÈRE) que souvent il *se les* (S'EN) est rappelées. Mais

9

les a-t-il remplies ? Non, il n'en a rempli aucune, et cependant n'oubliez pas que c'est par elles qu'il vous a séduits, c'est sur sa parole que nous avons compté. Il retiendra les places qu'il a jugées très-favorables pour mettre ses frontières à l'abri de toute invasion de notre part, *quoiqu'il nous les ait* (MALGRÉ QU'IL NOUS LES A) enlevées plutôt par sa ruse que par sa valeur.

VINGT ET UNIÈME DICTÉE. — Quoique j'aie encore bien des choses à vous dire, Athéniens, je m'arrête ici. A-ce été faute de paroles si nos affaires ont dépéri ? Non, c'est parce qu'après avoir entendu et approuvé mes conseils, vous avez écouté avec la même faveur les discours que des traîtres se sont étudiés à vous adresser pour détruire l'effet des miens. Vous ne nierez pas que vous *ne les* (LES) connaissiez, ces traîtres. Vous les avez distingués au premier coup-d'œil, ceux que l'or de Philippe a subornés. Vous ne disconviendrez pas que *vous ne* (VOUS) reconnaissiez facilement les bons citoyens.

Voilà des vérités utiles que mon zèle, mon dévouement, l'intérêt que je prends à vos affaires *m'ont* (M'A) dictées. Je vous ai parlé avec hardiesse, sans fard *et sans* (ET) artifice ; vous n'avez trouvé nulle part la flatterie, l'imposture. Doutez-vous encore qu'il *ne faille* (FAUT) changer de conduite ? Vous ne vous en prendrez donc qu'à vous-même du désordre où *sont* (ONT) tombées vos affaires.

78. — HISTOIRE DE LA GAULE.

PREMIÈRE DICTÉE. — L'histoire de la France, ou plutôt celle des peuples qui *en ont occupé le* (ONT OCCUPÉ SON) territoire depuis les temps les plus reculés *dont* (DE QUI) il nous *soit* (AIT) resté quelques notions à peu près certaines, *offre* (OFFRENT) un espace de quelque vingt-quatre siècles ou deux mille quatre cent sept ans *jusqu'à* (JUSQUES A) l'an mil huit cent. Il est bon que nous *acquerrions* (ACQUÉRONS) des connaissances exactes de ces époques éloignées : *on les* (L'ON LES) a naturellement partagées en quatre *grandes* (GRANDS) périodes. Dans *la première* (LE PREMIER) on a renfermé l'histoire des Gaules depuis que se sont opérées les premières migrations constantes de *leurs* (SES) habitants, c'est-à-dire depuis l'an six cent *avant* (AUPARAVANT) Jésus-Christ, jusqu'au moment *où* (QUE) les Francs *se sont portés et se sont définitivement fixés sur ce territoire* (ONT ENVAHI ET SE SONT DÉFINITIVEMENT FIXÉ SUR CE TERRITOIRE), qu'ils avaient choisi l'an quatre cent vingt de l'ère vulgaire. C'est dans *la seconde* (LE SECOND) période qu'on a trouvé juste de ranger les rois français appelés Mérovingiens, du nom de Mérovée troisième roi de la première race, et qui s'était signalé d'une manière *toute* (TOUT) particulière à la bataille qui fut livrée à Attila *dans* (DEDANS) les plaines Cataloniques. *On a* (L'ON A) placé dans *la* (LE) troisième période les rois de la *seconde* (DEUXIÈME) race auxquels on a donné le nom de Carlovingiens, de Charlemagne qui *en a été le second* (A ÉTÉ SON DEUXIÈME) roi. Enfin *la* (LE) quatrième période a renfermé l'histoire des Capétiens, du nom de Hugues Capet le premier roi de cette race Cette période *va depuis neuf cent quatre vingt-sept jusqu'à mil sept cent quatre-vingt-treize, époque à laquelle Louis XVI a péri *sur* (DESSUS) l'échafaud. La République avait été proclamée le vingt-deux septembre mil sept cent quatre-vingt-douze. En mil huit cent quatre le premier consul, Napoléon Bonaparte, *a été* (EST) nommé empereur des Français. Depuis mil huit cent quatorze on a pris la filiation des familles qui régnaient *auparavant* (AVANT), interrompue une seconde fois en mil huit cent trente par la chute *de* (A) Charles X, qui a eu pour successeur Philippe d'Orléans, d'une branche collatérale. Mais revenons aux premiers temps de notre histoire.

DEUXIÈME DICTÉE. — Les auteurs qui ont écrit sur les siècles reculés de la Gaule, nous l'ont représentée comme toute autre contrée sortie récemment des mains de la nature, c'est-à-dire toute couverte de forêts inondées d'eaux stagnantes, traversées *par des* (DE) rivières, embarrassées *elles-* (SOI) mêmes de rocs tombés dans *leurs* (SES) lits, et d'arbres arrachés à *leurs* (SES) rives. Ils l'ont *dépeinte* (DÉPEINT) *toute* (TOUT) sillonnée par des torrents, par des *fondrières et par des ravines* (FONDRIÈRES ET RAVINES) profondes ; elle était refroidie par d'épais brouillards et parsemée de loin en loin de cabanes mêlées aux repaires des bêtes féroces, *auxquelles* (A QUI) les habitants ont disputé les animaux timides *dont* (DE QUI) ils ont fait leur principale nourriture. Mais bientôt l'industrie, que les besoins ont provoquée et qu'ils ont considérablement développée, s'est exercée sur les forêts, a abattu un grand nombre d'arbres, et a fait des clairières dans les lieux où il n'y *avait* (A) que des fourrés, repaires des bêtes féroces. La circulation de l'air *est* (A) devenue plus libre, les marais se sont desséchés et ont apporté la salubrité. Des familles, qui s'étaient tracé pour limites les rives d'un fleuve, se sont rapprochées, se sont réunies et se sont, en quelque sorte, donné la main par le moyen de quelques troncs d'arbres qu'elles ont creusés et *dont* (DE QUI) elles ont fait des espèces de vaisseaux qu'elles ont employés pour leurs communications. Dans ces contrées *toutes* (TOUT) neuves, les habitants se sont multipliés et se sont répandus, sollicités par l'appât du gain, et, *quelque* (QUELQUES) éloignés qu'ils *fussent* (ÉTAIENT) d'abord par l'espace et par les mœurs, ils se sont formés et organisés en sociétés et ont fait *entre* (PARMI) eux une alliance offensive et défensive ; ils se sont prêté main-forte toutes les fois que les étrangers ont osé les attaquer. Les villes qu'ils ont bâties *ont été entourées de murailles* (AVAIENT DES MURAILLES ALENTOUR D'ELLES) ; ils ont compris que l'union *fait* (FAISAIT) la force.

TROISIÈME DICTÉE. — Les nombreuses peuplades qu'on a vues sortir de cette contrée, tout affreuse et *toute* (TOUT) barbare dans l'origine, ont porté, *pendant* (DURANT) les longues années *qu'ils* (OÙ ILS) y ont vécu et *qu'ils* (OÙ ILS) s'y sont succédé, la réputation des Gaulois chez tous les peuples qui ont eu occasion de les connaître, qui ont lutté contre eux et qui les ont regardés comme les ennemis *les* (LE) plus à redouter. C'étaient eux aussi qui s'étaient montrés *les* (LE) plus intrépides et *les* (LE) plus aguerris.

Les événements qui ont accompagné ou suivi ces invasions, et ceux *qui ont fait* (AYANT FAIT) passer les Gaulois *sous* (DESSOUS) la domination successive des Romains *et des Francs* (ET FRANCS), sont assez intéressants pour que nous les *ayions* (AVONS) jugés convenables à servir de préliminaires aux faits qui se sont déroulés dans le cours de l'histoire du peuple français. *Voici* (VOILA) les premières observations que nous avons cru utile de faire *avant* (AUPARAVANT) de commencer cette histoire. Quels *qu'aient* (QU'ONT) été les premiers habitants des Gaules, quelque obscures que *soient* (SONT) les premières notions que nous en avons eues, si toutefois il y a eu sur cette terre des habitants indigènes, nous avons présumé et nous nous sommes même convaincus qu'ils ont dû être d'origine celtique, en ayant trouvé les preuves *les* (LE) plus convaincantes dans les histoires *le* (LES) plus anciennement connues qui nous ont été *transmises* (TRANSMIS) par des autorités respectables.

QUATRIÈME DICTÉE. — La langue des premiers Gaulois, qui s'est conservée en partie, quant aux racines, dans la Basse-Bretagne et dans la principauté de Galles, a toujours passé pour la langue mère de *celles qui se sont parlées* (CELLES PARLÉES) et qui se parlent encore en Europe ; c'est *du* (AU) moins l'opinion que *de* (DES) savants linguistes ont adoptée. Il est vrai que d'autres langues se sont mêlées à la *langue celtique* (CELLE CELTIQUE). Quand les Romains par exemple ont *envahi ce pays et s'en sont emparés* (ENVAHI ET SE SONT EMPARÉS DU PAYS), sous la conduite de Jules César, les deux peuples que les résultats de la guerre ont confondus, ont vécu sous la même loi, se sont parlé comme ils l'ont pu, en mêlant la langue latine *et* (AVEC) la langue celtique, qui se sont mutuellement prêté *de* (DES) nouveaux termes pris dans *l'une ou dans l'autre* (L'UNE OU L'AUTRE). C'est ainsi qu'ils ont agi, quand ils se sont communiqué *leurs* (SES) premières idées, et qu'ils ont exprimé *leurs* (SES) premiers besoins. La langue ainsi altérée est devenue tout obscurité, *toute* (TOUT) confusion, et *l'on* (ON) a difficilement démêlé l'origine de certains termes. *Quoi qu'on en dise* (MALGRÉ QU'ON EN DIT) et *quoique* (MALGRÉ QUE) les vaincus *aient* (ONT) souvent adopté la langue de leurs vainqueurs, on ne doute pas qu'un grand nombre d'expressions celtiques *ne se soient* (NE SE SONT) conservées avec leurs caractères primitifs, et que les Romains *n'aient* (N'ONT) aussi accepté et introduit dans leur langue des termes d'origine celtique. *On* (L'ON) a fait à cet égard des recherches qui l'ont suffisamment prouvé, et César d'ailleurs, dans ses **Commentaires**, cite quelques mots qu'il appelle celtiques, et qui sont encore aujourd'hui usités chez les Bretons. Nous ne nierons pas qu'il *n'y ait* (Y A) cependant quelque difficulté à prouver les vraies origines de *quelques autres* (QUELQU'AUTRES) expressions, de quelques autres mots qu'on a regardés comme celtiques. Quant à la langue bretonne, elle s'est ressentie de ce mélange, elle est devenue tout autre *qu'on ne l'avait* (QUE L'ON L'AVAIT) parlée *avant* (AUPARAVANT) la conquête. Le temps a toujours apporté *de* (DES) grands changements dans toutes les langues que les hommes *ont inventées* (SE SONT IMAGINÉES) et parlées, et nous ne disconviendrons pas que *ce n'ait été* (C'A ÉTÉ) une raison pour douter de quelques-unes des étymologies. Toutefois nous ne désespérons pas que des travaux *importants* (CONSÉQUENTS) et consciencieux en linguistique *ne mettent* (METTRONT) bientôt fin à toutes nos incertitudes.

CINQUIÈME DICTÉE. — Sous les noms de Thor, de Teutatès et d'Hésus que les Druides ont exposés à la vénération des peuples, les Gaulois ont adoré les mêmes dieux qu'ont adorés les Romains, sous *les noms plus connus* (CEUX PLUS CONNUS) de Jupiter, *de Mercure et de Mars* (MERCURE ET MARS). Ce n'a été qu'après que les vainqueurs ont acquis quelque empire dans les Gaules, qu'ils ont élevé à leurs dieux des temples, et que les vaincus ont adopté les noms et les attributs que les Romains avaient *donnés* (DONNÉ) à leurs divinités. Au-dessus de ces dieux, les Druides *avaient* (ONT) placé un esprit souverain répandu dans tout *l'univers* (L'UNIVERS ENTIER). Cette doctrine qu'ils ont toujours professée, ils ne l'ont jamais *mise* (MIS) par écrit, de peur qu'on *ne la profanât* (L'AURAIT PROFANÉE). Ils ont aussi cru à l'immortalité de l'âme *et à la métempsycose* (ET MÉTEMPSYCOSE); et, très-persuadés de l'existence d'une autre vie, ils ont quelquefois prêté à un modique intérêt, à condition que la somme qu'ils auraient pu exiger légitimement leur serait rendue après leur résurrection. Comme ils avaient originairement habité les forêts, pendant les longs siècles qu'ils y ont vécu, ils ont témoigné la plus grande vénération *pour* (VIS-A-VIS) le chêne qu'ils ont regardé comme le roi du règne végétal. Quand ils en voyaient un plus beau que les autres, ils s'y arrêtaient, *construisaient* (CONSTRUISENT) un autel *à l'entour* (ALENTOUR DE LUI) et se préparaient à la cérémonie du guî, plante parasite qui *croît* (CROISSAIT) sur les arbres et *vit* (VIVAIT) à leurs dépens. Les prêtres, le peuple, tout le monde se répandait *dans* (DEDANS) la forêt pour le chercher, et quand *on* (L'ON) l'avait trouvé on éclatait en cris de joie *et l'on* (ET ON) chantait des cantiques. C'était une pratique religieuse *qui, à ce que l'on dit,* (QU'ON A DIT QUI) s'accomplissait avec solennité. On voit par ce que les historiens en ont dit, que les croyances religieuses *sont* (ÉTAIENT) plus anciennes que ne *se le sont imaginé certaines* (L'ONT IMAGINÉ CERTAINS) gens *ignorants* (IGNORANTES). Quelle *qu'ait* (QU'A) été la barbarie ou l'état primitif dans lequel ont vécu les différents peuples qui se sont réunis en société, quelque nombreuses et quelque ridicules *qu'aient* (QU'ONT) été les superstitions qui les ont aveuglés, on a pu voir percer, *à* (AU) travers le voile qui leur a dérobé la vérité, la croyance en l'existence d'un être supérieur et celle du dogme consolateur de l'immortalité.

SIXIÈME DICTÉE. — Les Druides après avoir joui, presque constamment *pendant* (DURANT) les années qu'a duré leur règne, de toutes les prérogatives qu'on a cru qu'ils avaient méritées par leur sagesse, et de l'estime qu'on avait su qu'ils s'étaient conciliée par les hautes vertus qu'un peuple ignorant leur avait attribuées, les Druides, disons-nous, ont vu, au bout de quelque huit cents ans, s'écrouler cette puissance colossale qu'ils avaient soutenue et conservée intacte par l'attachement aveugle à un culte barbare. Qu'était-ce donc que les premiers chefs des Romains qui ont osé attaquer cette religion antique ? C'était Auguste, Claude et Néron qui ne savaient pas cependant ce que c'était que les vraies doctrines qui commençaient à se répandre en Italie et dans la Gaule. *Quoi qu'il en soit* (MALGRÉ QU'IL EN EST), ils ont porté des ordonnances contre le druidisme ; mais c'a été l'introduction du Christianisme plutôt que ces ordonnances mêmes qu'on a regardée, avec raison, comme la seule cause pour quoi ces ministres sanguinaires *sont* (ONT) tombés dans l'oubli. Non-seulement les siècles qui ont précédé ou suivi Clovis, mais encore les années qui se sont suivies *et qui se sont succédé* (ET SUCCÉDÉ) jusqu'à Charlemagne, ont été *infectées* (INFESTÉES) plus ou moins des doctrines de cette religion tout égoïste et *toute* (TOUT) sanglante, que des ambitieux avaient fondée pour consacrer *leur* (SA) domination. *Ce n'est* (CE NE SONT) pas huit siècles, *c'est* (CE SONT) vingt siècles qu'elle a duré ! *C'est* (CE SONT) des habitudes barbares qu'elle avait contractées et maintenues *si* (AUSSI) longtemps qu'on a dû être étonné ! Plus tôt on s'en serait dépouillé, *plus tôt* (ET PLUS TÔT) on aurait connu le bonheur, la vraie félicité qu'on a toujours goûtée quand on s'est livré aux pratiques d'une religion de paix.

SEPTIÈME DICTÉE. — Il est sorti des Gaules, en différents temps, des armées de cent mille hommes et même de deux cent mille hommes. Les unes ont formé des colonies permanentes, les autres ont disparu comme des torrents qui vont se perdre *dans* (DEDANS) les gouffres qu'ils se sont eux-mêmes creusés. *Nous nous sommes* (NOUS AVONS) imaginé avec raison qu'ils ont dû se répandre dans tous les pays connus. Ces irruptions, s'étant portées vers le Nord comme vers le Midi, ont envahi *et conquis les* (ET SE SONT EMPARÉES DES) contrées dans lesquelles elles se sont opérées. Quelque chose que nous *avons cru devoir* (AYIONS CRU QUI DEVAIT) être remarquée au sujet des Gaulois qui se sont précipités vers le Nord, *c'est* (EST) qu'ils sont retournés vers le pays natal. Nous les avons regardés comme Germains ou Celto-Scythes, avec la différence seulement qu'ils étaient partis de chez eux pacifiquement et qu'ils y *sont* (ONT) retournés en ennemis.

HUITIÈME DICTÉE. — Les géographes qui nous ont éclairés sur cette histoire ont trouvé au-delà du Rhin, *dans* (DEDANS) l'Helvétie et jusque *dans* (DEDANS) la Bohême, des cités *et des cantons* (ET CANTONS) qui ont conservé les noms de quelques peuplades des Gaulois. Cette découverte tout instructive et *toute* (TOUT) scientifique nous a autorisés à douter si les Germains, quand ils se sont introduits dans la Gaule, ont donné aux lieux qu'ils ont occupés des noms qui *étaient* (SONT) connus dans leur première patrie, ou si *étant* AYANT) retournés en Germanie, ils ont appelé les lieux qu'ils ont envahis comme *ceux qu'ils avaient abandonnés* (CEUX ABANDONNÉS) dans les Gaules, afin qu'ils *revinssent* (REVIENNENT) dans le pays primitif avec le souvenir des lieux qui leur avaient été chers dans la patrie adoptive qu'ils avaient quittée ; et ces lieux leur étaient chers parce qu'ils les avaient obtenus par le droit de conquête. Quand nous ne nous sommes pas sentis assez érudits pour éclaircir les doutes qui se sont élevés sur ces différentes émigrations, nous ne nous sommes point donné la peine de les étudier à fond, et nous nous sommes senti assez de raison pour abandonner une tâche que nous avons *crue être* (CRU QUI ÉTAIT) au-dessus de nos forces, et que nous avons laissée à des mains plus expérimentées, à *tous* (TOUTES) les habiles gens censés plus *capables* (SUSCEPTIBLES) que nous de porter dans ces questions le flambeau de la science. Nous passons donc à des expéditions que nous avons jugées *avoir été* (QUI ONT ÉTÉ) rapportées avec *plus* (DAVANTAGE) de clarté. Nous ne nierons pas cependant qu'il *ne se soit offert* (S'EST OFFERTE) une grande difficulté, quand nous avons abordé cette partie de l'histoire plongée dans les ténèbres. Nous *pensons* (COMPTONS) pourtant avoir fait preuve de bonne volonté et nous *croyons* (ESPÉRONS) avoir ainsi mérité quelque reconnaissance. Nous avons bien résolu quelques-unes des questions ; mais, *quoi que nous ayons* (MALGRÉ QUE NOUS AVONS) fait, quelque chose que nous *ayions* (AVONS) imaginée pour acquérir une vraie certitude sur cette partie de notre histoire, il *est* (A) encore resté quelque chose que nous n'avons pas encore suffisamment éclairci : c'est l'origine de la langue de ces mêmes Gaulois qui ont peuplé l'Europe et une grande partie de l'Asie.

NEUVIÈME DICTÉE. — Deux siècles s'étaient écoulés pendant les premières expéditions qu'avaient *faites* (FAIT) les Gaulois : et *pendant* (DURANT) les années qu'elles avaient duré, ils se sont occupés de consolider les établissements qu'ils avaient formés et qu'ils s'étaient proposé de rendre *le* (LES) plus durables possible. C'étaient des institutions créées par un esprit d'organisation qui a paru remarquable pour cette époque.

Alors Brennus, à la tête des Sénonais qui s'étaient rangés sous ses drapeaux, s'est précipité *dans* (DEDANS) l'Italie qu'il a envahie et presque *conquise* (CONQUIS). Cette expédition, par les dangers qu'elle a fait courir aux Romains, est la plus célèbre que le peuple gaulois *ait* (A) tentée. Attirés par la réputation des vins et des autres productions du pays, dont un Toscan, nommé Aruns, leur avait procuré les avant-goûts par les présents qu'il leur en avait faits, les Gaulois ont passé le Rubicon et se sont fixés dans cette contrée. S'étant trouvés à l'étroit dans cette position, ou s'étant proposé de seconder les projets vindicatifs d'Aruns qui les avait appelés contre ses concitoyens, ils avaient franchi l'Apennin et assiégé Clusium. Trois députés partirent de Rome vers eux ; c'était presque en même temps que Léonidas et ses trois cents Spartiates s'étaient dévoués pour la Grèce aux Thermopyles, quelque quatre cent quatre-vingts ans avant Jésus-Christ. Cette circonstance que nous avons cru *bon* (BONNE) de raconter, nous a offert, entre le caractère de la Grèce et celui des citoyens de Rome, quelques rapprochements, quelque analogie que nous avons crue *bonne* (BON) à signaler.

DIXIÈME DICTÉE. — Dès que les trois députés, que les Romains s'étaient choisis, se sont présentés devant les Gaulois, ils leur ont adressé ces paroles : « **De quel droit prétendez-vous** « **aux terres des Clusiens ?** » — « **Du droit des braves** « **à qui tout appartient,** » ont répondu fièrement les Gaulois. Voyant les droits que *ceux-ci* (CEUX-LA) s'étaient arrogés et la réponse *toute* (TOUT) hardie, tout audacieuse qu'ils ont *faite* (FAIT), les ambassadeurs, d'arbitres qu'ils s'étaient faits d'abord, se sont déclarés auxiliaires. Ils se sont cru le droit de prendre le commandement des Toscans, et se sont proclamés les ennemis des Gaulois. Irrité de cette violation du droit des gens, mais s'étant possédé néanmoins *plus* (DAVANTAGE) qu'on n'eût dû *l'attendre* (L'ESPÉRER) d'une tête demi-barbare, Brennus a demandé au Sénat justice contre les députés, exigeant surtout qu'on *lui rendît justice* (LA LUI RENDÎT) promptement, si les Romains ne voulaient pas qu'il se *vengeât* (VENGE) sur le champ de la violence que s'étaient *permise* (PERMIS) les députés. Les Gaulois ayant abandonné le *siége* (SIÈGE) de Clusium, ont marché droit sur Rome. Bientôt ils ont dissipé, presque sans coup férir, une armée qui s'était réunie à la hâte et qui était tout effrayée de cette résolution que l'ennemi avait prise *tout à coup* (TOUT D'UN COUP). *Voilà* (VOICI) donc les Gaulois devant Rome dont les portes étaient ouvertes. Après s'y être avancés avec quelque défiance et avoir reconnu *qu'on* (QUE L'ON) l'avait abandonnée, ils l'ont livrée aux flammes et ont passé au fil de l'épée les vieillards, *les femmes et les enfants* (FEMMES ET ENFANTS) qui ne s'étaient pas échappés, parce qu'ils n'en avaient pas eu le temps. Les autres avaient fui, et tous les citoyens qu'on avait jugés *capables* (SUSCEPTIBLES) de porter les armes s'étaient enfermés dans le Capitole, d'où ils ont arrêté l'invasion des Gaulois ; mais les six mois qu'a duré le siège ont suffi pour que l'ennemi *coupât* (COUPE) toute communication extérieure aux défenseurs de la ville, et cette circonstance a occasionné la famine qui les a enfin réduits à capituler.

---

79. — CONQUÊTE DE LA GAULE par Jules CÉSAR.

PREMIÈRE DICTÉE. — Les mêmes malheurs qu'avaient éprouvés les habitants de la Gaule Cisalpine, que Paul Emile avait réduits sous la puissance de Rome, menaçaient la véritable Gaule *d'où* (DONT) étaient sortis ces nombreux essaims que les Romains ont toujours rencontrés en tête, de quelque côté qu'ils *aient* (ONT) tourné *leurs* (SES) armes et qu'ils avaient en conséquence jugé nécessaire de soumettre, quelles que *dussent* (DEVAIENT) être les pertes qu'ils pouvaient éprouver, quelque braves soldats qu'ils *eussent* (AVAIENT) jugé les Gaulois, et quelques grands sacrifices enfin qu'ils *fussent* (ÉTAIENT) obligés de s'imposer pour combattre victorieusement ces peuples guerriers qui, de leur côté, étaient prêts *à* (DE) faire tous les efforts imaginables pour défendre leur indépendance. Les Romains ont donc cherché une cause ou plutôt un prétexte de guerre : c'a été Marseille. Les fondateurs de cette ville qui s'étaient instruits dans tous les arts de la Grèce avaient atteint rapidement un haut degré de prospérité ;

ils avaient planté la vigne, cultivé l'olivier et, de proche en proche, porté la civilisation *dans* (DEDANS) les Gaules. C'était par son commerce *florissant* (FLEURISSANT) que Marseille s'était *acquis* (ACQUISE) la plus grande consistance et, à cette époque, sa prospérité était *le plus florissante* (LA FLUS FLEURISSANT). Ses citoyens ne s'étaient point contentés des comptoirs et des colonies qu'ils avaient semés de toutes parts dans la Méditerranée, ils s'étaient frayé une nouvelle route au delà du détroit et s'étaient aventurés dans le Grand Océan. Pythéas, le plus habile astronome qu'il *y eût* (Y AVAIT) alors, né à Marseille vers l'an trois cent cinquante *avant* (AUPARAVANT) Jésus-Christ, avait déterminé avec précision la latitude de sa patrie, remonté l'Océan jusqu'au cercle polaire et reconnu l'existence de la Baltique, *pendant* (DURANT) qu'Entymène, son compatriote, reconnaissait au midi l'embouchure du Sénégal.

DEUXIÈME DICTÉE. — Après la défaite que les Romains avaient essuyée de la part des Gaulois et des Cimbres dans la bataille qui a rappelé celle de Cannes, puisque plus de cent mille Romains ou alliés *étaient* (AVAIENT) restés sur la place, ils se sont empressés de faire *de* (DES) nouvelles levées, *s'imaginant* (IMAGINANT) qu'il fallait au plus tôt réparer un *si* (AUSSI) grand désastre. Quelque braves soldats que nous croyions qu'ils ont dû être, quelle que nous jugions l'ardeur qu'ils ont montrée, quelques belles espérances qu'ils *aient* (ONT) données à la République, quelle gloire se seraient-ils *acquise* (ACQUIS) s'ils *n'avaient* (AURAIENT) pas eu un bon général qui *pût* (POUVAIT) leur inspirer de la confiance, diriger plus sûrement les coups qu'ils auraient portés et les rendre ainsi plus forts et plus *capables* (SUSCEPTIBLES) de triompher de leurs ennemis ? Combien de fautes auraient-ils *commises* (COMMIS) par leur ignorance ! Combien n'en auraient-ils pas *commises* (COMMIS) par le peu d'harmonie qu'ils auraient *mis* (MISE) à exécuter les manœuvres qui leur auraient été commandées, s'ils ne *s'étaient* (SE SERAIENT) point choisi un chef qui *pût* (PUISSE) les conduire à la victoire par les conceptions de son génie, aussi bien *que* (COMME) par le courage, la bravoure qu'il avait toujours montrée, comme pour leur donner un modèle à *suivre* (IMITER). Quel serait donc cet homme supérieur ? Ils se sont concertés, ils se sont entendus sur le choix, et tous les regards se sont portés sur Marius qui avait terminé avec éclat la guerre que les Romains avaient faite à Jugurtha.

TROISIÈME DICTÉE. — César, dévoré de jalousie au souvenir des triomphes qu'avait obtenus Pompée, ressentit une joie peu commune quand il *trouva* (A TROUVÉ) une occasion de signaler sa bravoure dans les Gaules. Les Helvétiens, au nombre de près de trois cent soixante mille dont quatre-vingt douze mille combattants, s'étaient déjà portés entre le mont Jura et le Rhône, et avaient fait les préparatifs qu'ils avaient jugés nécessaires pour pénétrer dans la Celtique, lorsque César s'est rendu en huit jours de Rome à Genève. Par le moyen d'une grande muraille qu'il *avait* (A) faite, il *avait* (A) fermé le passage aux Helvétiens *que nous avons vus* (QUI ONT ÉTÉ) réduits à prendre la route des défilés, et encore a-t-il fallu qu'ils *se fussent* (SE SOIENT) auparavant assurés de la bonne volonté des Séquanais, auxquels ils *avaient* (ONT) promis une part dans les conquêtes qu'ils s'étaient proposé de faire. Mais à peine *étaient-ils* (AVAIENT-ILS) sortis des montagnes, qu'ils *avaient* (ONT) oublié leurs engagements et leurs promesses et qu'ils avaient pillé les terres de leurs alliés, comme ils eussent pillé celles *de* (A) leurs ennemis. C'est cette rébellion qui a vivement irrité César, et c'a été peut-être la cause de la guerre qu'il a *faite* (FAIT) dans les Gaules qui a entraîné, comme nous l'avons vu, la conquête de toute cette contrée.

QUATRIÈME DICTÉE. — *Voici* (VOILA) quelques réflexions que nous avons cru nécessaire de faire, *avant* (AUPARAVANT) d'entrer dans les détails militaires ou dans les descriptions stratégiques que *nous nous sommes* (NOUS AVONS) imaginé devoir être agréées de nos lecteurs. La légion, que Jules César avait jugé convenable de disposer de la manière *la* (LE) plus conforme à ses vues, ne s'est pas trouvée exactement la même qu'on l'a vue ou qu'on l'a pu voir à toute autre époque. Elle était divisée en dix cohortes commandées *chacune* (CHAQUE) par un tribun. Quant aux cohortes elles-mêmes, *on* (L'ON) les avait divisées en centuries, et c'étaient des centurions qui étaient revêtus du commandement. Le complément de la légion tout entière avait été fixé au nombre de quelque six mille fantassins et de trois cents cavaliers. Cette cavalerie avait été portée à dix turmes de trente cavaliers *chacune* (CHAQUE), ce qui faisait bien le nombre de trois cents. Chaque turme était commandée par un décurion, c'étaient des cavaliers dont César se servait pour courir sur les ailes et les défendre ; c'étaient eux aussi qui portaient les ordres. Il n'y avait *qu'une* (QU'UN) aigle par légion, et cette aigle avait été adoptée parce que l'aigle est regardé comme le roi des habitants de l'air. La garde de cette enseigne était confiée aux premiers centurions ; ces gardes, appelés aussi des porte-drapeaux, étaient choisis *parmi* (ENTRE) les officiers les (LE) plus distingués qui prenaient part aux délibérations dans les conseils de guerre.

CINQUIÈME DICTÉE. — Les plaintes qu'on avait portées contre Arioviste ont fait concevoir à César l'espérance d'obtenir encore *plus* (DAVANTAGE) de triomphes qu'il n'en avait obtenus jusqu'alors. Après avoir dit aux députés que leur affaire était devenue la sienne, il a dépêché un ambassadeur vers Arioviste, pour l'inviter à une entrevue qu'il avait cru *devoir* (QUI DEVAIT) être agréée, mais le fier Germain a répondu : « S'il **veut me parler, qu'il** « **vienne me trouver.** » Cette réponse *toute* (TOUT) hardie, tout audacieuse, a vivement mécontenté César qui pensait avoir fait une démarche *toute* (TOUT) naturelle et tout honnête. Il a donc répliqué qu'il ne souffrirait pas qu'il *fût* (SERAIT) fait injure plus longtemps aux alliés de Rome. Le hardi Germain a réparti que les Romains dans *leurs* (SES) conquêtes ne se sont jamais réglés sur la volonté d'autrui, qu'ils n'ont jamais fait que ce qu'ils ont voulu et ce qui leur a plu.

SIXIÈME DICTÉE. — Arioviste a poursuivi en ces termes : « J'ai « vaincu les Eduens, et s'il prend envie à César de me con- « traindre par la force à supprimer les impôts que j'ai eu le « droit d'imposer aux vaincus, c'est moi qui lui *ferai* (FERA) « voir ce que peut une nation belliqueuse qui depuis quatorze « ans *n'a* (A) couché sous aucun toit. » Mais quelques menaces qu'il *ait faites* (A FAIT), quelle *qu'ait* (QU'A) été la confiance qu'il a eue dans ses forces, quelque bons soldats qu'il *jugeât* (JUGEAIT) les Germains qu'il commandait, sa hardiesse et son audace lui *ont* (A) coûté bien cher. Nous verrons, dans les dictées prochaines, quels dangers il a courus, combien de revers il a essuyés, quelles sanglantes défaites et quelles humiliations il a subies pour avoir osé insulter ainsi *l'un* (A L'UN) des plus grands et des plus habiles généraux que la République romaine *ait* (A) produits pendant les longues années qu'elle a régné sur presque tout l'univers.

César, par la diligence qu'il a employée, a promptement conduit son armée jusqu'à Besançon *avant* (AUPARAVANT) qu'A- rioviste *eût* (AVAIT) reçu de nouveaux renforts. Ses soldats ont assiégé *la ville et s'en sont rendus maîtres* (ET SE SONT RENDUS MAÎTRES DE LA VILLE) sans que les Germains *aient* (N'AIENT) pu la secourir. César a *lui-même* (SOI-MÊME) excité la bravoure de ses soldats par des paroles qu'il a toujours trouvées fort à propos, et dans lesquelles étaient *empreintes* (EMPREINT) les inspirations de son génie militaire. Des rapports exagérés avaient effrayé quelques-uns des siens. *On* (L'ON) leur avait beaucoup vanté la valeur, l'intrépidité que les Germains avaient déployée dans les batailles précédentes. Après avoir découvert les ennemis, il les a vainement provoqués au combat plusieurs jours *de suite* (TOUT DE SUITE) et ces guerriers, si intrépides qu'ils *se soient* (SE SONT) montrés, ont constamment refusé le défi. Aucune provocation ne les a *déterminés* (DÉTERMINÉ) à combattre ; ce n'était pas manque de courage, mais c'était une toute autre raison : les mères de famille, regardées chez eux comme les arbitres, quand il fallait décider de l'opportunité des combats, avaient formellement déclaré que *l'issue en* (SON ISSUE) serait funeste, s'ils *attaquaient avant* (ATTAQUERAIENT AU- PARAVANT) la nouvelle lune.

SEPTIÈME DICTÉE. — Mais César les a bientôt attaqués *et les a bien* (ET BIEN) forcés de sortir des camps. Les Germains n'ont pas fait la résistance qu'on avait compté qu'ils *eussent faite* (FERAIENT); ils ont pris la fuite précipitamment et ne se sont arrêtés que sur les bords du Rhin. Ils s'y sont jetés espérant se sauver à la nage ; mais la plupart *d'entre* (PARMI) eux *se sont* (S'EST) noyés.

Telle a été l'issue glorieuse de la première campagne que César a *faite* (FAIT) dans les Gaules. Les deux expéditions qui l'ont remplie se sont terminées assez tôt pour que les troupes *aient* (ONT) pu prendre leurs quartiers d'hiver plus tôt qu'elles n'en avaient eu coutume. Jusqu'à cette époque les armes romaines n'avaient été employées que pour les intérêts de la Gaule. Cette année des soupçons bien ou mal fondés *en ont fait changer la* (ONT FAIT CHANGER LEUR) direction. Ces quartiers que César avait choisis dans la Séquanie n'ont pas tardé à faire naître des alarmes ; et les Belges, situés plus au Nord, ont profité de l'éloignement *où* (DANS QUI) ils se sont trouvés, pour disposer leurs moyens d'attaque lorsque le printemps serait revenu. Cependant les forces de la ligue qui s'était formée, composant un total de deux cent cinquante mille hommes, s'étaient réunies sous la conduite de Galba et s'étaient rapprochées insensiblement des Romains. Chemin faisant ils ont attaqué une petite ville des Rémois. César ayant fait pénétrer des archers crétois, baléares et numides, a prolongé la défense et a dégoûté les assiégeants qui ont abandonné cette entreprise, lorsqu'ils ne se sont plus dissimulé les difficultés qu'il y avait eu à vaincre, et *ils s'en sont allés* (ILS SE SONT EN ALLÉS) comptant avoir plus tôt ou plus tard l'occasion de l'attaquer lui-même en personne.

HUITIÈME DICTÉE. — Enfin les deux armées se sont trouvées en présence sur les bords de l'Aisne. La cavalerie romaine ayant surpris les Belges les a contraints *de* (A) rebrousser chemin. Quelle *qu'ait* (QU'A) été la fermeté de ces derniers, cette tentative malheureuse, aussi bien que la disette des vivres qui s'était déjà *fait* (FAITE) sentir, *leur* (LES) a fait croire qu'ils se seraient assuré d'autres avantages, s'ils *s'étaient* (SE SERAIENT) bornés à défendre leurs foyers, et ils ont arrêté qu'il fallait au plus tôt qu'ils *regagnassent chacun leur* (REGAGNENT CHAQUE SON) pays. Mais leur séparation s'est effectuée avec tout le désordre d'une véritable déroute, et les Romains, tout humains qu'ils *se sont* (SE SOIENT) montrés quelquefois, selon que la vengeance les a plus ou moins aiguillonnés, se sont montrés ce jour sans pitié et les ont taillés en pièces, sans s'être exposés eux-mêmes *ni* (ET) avoir exposé leurs alliés à la chance d'aucun danger. Lorsque la masse de la confédération gauloise a été dissipée, César *en a attaqué séparément les* (A ATTAQUÉ SÉPARÉMENT LEURS) divers membres. Son armée, qui a employé le plus de diligence qu'elle a pu, et dont l'ardeur pour le combat n'a pas été tout autre qu'on l'avait vue dans toute autre circonstance, s'est mise en marche vers la ville de Soissons. A peine y est-elle arrivée qu'elle s'en est emparée·, y ayant eu moins de difficultés qu'elle *ne se l'était imaginé* (L'AVAIT IMAGINÉ), parce que les habitants, quel *que fût d'ailleurs* (QU'EN ÉTAIT D'AILLEURS) leur courage, se sont laissé *effrayer et se sont laissés aller* (EFFRAYER ET ALLER) presque au désespoir à la vue des machines de guerre que les Romains avaient cru nécessaire d'employer.

NEUVIÈME DICTÉE. — Peu de temps après, il s'est offert une occasion de juger, par ce que César a fait en se montrant au milieu de ses troupes, quelle impulsion a toujours donnée à une armée tout abattue et *toute* (TOUT) découragée la présence d'un général qui s'est concilié son estime et a gagné sa confiance tout entière. Les revers qu'il a fait essuyer aux ennemis dans ce pays et les obstacles qu'il a eu *lui même* (SOI-MÊME) à surmonter, vu les grandes difficultés du terrain, nous ont donné la mesure *de son habileté et de son courage étonnants* (DE SON COURAGE ET DE SON HABILETÉ ÉTONNANTES). Aussi, malgré la frayeur qu'il y avait eu parmi ses troupes, il n'a eu qu'à paraître pour relever leur courage. Ayant arraché son bouclier à un simple soldat, il s'est porté à la tête des combattants, les a ranimés de *la* (SA) voix et *du* (DE SON) geste, et les a déterminés à marcher sur l'ennemi.

Sur ces entrefaites *sont* (ONT) arrivées deux légions qu'on avait laissées à la garde des bagages. Quels heureux changements on a vu s'opérer *tout-à-coup* (TOUT D'UN COUP) ! Combien s'en est-il opéré dans la légion qui, de la hauteur du camp des Nerviens, avait reconnu le danger de son général ! *Ceux-ci* (CEUX-LA) n'en ont témoigné que plus de résolution ; et la bravoure que cette race belliqueuse a déployée lui a fait affronter tous les dangers qu'elle a eu à courir, toutes les difficultés qu'elle a eu à surmonter, et c'est par cela même qu'elle est arrivée à sa destruction presque totale ; car de soixante mille combattants qu'on avait envoyés à la bataille, à peine *s'en est-il* (S'EN SONT-ILS) sauvé cinq cents.

DIXIÈME DICTÉE. — Ses alliés qui s'étaient proposé de les secourir, qui en avaient fait la promesse formelle, se sont retirés et ont fui dès qu'ils ont appris que leurs compagnons étaient vaincus. C'étaient des Cimbres un reste de *ceux qui avaient* (CEUX AYANT) inondé la Gaule et l'Italie, et qui s'étaient fixés dans ces cantons *où* (DANS QUI) ils s'étaient procuré un asile. Ils habitaient alors une ville qu'ils avaient eux-mêmes fortifiée, mais tout effrayés à la vue des énormes machines de guerre que les Romains avaient mises en mouvement, ils les ont crus protégés par quelque divinité et ont demandé à se rendre, pourvu qu'on leur *laissât* (LAISSERA) leurs armes. Sur la promesse que César leur a *faite* (FAIT) de les garantir, il ont jeté leurs armes dans les fossés qu'ils ont comblés, quoiqu'ils en *eussent* (AVAIENT) déjà caché une partie.

Les habitants ont ouvert leurs portes, pleins de confiance dans l'assurance que leur a donnée César. Ce général a retenu *ses troupes* (SA TROUPE), et ne les a laissées entrer que le lendemain pour éviter les insultes auxquelles elles se seraient livrées, et les excès auxquels elles se seraient cru le droit de se porter contre les vaincus. Dans l'ivresse d'une victoire *toute* (TOUT) récente, ignorant un motif *si* (AUSSI) généreux, les habitants ont attaqué les Romains qu'ils avaient crus peu sur leurs gardes ; mais ils ont rencontré une résistance tout autre qu'ils ne *se l'étaient* (L'AVAIENT) imaginé. Quoi qu'il en *fût* (ÉTAIT), quelques efforts *qu'eussent* (QU'AVAIENT) faits les habitants, quelques braves défenseurs qu'ils *se fussent* (S'ÉTAIENT) montrés, leur ville a été forcée le lendemain. Quant aux habitants eux-mêmes, au nombre de cinquante mille, César les a fait vendre à l'encan. *Dans* (DURANT) le cours de cette même campagne, le jeune Crassus, fils du triumvir, détaché par César avec une seule légion vers les contrées maritimes de la Celtique, Crassus, disons-nous, a gagné du terrain de proche en proche et a soumis la plupart des Armoricains. Cette conquête a mis la Gaule presque tout entière sous la domination des Romains. *Voilà* (VOICI) quels heureux résultats a obtenus la seconde expédition que les Romains ont *faite* (FAIT) dans cette contrée qu'on a depuis appelée **France**. Combien de batailles César a-t-il livrées ? Combien en a-t-il gagnées ? Il en a gagné presque autant qu'il en a livrées.

ONZIÈME DICTÉE. — Quelques peines que les Romains *se fussent* (S'ÉTAIENT) données, quelques grandes précautions qu'ils *eussent prises* (AVAIENT PRIS), il a éclaté des révoltes parmi les peuples Gaulois qu'on avait crus entièrement subjugés et réduits à l'obéissance. C'est dans l'Armorique occidentale surtout *que* (OÙ) s'est déclarée la rébellion *la* (LE) plus terrible qu'il y *ait* (A) eu dans ces temps, dans cette partie même que le jeune Crassus s'était flatté d'avoir complètement pacifiée et soumise à la domination romaine. César s'est empressé d'y envoyer un grand nombre d'officiers qu'il avait jugés *les* (LE) plus capables par ce qu'il les avait vus faire précédemment, et a ordonné qu'ils *allassent* (AILLENT) dans plusieurs villes et notamment à Vannes, *la* (LE) plus considérable de toutes par son port et par le commerce qu'elle faisait avec la Grande-Bretagne. César s'y est rendu lui-même pour diriger les différentes attaques qu'il *avait* (A) résolu de faire contre les Vénètes et les autres peuples de l'Armorique ; mais c'étaient des moyens nouveaux parce que cette guerre était *toute* (TOUT) nouvelle ; il avait à livrer des combats d'un autre genre que *ceux qui avaient été livrés* (CEUX

LIVRÉS) auparavant. A la situation privilégiée de leur ville, César a opposé les efforts de l'art en construisant des digues qui ont limité les inondations de la marée et permis d'approcher ; mais, quelques grands efforts qu'il *eût* (AVAIT) faits, quelles que *fussent* (ÉTAIENT) les ressources que lui avait suggérées son génie, il a bien fallu qu'il *prît* (PRENNE) son parti ou d'abandonner la place, ou de recourir à d'autres moyens. Il ne doutait pas *qu'il n'en vînt* (QU'IL EN VIENDRA) à bout en les attaquant en même temps et par terre et par mer, ne désespérant pas que par ce moyen il n'eût bientôt raison de cette ville qui *avait* (A) osé lui faire résistance. Personne ne niera que *ce n'ait été* (C'A ÉTÉ) une entreprise *toute* (TOUT) hardie, *toute* (TOUT) périlleuse, tout audacieuse, et *l'on* (ET ON) ne disconviendra pas que *ce ne soit une des guerres* (QUE C'EST UNE DE CELLES) qui ont fait *le plus* (DAVANTAGE) d'honneur au général romain

DOUZIÈME DICTÉE. — Après avoir fait construire des vaisseaux sur la Loire , il les a joints à *ceux qu'il avait tirés* (CEUX TIRÉS) du Poitou ou de la Saintonge, et *en a donné le* (A DONNÉ SON) commandement au jeune Decimus Brutus qui fut plus tard un de ses assassins. A la vue de l'armée de terre, Crassus a marché contre l'ennemi dont la flotte était composée de deux cents voiles. Les vaisseaux romains étaient trop faibles pour qu'ils *pussent* (PUISSENT) résister aux vaisseaux gaulois d'une construction *toute* (TOUT) solide , mais cependant assez plats pour qu'ils *s'engageassent* (S'ENGAGENT) sans péril dans les bas fonds. Afin qu'il *pût* (POURRA) triompher de ces obstacles, Brutus *a imaginé* (S'EST IMAGINÉ) d'attacher des faulx à de longues perches. Pour vaincre les ennemis il fallait qu'il *accrochât et qu'il rompît* (ACCROCHE ET ROMPE) les agrès de leurs vaisseaux. Car pour peu qu'il les *eût* (AURAIT) désemparés, ils *eussent été* (SERAIENT) condamnés à l'immobilité. *Quoi qu'il eût* (MALGRÉ QU'IL AVAIT) fait, quelque chose qu'il *eût* (A) imaginée, il n'eût pas réussi, s'il *n'eût* (N'AURAIT) pas employé la ruse ; et c'est à cette ruse de guerre, *à laquelle* (A QUI) il a eu recours, qu'il est resté redevable de la victoire. C'est ainsi que la majeure partie de la flotte gauloise a été anéantie La plupart des autres vaisseaux, surpris par le calme, *sont* (EST) tombés au pouvoir des Romains. Par cette action il a mis fin à la guerre puisqu'il a détruit la flotte qui l'avait prolongée ; et l'Armorique, qui s'était soulevée, a été *reconquise* (RECONQUIS) et *est* (A) retombée sous le joug.

TREIZIÈME DICTÉE. — Dans les deux années qui ont suivi cette campagne, les Romains se sont crus suffisamment établis pour employer ces mêmes Gaulois qu'ils avaient vaincus, à étendre les frontières qu'ils avaient fixées à leurs conquêtes; et en effet, ces Gaulois ont suivi l'armée romaine dans une expédition qu'elle a *faite* (FAIT) pour conquérir les bords du Rhin, et

qu'ils ont crue *devoir être* (QUI SERAIT) suffisante pour en subjuger complètement les habitants. Ils l'ont suivie également dans
une autre campagne qu'ils ont *crue* (CRU QUI ÉTAIT) nécessaire
pour faire alliance avec les habitants de Cologne. C'étaient les
premiers Germains qui *eussent* (AVAIENT) recherché l'alliance
des Romains. *Ceux-ci* (CEUX-LA) se sont transportés ensuite
dans la Bretagne où ils se sont arrêtés, où ils ont campé pendant la saison rigoureuse qu'il y a eu à subir et les grandes
pluies qu'il a *fait* (FAITES). Il ne faut pas cependant que nous
croyions que les troupes *soient* (ONT) restées dans l'inaction :
elles ont été employées à construire six cents vaisseaux de
charge et vingt-huit galères qu'on s'était proposé de réunir
au port d'Iccius, aujourd'hui appelé Boulogne. Pendant que les
troupes étaient ainsi occupées, Dumnorix avait quitté en secret
le camp, amenant avec lui la cavalerie éduenne. Il a été
pris et a subi la peine de mort. Vous ne *sauriez vous imaginer* (SAURIEZ IMAGINER) quelle peine César s'est donnée dans
cette Bretagne, vous ne sauriez vous figurer combien de-diffi-
cultés il a eu à vaincre et qu'il a réellement surmontées par
la force de son courage et de son génie ; cependant les Romains ne doutaient pas qu'il *n'y eût* (Y AVAIT) presque impossibilité *à* (DE) former des établissements durables dans ce pays,
quels *que fussent* (QU'ÉTAIENT) les préparatifs que César avait
faits, quelques puissants moyens qu'il *eût* (AVAIT) employés,
quelques bons soldats *que fussent* (QU'ÉTAIENT) les Romains, et
quelle qu'on *pût* (POUVAIT) juger l'ambition de ce peuple conquérant qui s'est fait gloire d'avoir été appelé le peuple souverain.

QUATORZIÈME DICTÉE. — Quelque temps après que César *eut*
(AVAIT) ramené ses troupes de l'Angleterre, il *perdit* (A PERDU)
sa fille Julie qui avait épousé Pompée ; c'est ainsi que s'est
rompue cette liaison qui avait jusque-là contenu la rivalité
funeste de ces deux grands hommes. Alors aussi se sont *ouvertes*
(OUVERTS)dans la Gaule de nouvelles scènes de carnage qui n'ont
cessé que *lorsqu'on* (LORSQUE L'ON) l'a soumise entièrement. Il
fallait que le vainqueur y *fît* (FASSE) encore trois campagnes
plus laborieuses que toutes *celles qui avaient été faites* (CELLES
FAITES) précédemment. Combien de travaux et de peines lui a
coûtés cette réduction ! Mais aussi, quels avantages lui a t-elle
valus ! Quant aux peines *et à la fatigue* (ET FATIGUE) qu'il y a
eu à supporter et *dont* (DE QUI) il a triomphé plus heureusement
qu'il ne *se l'était* (L'AVAIT) d'abord imaginé, elles ont été occa-
sionnées par la pénurie des choses *les* (LE) plus nécessaires. On
était au moment où la chaleur était *le* (LA) plus vive et *le* (LA)
plus ardente ; la sécheresse et la stérilité ayant forcé les Romains de se disséminer dans différentes provinces, les légions
se sont trouvées écartées *les unes des autres* (L'UNE DE L'AUTRE).
A peine s'était-il écoulé quinze jours depuis que les Romains
avaient établi *leurs* (SES) quartiers, lorsque Ambiorix s'est jeté

10

sur leur camp. Les Romains, quelle *que fût* (qu'était) leur surprise, ont résisté vigoureusement aux attaques qu'on a dirigées contre eux et ont repoussé les assaillants avec le même courage, la même valeur qu'ils avaient déployée dans toute autre occasion. *On* (l'on) les a toujours trouvés prêts au combat, lors même qu'on les croyait près *d'être* (a être) vaincus. Les Gaulois n'ont pu tenir tête à l'armée romaine, quelque résolus qu'ils se *soient* (sont) montrés, quelle *qu'ait été* (qu'a été) leur audace, quelque braves soldats qu'ils *aient été* (ont été) dans cette circonstance comme dans toute autre, et quelque habiles capitaines *que se soient* (se sont) montrés les généraux chargés de les conduire.

QUINZIÈME DICTÉE. — La fermentation qu'avait excitée la défaite des Sabins *avait* (a) duré plus longtemps *qu'on ne se* (qu'on se) l'était persuadé. César, pour déjouer les mesures qu'on avait *prises* (pris), ayant réuni les principaux de chaque nation, leur a fait croire que toutes les menées étaient parfaitement connues, qu'il ne fallait pas qu'ils se *crussent capables* (croient susceptibles) capables de le surprendre. D'un autre côté, les bons procédés *ou les menaces* (ou menaces) ont été employées alternativement et ont contenu dans le devoir la plupart des rebelles qui s'étaient juré un appui, une protection perpétuelle, quelles que *pussent* (pouvaient) être les chances de la guerre, quelle que *pût* (pouvait) les rendre l'animosité des deux partis. Le général gaulois avait inutilement sollicité des secours chez les Germains ; mais *ceux-ci* (ceux-là) ont été arrêtés par la mémoire *toute* (tout) récente encore de la sanglante défaite essuyée par Arioviste. Ne les ayant pu gagner, il a remué toute la Gaule dont il s'est concilié la confiance par la hardiesse *et l'audace* (et par l'audace) qu'il a déployées. Labiénus, dont ses soldats avaient insulté le camp, *avait* (a) supporté avec une patience tout extraordinaire, tout héroïque, les outrages que ceux-ci lui ont faits ou qu'ils ont cherché à lui faire. Ce n'est pas qu'il ne *fût* (n'était) assez fort pour qu'on *pût* (puisse) se persuader qu'il ne les aurait pas repoussés ; mais il voulait que sa patience, sa longanimité leur *inspirât* (inspire) une confiance illimitée.

S'étant procuré de la cavalerie chez les peuples voisins, il l'a introduite un soir *dans* (dedans) son camp avec tant de mystère, que les ennemis ne s'en sont point aperçus, *quoiqu'ils se fussent* (malgré qu'ils s'étaient) toujours tenus sur leurs gardes et qu'ils *n'eussent* (n'avaient) jamais *attendu* (espéré) pour faire leurs préparatifs, que les ennemis *vinssent* (viennent) les attaquer ouvertement Les historiens nous ont *même fait observer* (même observé) que c'était en campagne que la surveillance était *le* (la) plus exacte et *le* (la) plus rigoureuse.

SEIZIÈME DICTÉE. — L'importance des conjonctures, et la crainte que le fruit *de tant* (d'autant) d'années de traverse ne *s'évanouît* (s'évanouisse) en un jour, *n'ont* (n'a) pas permis à César de retarder son retour dans la Gaule. Mais toutes les routes qu'il s'était proposé de traverser pour rejoindre ses troupes étaient, ou interceptées par l'ennemi, ou occupées par des peuples dont la fidélité suspecte aurait pu abuser de sa confiance, et s'en seraient fait un mérite auprès de leurs compatriotes. Dans cet embarras, il s'est d'abord attaché à pourvoir à la sûreté de la ville de Narbonne que les peuples du voisinage avaient menacée ; puis avec quelques levées qu'il a *faites* (FAIT) dans les provinces, et malgré six pieds et demi de neige dont elles étaient *couvertes* (COUVERTS), ses soldats se sont frayé un passage *au* (A) travers des lieux où jamais armée n'avait passé à pareille époque. Ils se sont précipités *tout à coup* (TOUT D'UN COUP) sur l'Auvergne et, par leurs ravages, lui ont fait payer cher sa défection. Quelle énergie n'a t-il pas fallu que César *déployât* (DÉPLOIE) pour ramener des hommes qui s'étaient juré un appui, une fidélité constante ; il en a autant montrée qu'on lui en a toujours vue dans toutes les occasions difficiles, dans toutes celles où il a fallu qu'il *parût* (PARAISSE) avec tout son génie et son grand caractère. Les ennemis ont été battus et obligés de se rendre, quelle *que fût* (QU'ÉTAIT) leur opiniâtreté dans la résistance, quelques grands efforts qu'ils *aient* (ONT) faits.

DIX-SEPTIÈME DICTÉE. — Les Romains ont ensuite mis le siège devant Bourges, parce qu'ils se sont persuadé qu'une fois qu'ils se seraient rendus maîtres de cette ville, ils se seraient aussi assuré la conquête de tout ce pays. D'après la savante tactique qu'ils avaient déployée jusque-là, le chef des Gaulois avait sagement reconnu que la seule guerre qu'il *eût* (AVAIT) faite avec quelque avantage, c'avait été de leur avoir coupé les vivres, et il fut d'avis que les Gaulois *ravageassent* (RAVAGENT) eux-mêmes les deux pays. Il ne doutait pas que *ce ne fût* (C'ÉTAIT) là le seul moyen de vaincre ; il *pensait* (COMPTAIT) bien que le passé devait en avoir convaincu tout le monde. Tout en convenant de la dureté de cette mesure, il leur a représenté qu'elle était la seule qui les *eût* (AVAIT) préservés jusque-là des calamités plus grandes qui menaçaient les vaincus. Vingt villes du Berry furent brûlées en un même jour. On s'était proposé d'étendre cette espèce de proscription jusqu'à la capitale ; mais les habitants leur *ayant fait observer* (AYANT OBSERVÉ) que leur ville pourrait être défendue facilement, les Gaulois se sont rendus à leurs imprudentes prières ; mais ils ne se sont pas rendu compte des suites fâcheuses et affligeantes d'une concession qu'ils se seraient, peut-être, senti le courage de refuser dans tout autre conjoncture. Ils ne niaient pas que *ce ne fût* (C'ÉTAIT) un acte de faiblesse. Eût-ce été plus avantageux pour eux de prendre une toute autre résolution ? C'est une question que nous ne voulons pas résoudre, ne sachant pas ce que c'étaient que les raisons qu'ils avaient mises en avant pour appuyer la résolution qu'ils avaient *prise* (PRIS). Quoiqu'il *en soit* (EN EST), tout s'est accompli comme les Romains se *l'étaient* (L'AVAIENT) imaginé.

DIX-HUITIÈME DICTÉE. — Les Gaulois, ayant imputé les mauvais succès qu'il y avait *eu* (EUS) dans la campagne précédente, aux opérations qu'on avait mal conçues et mal exécutées, se sont essayés d'une autre manière, jugeant qu'ils vaincraient plus facilement leurs ennemis s'ils les combattaient en détail ; mais César, de son côté, avait pris toutes les mesures qu'il avait crues nécessaires, et s'était créé toutes les ressources qu'il avait cru nécessaire de se procurer *avant* (AUPARAVANT) d'entreprendre quelque chose de nouveau. Il a donc bientôt compris les intentions des Gaulois et *s'est imaginé* (IMAGINÉ) qu'il était plus sûr de les vaincre, s'il *pouvait* (POURRAIT) prévenir leurs attaques. Il les a donc attaqués lui-même, à l'improviste, et les a réduits à une position telle qu'ils se sont trouvés dans la nécessité de se soumettre.

C'a été la fin de la campagne. Le général romain a toujours employé les moyens qu'il a crus devoir être *les* (LE) plus efficaces et qu'il a cru, pour cette raison, devoir recommander à ses soldats. Aussi, quelle qu'on *ait* (A) pu juger l'habileté ou plutôt les ruses des Gaulois, quelques ressources qu'ils *aient* (ONT) trouvées dans leur propre pays et quelque bons patriotes qu'ils *se soient* (SE SONT) montrés, ils se sont senti plus tard trop peu d'habileté pour combattre César et se sont rendus presque à discrétion.

PHRASES DÉTACHÉES.

Dictées pour compositions.

PREMIÈRE DICTÉE. — Quelques grands efforts que nous *ayions* (AVONS) faits, quelle qu'on *ait* (A) pu voir notre patience ou notre courage, quelque chose que nous *ayions* (AVONS) créée, quoi que nous *ayions* (AVONS) fait, *quelque* (QUELQUES) habiles gens qu'on nous *ait* (A) jugés, nous n'osons pas *affirmer* (PROMETTRE) que nous *ayions* (AVONS) plu à *toutes ces méchantes* (TOUS CES MÉCHANTS) gens dont la conduite est tout égarement, tout erreur et *toute* (TOUT) contradiction.

Nous voulions que ce voyageur nous *dît* (DISE) quelque jolie chose que nous avions su qu'il avait entendu raconter, et qu'il avait fidèlement retenue, lorsqu'il voyageait *sous* (DESSOUS) des ciels bien éloignés du nôtre. Dieu a gravé dans le cœur des hommes des idées de franchise, afin *qu'ils méritent* (DE MÉRITER) la confiance de leurs semblables ; aussi avons-nous cru notre voyageur, *quoiqu'il* (MALGRÉ QU'IL) nous ait appris quelque chose que nous avons trouvé fort *étonnant* (ÉTONNANTE), fort extraordinaire : Il nous a assuré que *ce sont* (C'EST) les jours de marche qu'il a aimés *le plus* (DAVANTAGE), quoique *ce soit* (C'EST) ces jours mêmes qu'il s'est *le plus fatigué* (QU'IL S'EST FATIGUÉ DAVANTAGE).

Nous ne devons (ON NE DOIT) pas blâmer chez les autres des défauts qu'on aurait pu blâmer dans nous-mêmes : car souvent les actions que nous avons crues *être approuvées de tous* (QUI ÉTAIENT APPROUVÉES PAR TOUTES) les gens *capables* (SUSCEPTIBLES) de raisonner deviennent, pour *ceux qui sont censés* (CEUX CENSÉS) nos meilleurs amis, des preuves convaincantes du peu de confiance que nous avons mérité quand nous nous sommes faits les censeurs de leur conduite.

DEUXIÈME DICTÉE. — Par ce que nous avons lu dans l'histoire que nous avons crue tout autre que *celles qui ont été écrites* (CELLES ÉCRITES) depuis un demi-siècle, nous nous sommes laissé convaincre que les hommes qui se sont laissés aller au désespoir pour avoir essuyé quelques revers de fortune, quelle qu'on *ait* (A) jugé d'ailleurs leur fermeté, et quelque grands personnages qu'ils *se soient* (SE SONT) estimés eux-mêmes à toute autre époque de la vie, ne se sont pas senti le courage de supporter une contrariété *toute* (TOUT) légère qu'elle *a* (AIT) pu être et que nous *l'avons* (L'AYIONS) jugée avec raison, et se sont laissé déconcerter par des obstacles que nous eussions désiré qu'ils eussent affrontés avec *plus* (DAVANTAGE) de persévérance.

De tous les ouvrages que nous avons *vu* (VUS) écrire et que nous avons lus avec toute l'attention que nous avons cru qu'ils ont méritée, *ceux qui ont été le plus* (CEUX LES PLUS) généralement vantés ne nous *ont* (SONT) pas toujours paru *les* (LE) mieux écrits *ni les* (ET LE) plus utiles. Nous les avons critiqués, quelle que nous *ayions* (AVONS) jugé d'ailleurs l'autorité des écrivains. A-ce été la faute des gens instruits et sensés, si ces auteurs ont vu les ouvrages qu'ils ont faits, rester dans l'oubli par le peu de capacité qu'ont montré les *sottes* (SOTS) gens qui ne les ont pas su apprécier ? Tout honorable, *toute* (TOUT) glorieuse que *peut* (PUISSE) être l'approbation générale, il est facile de se contenter de l'approbation des gens censés *les* (LE) plus plus capables, parce qu'ils ont *le* (LES) plus étudié la matière dans la partie même où la science est *le* (LA) plus profonde et *le* (LA) plus légitime.

TROISIÈME DICTÉE. — *On* (L'ON) n'est jamais *aussi* (SI) malheureux *qu'on se l'imagine* (COMME L'ON L'IMAGINE), quelque infortuné que *l'on soit* (NOUS SOMMES) et quelques grands malheurs que *l'on ait* (NOUS AVONS) éprouvés.

Nous nous sommes laissé dire que les conseils de l'amitié ne produisent aucun effet sur le cœur de votre frère, depuis que celui-ci *est* (ÉTAIT) dans une position tout affligeante et *toute* (TOUT) désespérée, succombant *aux* (SOUS LES) malheurs, accablé par des calamités qu'il s'était attirées par de funestes spéculations, aigri par les contrariétés que nous avons vu qu'il a éprouvées et que nous sommes convaincus qu'il n'a point méritées. Quelle fortune s'est il vu ravir par des créanciers impitoyables qui ne se sont laissés aller à aucun sentiment d'humanité !

Combien de jouissances n'a-t-il pas perdues, quand les richesses qu'il avait amassées, quand les honneurs qu'il avait obtenus lui ont été ravis par un coup du sort. Combien de peines ne lui en avait-il pas coûté pour arriver à cette prospérité ! Mais aussi combien de chagrins ne lui a pas valus, ne lui a pas coûtés la perte de tous ses biens ! Qu'était-ce que les contrariétés du ménage, qu'étaient les chagrins passagers de la vie privée *auprès de* (PRÈS DE) la perte d'une *si* (AUSSI) brillante position sociale ? Son caractère est devenu tout à fait irascible et, par là même, insupportable à *tous* (TOUTES) les gens qui étaient obligés de vivre *avec* (ENSEMBLE QUE) lui.

QUATRIÈME DICTÉE. — La maison *dont* (D'OÙ) sortait Marius était obscure et pauvre ; mais cet homme extraordinaire, *toutes* (TOUT) grandes et tout insurmontables que *paraissaient* (PARUSSENT) les difficultés, quelque redoutables rivaux qu'il *jugeât* (JUGEAIT) les Romains qui pouvaient lui disputer le premier rang, s'est frayé la voie des honneurs et a eu le mérite d'élever son nom à la hauteur des premières illustrations de Rome. Combien de travaux et de fatigues ne lui en a-t-il pas coûté pour acquérir cette gloire immense que lui *a* (ONT) value son génie, sa valeur et l'énergie de son caractère ! Plus d'une raison aurait pu le détourner des vastes entreprises que ses concitoyens *sont* (ONT) convenus qu'il a exécutées avec *autant* (TANT) d'habileté *que* (COMME) d'audace. Ils ont vu les soldats qu'il a formés. qu'il a instruits, prendre courageusement les armes que les ennemis étaient désolés qu'ils *eussent* (AVAIENT) prises. et se disputer l'honneur de périr pour un *si* (AUSSI) grand général. Son imagination était tout feu, tout ardeur, et son âme était tout énergie, *toute* (TOUT) fermeté ; mais son cœur n'était pas *tout* (TOUTE) sensibilité.

CINQUIÈME DICTÉE. — *Tous* (TOUTES) les honnêtes gens que nous avons consultés, et que nous avons crus dignes de notre confiance, nous ont assuré que votre frère *a* (AVAIT) fait *de* (DES) mauvaises affaires et qu'il *reviendra* (REVIENDRAIT) le mois prochain *dans* (DEDANS) sa famille. *Nous nous étions* (NOUS AVIONS) d'abord imaginé qu'il *reviendrait* (SERAIT REVENU) plus tôt. Quoiqu'il s'en *faille* (FAUT) beaucoup qu'il *ait* (A) fait fortune, il s'est décidé à revenir parce qu'il s'est enfin convaincu que la richesse ne *fait* (FAISAIT) pas toujours le bonheur. Combien de peines et de fatigues ne lui en avait-il pas coûté pour acquérir le peu de richesses qu'il avait amassées. Eh bien ! il les a perdues avec *autant* (TANT) de résignation *que* (COMME) nous eussions *perdu* (FAIT POUR) la somme *la* (LE) plus légère.

Pour peu que nous croyions à la vérité des événements historiques, nous devons être persuadés qu'après les avoir entendus annoncer d'une manière positive, ou les avoir vus s'accomplir *sous* (DESSOUS) nos yeux, nous mériterions d'être taxés de mauvaise foi, si nous n'admettions pas comme vrais les faits qui ont paru évidents à tous ceux qui se sont donné la peine de les examiner. *J'aime à croire* (J'ESPÈRE) qu'il ne s'est trouvé personne *parmi* (ENTRE) nous qui *ait* (A) porté l'obstination de l'incrédulité à un *si* (AUSSI) haut degré. Ce serait un tort que nous avons pensé *mériter* (QUI MÉRITE) d'être redressé. Que serait-ce en effet que les récits de l'histoire, *si l'on pouvait* (SI ON POURRAIT) révoquer en doute les faits les plus constants qu'elle ait rapportés. *C'est* (CE SONT) des idées extravagantes de certains systèmes *que* (DE QUI) nous avons voulu parler, en vous représentant le ridicule du doute universel en fait d'histoire. A-t-on douté qu'il n'y *ait* (A) eu ni Grecs *ni* (ET) Romains parce qu'on *ne les a* (LES A) jamais vus ? Pourriez-vous vous faire une idée de ce que c'était que ces guerres terribles et ces brillantes victoires *dont* (DE QUI) vous avez entendu parler et que vous avez lues dans vos auteurs, si vous *étiez* (SERIEZ) disposés à douter de certains faits que les historiens ont vantés et qui seront transmis à la postérité *la* (LE) plus reculée.

SIXIÈME DICTÉE. — Les Russes ont fait, pendant les quatre-vingts ans que les vues de Pierre ont été suivies, *plus* (DAVANTAGE) de progrès que nous n'en avons faits en quatre siècles. Il faut craindre que le peu d'habileté qu'on a mis à nous gouverner *soit* (NE SOIT) un obstacle aux progrès que nous nous étions bien convaincus que nous eussions faits, si l'on *avait* (AURAIT) eu une juste idée des moyens que nous avons reçus de la nature et que nous nous étions proposé de mettre à profit, dès qu'on nous aurait montré quelque confiance. Quoiqu'il en *soit* (EST), la liberté que nous nous sommes flatté d'avoir *conquise* (CONQUIS) à la sueur de nos fronts nous a laissé concevoir l'espérance d'un avenir plus heureux. Si nous nous sommes laissé séduire par les belles promesses qu'on nous a *faites* (FAIT), c'est que *nous nous étions* (NOUS AVIONS) imaginé que *ceux qui nous les avaient faites* (CEUX NOUS LES AYANT FAIT), y avaient mis autant de franchise *que* (COMME) nous en avons portée nous-mêmes dans toutes les affaires publiques et privées. Nous nous étions figuré que la franchise *était* (EST) le caractère des personnes en qui nous avions placé toute notre confiance.

Quelle est la femme qui n'en serait mortifiée, si elle *savait* (SAURAIT) toutes les calomnies *que tant* (QU'AUTANT) de *méchantes* (MÉCHANTS) gens ont débitées sur son compte et qu'elle *eût détruites* (AURAIT DÉTRUIT) facilement, si elle *avait* (AURAIT) mis à découvert sa conduite qu'on eût jugée tout autre *qu'on ne l'a* (QU'ON L'A) fait jusqu'ici.

La perte du temps n'est pas moins grande *que l'est* (COMME NE L'EST) celle de l'argent. Toutes les années que nous avons croupi dans une honteuse insouciance ont été perdues pour nous. Nous avons vu plus tard combien il *est* (ÉTAIT) malheureux de perdre le temps précieux de la jeunesse.

SEPTIÈME DICTÉE. — Il ne siel pas aux orateurs qui se sont imposé l'obligation de défendre leurs clients, d'attaquer la probité de leurs adversaires *ni* (ET) de se plaindre *de ce qu'on les ait* (QU'ON LES A) rappelés à l'ordre quand ils *l'ont mérité* (ONT

MÉRITÉ DE L'ÊTRE). De pareils moyens ne siéent à personne. Nous nous sommes élevés contre cet abus, soit que notre opinion leur siée ou que leurs procédés ne nous siéent pas. *Ce n'est* (C'EST) pas en fatiguant les juges, mais bien en les convainquant qu'ils seraient parvenus à procurer la liberté aux hommes qu'ils ont trouvé bon de défendre. Une faconde fatiguante est nuisible aux preuves même *les* (LE) plus convaincantes.

Messieurs, donnez-nous des preuves qui *soient* (SONT) plus convaincantes, et vous verrez que nous nous rendrons facilement aux raisons que vous avez cru convenable de nous alléguer. *Ce sont* (C'EST) les meilleurs moyens, et peut-être même les seuls que vous *puissiez* (POUVEZ) prendre pour nous faire croire que, dans vos discours et dans vos actions, le bien général a été le plus puissant, le premier, l'unique mobile qui vous *ait* (A) guidés jusqu'ici et qui vous *ait* (A) constamment dirigés dans votre conduite. Les passions, qui ont *si* (AUSSI) souvent maîtrisé les grands hommes, pourraient vous voir entraînés dans une erreur involontaire. Quelle qu'on *ait* (A) jugé la gravité de votre faute, quelques grands torts que vous *ayiez* (AVEZ) eus, et quelque *sottes* (SOTS) gens qu'on vous *ait* (A) crus, nous nous sommes laissé convaincre de votre innocence, plutôt par vos bonnes intentions que par les travers qu'on vous a reprochés avec quelque raison.

HUITIÈME DICTÉE. — Quelques efforts que nous *ayions* (AVONS) faits, quelle qu'on *ait* (A) pu voir notre persévérance, quelque chose que nous *ayions* (AVONS) créée, *quelque* (QUELQUES) habiles gens que nous nous *soyions* (SOMMES) montrés quand nous avons fait quelque jolie chose, quelle *que soit* (QU'EST) enfin la mémoire ou le jugement que nous avons déployé dans ce travail *auquel* (A QUI) nous avons consacré quatre-vingts jours et demi, en l'an mil huit cent, nous n'avons pas osé *nous flatter* (ESPÉRER) d'avoir *plu* (PLUS) à *toutes* (TOUS) les méchantes gens qui se sont laissés aller à une fâcheuse prévention, *et qui se sont laissé influencer* (ET INFLUENCER) par des ignorants dont les idées sont tout erreur, *toute* (TOUT) fausseté.

Je crois que vos parents se sont trompés dans leurs espérances. D'après la certitude que vous avez *acquise* (ACQUIS), croyez-vous maintenant, comme moi, qu'ils se *soient* (SONT) laissé abuser ? *Imaginez vous bien* (IMAGINEZ BIEN), soyez sûrs qu'ils s'en sont *fait* (FAITS) accroire, lorsqu'ils se sont figuré que leurs enfants étaient destinés à jouer un grand rôle dans le monde. Ne pensez-vous pas que j'aie raison et que vous *ayiez* (AVEZ) eu tort de croire de telles gens ? Je ne présume pas que les enfants, qui se sont constamment *livrés* (LIVRÉ) à la paresse, atteignent jamais *aux* (LES) hautes et importantes dignités qui sont réservées aux hommes de mérite.

Combien de guerres les Romains n'ont-ils pas eu à soutenir contre des ennemis qu'ils ont cru juste de combattre malgré leur infériorité ! Y a-t-il un homme sensé qui ne croie aux merveilles qu'ils ont *faites* (FAIT) ? Y aura-t-il jamais quelqu'un qui puisse en douter sérieusement ? Je ne crois pas, je ne croirai jamais qu'il y *ait* (A) eu un sceptique assez obstiné pour douter des prodiges qu'on a vus s'opérer sous le règne des beaux-arts, et dans les temps *florissants* (FLEURISSANTS) de la République. Je ne crois pas que dans trois mille ans on les ait encore oubliés. *Quoiqu'il n'y ait* (MALGRÉ QU'IL N'Y A) point de mensonge que *de* (DES) méchants écrivains ne *répandissent* (RÉPANDENT) dans le siècle dernier où régnait une certaine antipathie contre ce peuple conquérant, croyez-vous qu'ils voulussent soutenir leurs paradoxes dans le siècle où nous sommes et qu'ils fussent assez aveuglés par leurs fausses doctrines, s'ils *n'étaient* (NE SERAIENT) soutenus par de puissants protecteurs, pour venir afficher aujourd'hui un pyrrhonisme ridicule. Je ne puis croire, je ne présume pas que ce doute général eût déjà pris racine dans quelques esprits, lorsque les vrais philosophes se sont proposé de le combattre.

Je ne croyais pas, je n'ai pas cru, je n'aurais jamais cru qu'il y *eût* (AIT) des hommes assez absurdes pour embrasser une telle philosophie. Si l'on *s'était* (SE SERAIT) douté qu'ils *dussent* (DEVAIENT) un jour trouver des sectateurs, on les eût condamnés au silence. Mais qui aurait jamais pensé que les belles actions, qui se sont faites *et qui se sont succédé* (ET SUCCÉDÉ) chez les Romains, *eussent* (AVAIENT) été révoquées en doute par des hommes sensés, ou du moins censés doués de quelque moyen ? Quant à moi, j'ai longtemps douté qu'ils eussent eu cette folie.

NEUVIÈME DICTÉE — Frappés des imperfections que nous sommes convaincus qu'on a déjà remarquées dans les rhétoriques que certaines gens, censés capables, se sont proposées pour modèles, *nous avons conçu le projet* (NOTRE PROJET A ÉTÉ) de faire quelque chose que nous n'ayions pas encore trouvé et qui devînt plus avantageux à la jeunesse. Une tout autre occupation eût été moins difficile que nous *ne nous le sommes* (L'AVONS) imaginé : car combien peu de fatigues et de peines en a-t-il coûté pour atteindre *le* (AU) but. Toute autre récompense aurait été suppléée avec raison *à celle qui a été accordée* (CELLE ACCORDÉE) pour un *si* (AUSSI) mince travail.

Les Russes, quand ils se sont proposé d'assujétir la Pologne et de violer les lois *envers* (VIS-A-VIS) ceux mêmes qui y *avaient mis toute leur confiance* (AVAIENT MIS TOUTE LEUR CONFIANCE EN ELLES), ne s'étaient pas doutés quels hommes c'étaient *ni* (ET) quelle armée ce serait. C'étaient vingt-cinq mille hommes qu'ils avaient jugé nécessaire d'employer pour la répression de cette poignée de rebelles ; et *ce sont* (C'EST) ces vingt-cinq mille hommes qui ont été *les* (LE) premiers sacrifiés. *On* (L'ON) juge les gens qu'on *hait* (HAIT) tout autres *qu'ils ne sont* (QU'ON EST) en réalité. Croyez-vous qu'ils *eussent* (AIENT) vaincu ces braves défenseurs de la liberté, sans la coupable neutralité que s'étaient imposée les puissances étrangères. Nous ne pensons pas qu'ils *viennent* (VINSSENT) jamais à bout de les vaincre si l'Angleterre et la France. qui se sont donné la main, *protégeaient* (PROTÉGERAIENT) efficacement la cause de leurs amis naturels. Cette haute protection seyait à ces deux grandes nations et leur siérait encore aujourd'hui. Les douceurs de la paix leur siéent bien, dit-on ; mais nous ne croyons pas qu'une guerre juste leur siée moins : nous sommes même convaincus qu'elle leur sied davantage. En effet, quelles qu'on *puisse en présumer les suites* (PEUT PRÉSUMER SES SUITES), quelque *sottes* (SOTS), gens qu'on les croie de se mêler des affaires d'autrui, quelques folles imprécations *qu'aient* (QU'ONT) vomies contre eux les tyrans du Nord, elles auront à se féliciter d'avoir pris en main la défense de la liberté des hommes qui s'en sont rendus dignes par les prodiges de valeur qu'ils ont fait voir au monde, *pendant* (DURANT) les quinze années qu'a duré cette lutte sanglante.

DIXIÈME DICTÉE. — Les innovations, qu'on s'est proposé d'introduire dans les méthodes d'enseignement qu'on a suivies jusqu'ici, ne nous ont pas *paru* (PARUES) *aussi importantes* (SI CONSÉQUENTES) que nous *nous l'étions* (AVIONS) imaginé, *ni aussi* (ET SI) utiles *que* (COMME) nous sommes persuadés qu'elles *doivent* (DEVAIENT) l'être toujours.

Combien de difficultés n'a-t-on pas laissées subsister ! Combien n'en a-t-on pas vues *ou n'en a-t-on pas* (OU PAS) voulu voir ! Quelles erreurs se sont glissées dans les grammaires que nous avons eues entre les mains ! Que de fautes avons-nous trouvées, quand nous nous sommes livrés à une critique *toute* (TOUT) juste et *toute* (TOUT) sérieuse ! Encore sommes-nous forcés d'avouer que ce n'est pas sur les détails que notre critique a été *le* (LA) plus sévère : nous n'avons examiné que les principes généraux, et nous nous sommes laissés aller à une grande indulgence quand nous nous sommes proposé de critiquer les définitions et la nomenclature des parties du discours.

Quelques grands efforts *qu'aient* (QU'ONT) faits *certaines* (CERTAINS) gens, censés de bonne foi, pour attaquer notre décision, quelque bons juges que nous les croyions et qu'ils se *soient* (SONT) toujours *crus* (CRU) eux-mêmes sur ces sortes de matières, quelle qu'ils *aient* (ONT) estimé la sévérité de notre jugement, nous ne nous sommes point lassés de dire que les règles *les* (LE) plus claires sont toujours *les* (LE) meilleures, et qu'on n'est jamais plus disposé à écouter les leçons avec bienveillance que *lorsque le professeur* (LORSQU'ON) enseigne avec toute la clarté que des élèves peuvent réclamer et sont en droit de le faire.

Nous nous sommes laissé convaincre des avantages d'une bonne méthode, et nous sommes convaincus que, lorsqu'elle est *le* (LA) plus simple et *le* (LA) plus claire, elle est aussi *le* (LA) plus utile et *le* (LA) plus fructueuse.

ONZIÈME DICTÉE. — Les élèves, qui se sont rappelé *les* (DES) promesses qu'ils nous *ont faites* (FIRENT) au commencement de l'année scolaire, *à la fin de laquelle nous touchons* (DONT NOUS

TOUCHONS A LA FIN), et qu'ils *ont jugé devoir* (JUGÈRENT QUI DEVAIENT) être accomplies *le* (LES) mieux possible, se sont repentis du peu d'exactitude qu'ils ont mis à remplir leurs devoirs. Combien d'efforts ne leur a-t-il pas fallu pour entrer dans la carrière qu'ils se sont proposé *et qu'ils se sont crus capables* (ET CRU SUSCEPTIBLES) de suivre, et qu'ils ont parcourue avec moins de distinction qu'ils *n'auraient parcouru* (AURAIENT FAIT) toute autre carrière, pour *laquelle* (QUI) les études littéraires ne sont pas de première nécessité. Qu'était-ce que les beaux projets qu'ils formaient alors? Qu'étaient les belles résolutions qu'ils semblaient avoir prises avec réflexion et de bonne foi? C'étaient des promesses en l'air : car leur conduite, comme leurs études, *a* (ONT) laissé beaucoup à désirer. Aussi les propositions qu'ils ont cru convenable de faire n'ont pas été agréées par leurs parents. Ce n'était pas dix jours, mais vingt jours qu'ils demandaient pour se livrer à leur dissipation. Ils *croient* (COMPTENT) apparemment *avoir* (QU'ILS ONT) satisfait à toutes les exigences, quand ils ont fait par manière d'acquit les devoirs qu'on leur a donnés, et qu'ils se sont acquittés des obligations qu'ils se sont imposées eux-mêmes. Mais nous *aimons à croire* (ESPÉRONS) qu'ils seront désabusés plus tôt qu'ils *ne se l'étaient* (L'AVAIENT) imaginé. Nous *affirmons* (PROMETTONS) du moins que nous avons fait tous les efforts que nous avons pu, pour leur donner une preuve convaincante de l'erreur à laquelle ils sont *inexcusables* (IMPARDONNABLES) de s'être laissés aller.

DOUZIÈME DICTÉE. — Il semblerait que l'ingénuité, la franchise *soit* (FUSSENT) bannie depuis quelque temps du commerce des hommes. D'où serait venue cette folie, cet aveuglement? Non-seulement les honneurs, mais encore les richesses, ce mobile puissant de tous les gens ambitieux, sont recherchées par la plupart de ceux qui *se sont* (ONT) imaginé qu'ils *sont* (ÉTAIENT) nés pour jouir éternellement, quoiqu'il *faille si* (FAUT AUSSI) peu pour les perdre. En effet une vapeur, une goutte d'eau, le plus léger accident pourrait les tuer. Tout intrigant, tout extravagant, tout ambitieux se croit digne des places qu'on a créées pour le vrai mérite. Quelle *que soit* (QU'EST) la peine ou le plaisir qui leur *est* (SONT) réservé, *on* (L'ON) peut dire qu'ils ne savaient pas ce que c'était que ces emplois qu'ils ont crus *leur être dus* (QUI LEUR ÉTAIENT DUS), sans qu'ils *s'en* (NE S'EN) soient rendus dignes par leur instruction. Ce sont les hommes plutôt que les lois qui sont devenus la cause de ce désordre. Les femmes comme les hommes se sont *mises* (MIS) sur les rangs, *toutes* (TOUT) mécontentes et tout indignées de s'être vues oubliées jusqu'à ce jour. Nous ne sommes pas des ignorants ou des citoyens pervers qui *viennent* (VENONS) faire infraction à la loi ; et nous ne sommes plus ces Français qui *se traînaient* (NOUS TRAÎNIONS) à la suite de la domination d'un maire du palais. *C'est* (CE SONT) quarante ans que nous avons consacrés à la conquête de nos libertés. C'est les jours de notre révolution que nous nous sommes bàttus avec le plus d'acharnement : c'étaient aussi ces jours qui nous paraissaient l'aurore du bonheur et de la prospérité de notre Patrie.

C'est nous les premiers qui *ont* (AVONS) secoué le joug ; et c'est nous qui les premiers *avons* (ONT) fait entendre le mot de liberté à des hommes qui jusqu'alors avaient vécu dans l'esclavage. Peuples esclaves, qui avez courbé la tête sous le sceptre de fer de la tyrannie, sortez enfin de votre engourdissement ; et toi liberté, le plus grand bien des hommes sur la terre, qui a été refusée à ceux *qui l'ont* (L'AYANT) réclamée, deviens enfin le comble de notre bonheur.

TREIZIÈME DICTÉE. — Il semble que nous ne devions point craindre la mort, quand nous avons assez bien vécu pour ne pas *en craindre les* (CRAINDRE SES) suites. Pourquoi redoutons-nous tant cet instant, puisque une infinité d'autres instants du même ordre le préparent, puisque la mort est *aussi* (SI) naturelle que la vie. L'un comme l'autre nous arrive sans que nous *nous en* (NE NOUS EN) apercevions.

Quelque grands monarques et quelque puissants seigneurs que nous supposions les hommes qui se sont cru le droit de nous gouverner, quelle *qu'ait* (QU'A) été la supériorité relative de quelques mortels privilégiés, quelle que nous ayions jugé l'imagination de quelques écrivains distingués, ils n'ont pas pu *et ils ne* (ET NE) pourront jamais pénétrer le mystère de notre existence.

Il a fallu que *chacun franchît* (CHAQUE FRANCHISSE) ce terrible passage. Les richesses comme les honneurs se sont anéanties. Non-seulement les plaisirs *les* (LE) plus bruyants et *les* (LE) plus désordonnés, mais encore les jouissances *les* (LE) plus paisibles et *les* (LE) plus pures leur ont été ravies pour toujours. Leur condition est devenue tout autre qu'ils *ne l'ont* (L'ONT) vue à toute autre époque. Quoi qu'on *ait* (A) dit, quelque chose qu'on *ait* (A) imaginée, on a été forcé d'avouer que la plupart auraient préféré une toute autre condition d'existence.

QUATORZIÈME DICTÉE. — Quelles tribulations cet homme extraordinaire a-t-il eu à essuyer sur la terre ! Que de douleurs il y a eu à dévorer ! Combien de peines et de fatigues ne lui en a-t-il pas coûté pour atteindre *la* (A LA) haute position qu'il s'est créée ! Il a traversé toutes les guerres qu'il y a eu entre les maîtres du monde *pendant* (DURANT) quelque vingt-cinq ans qu'elles ont duré. Combien n'a-t-il pas livré de batailles ! Combien n'en a-t-il pas gagnées ! Personne n'en a livré autant. Les soldats qu'il a commandés étaient *prêts à* (PRÈS DE) mourir pour la Patrie. Les puissances étrangères ne savaient pas quels hommes c'étaient *ni* (ET) quelle armée ce serait. C'était les jours de bataille qu'ils paraissaient *le* (LES) plus gais et *le* (LES) mieux disposés. C'était ces jours mêmes que leur valeur aussi bien que leurs talents militaires *étaient* (ONT ÉTÉ) mis au grand jour. Non-seulement les jeunes et les vieux soldats, mais les mères, leurs filles même se sont montrées tout autres *qu'on ne* (QUE L'ON) les avait vues dans une toute autre position. L'effroi ou l'espérance *est* (SONT) devenue le mobile qui a déterminé la conduite qu'elles ont tenue. L'un a tout-à-fait anéanti leur courage, l'autre leur a fait braver tous les dangers. Quoiqu'il en *soit* (EST), elles se sont laissé consoler, quand leurs parents sont morts au champ d'honneur.

Qu'était-ce que ces gens que vous avez vus mourir glorieusement ? C'étaient des soldats français que nous voyions encore hier combattre nos ennemis communs. C'était aussi des soldats français que nous voulions vous entretenir. Vous ne saviez pas encore ce que c'était que des hommes animés par l'amour du bien public. Où la dernière bataille s'est-elle livrée ? C'est dans la ville même *où* (QUE) nous demeurons.

Au commencement du siècle où nous vivons, nous *avons vu* (VÎMES) des actions d'éclat qui ont éclipsé tous les prodiges des autres peuples, quelque extraordinaires qu'ils *aient* (ONT) été et quels qu'on les *ait* (A) jugés dans l'histoire. Nous ne pensons pas que les merveilles de l'antiquité *fussent* (SOIENT) devenues *si* (AUSSI) célèbres sans les grands historiens qui nous les ont transmises. Toute grande *qu'est* (QUE SOIT) notre crédulité, tout faciles que nous *sommes* (SOYONS) à persuader, notre croyance a cependant des bornes qu'elle ne saurait franchir, quelque habiles et quelque méchantes gens qu'on *ait* (A) jugé ceux qui ont voulu nous *en imposer* (IMPOSER), en nous débitant leurs contes faits à plaisir.

QUINZIÈME DICTÉE. — Messieurs, ils vous ont mal conseillés, ceux qui vous ont conseillé d'abandonner des études que vous avez avoué que vous avez tronquées par votre faute, quoi que nous *ayions* (AVONS) dit, quelque chose que nous *ayions* (AVONS) imaginée pour vous encourager. C'est à vous, *à qui* (QUE) nous avons adressé les reproches que nous avons cru que vous avez mérités, qu'il appartient de nous expliquer aujourd'hui les raisons pour quoi vous vous êtes laissé décourager, *et vous vous êtes laissés* (ET LAISSÉS) aller à la négligence dont vous vous êtes rendus coupables. Entraînés par le désir de vous préparer une position honorable dans le monde, nous nous sommes proposé de vous aplanir les difficultés que vous avez rencontrées. Nous nous sommes laissé convaincre que vous en *viendriez* (SERIEZ VENU) à bout dans le cours de vos études, si vous le désiriez sincèrement. Le Sage a dit que l'instruction *vaut* (VALAIT) mieux que tous les trésors. *On* (L'ON) n'est jamais *aussi* (SI) riche ni *aussi* (SI) pauvre qu'on *se l'imagine* (L'IMAGINE). Quiconque réfléchit en *soi-même* (LUI-MÊME) se convainc profondément de cette vérité et *se la* (S'EN) rappelle dans toutes les circonstances. Vu les contrariétés *auxquelles* (A QUI) nous eussions trouvé agréable de nous dérober, et que nous *affirmons* (PROMETTONS) bien que nous avons évitées plus rarement que *nous ne l'eussions* (NOUS EUSSIONS) voulu, nous nous sommes plaints à tort *que Dieu ne nous les ait point fait éviter* (DE CE QUE DIEU NE NOUS LES AIT POINT ÉVITÉES). Nous eussions été heureux si nous *avions* (AURIONS) su profiter des bienfaits qu'il a répandus sur nous.

SEIZIÈME DICTÉE. — Quelle qu'on *ait* (A) pu juger notre incrédulité ou notre mauvaise foi, quelque grands menteurs qu'on nous *ait* (A) crus et que nous *soyions* (SOMMES) convaincus que nous avons été, quelques malveillantes dispositions que nous *ayions* (AVONS) montrées quand nous avons vu les guerres qu'on s'est *faites* (FAIT), finir par le rapprochement d'opinions tout absurdes, *toutes* (TOUT) différentes, plus ridicules *qu'on ne les a* (QUE L'ON LES A) vues dans toute autre occasion, quoique notre croyance *puisse* (PEUT) être tout erreur, *toute* (TOUT) fiction et que le récit de nos actions *soit* (EST) souvent tout mensonge, *tout* (TOUTE) fausseté, nous nous sommes parlé franchement, et nous nous sommes dit que la langue française est parlée en Europe tout autant que les langues anciennes se sont parlées du temps des Romains, et nous nous sommes ris des hommes qui se sont plus à répéter des erreurs, tout en croyant nous apprendre quelque jolie chose. C'est à ceux *à qui* (QUE) nous avions donné notre confiance tout entière que nous adressons nos observations, et c'est ici même, *où* (QUE) nous nous sommes ri l'un à l'autre en écoutant lire leurs ouvrages ; mais nous *ne nous flattons* (N'ESPÉRONS) pas d'avoir prouvé à ces gens entêtés qu'ils ne savaient pas alors ce que c'était que les règles qu'ils ont jugé convenable d'adopter, et que *c'est* (CE SONT) les jours même qu'ils ont travaillé *le plus* (DAVANTAGE) qu'ils ont aussi commis les erreurs *les* (LE) plus grossières.

DIX-SEPTIÈME DICTÉE. — Non-seulement les fautes *d'attention* (D'INATTENTION) qu'ils ont laissé échapper, mais encore le peu de peine qu'ils se sont donné, nous *a* (ONT) démontré que le désir de l'argent, plutôt que l'ambition de la gloire, *doit* (DOIVENT) être regardé comme la cause qui a provoqué ces publications. *Du* (AU) moins le fond de la misérable production qu'ils ont créée, comme toutes les parties accessoires, nous *a* (ONT) donné occasion de compter combien de fautes réelles ils ont *commises* (COMMIS), et combien ils en ont répandues dans les grammaires qu'ils ont crues *être* (QUI ÉTAIENT) supérieures à toutes *celles qu'avaient faites* (CELLES FAITES PAR) leurs prédécesseurs.

On (L'ON) n'est jamais plus *capable* (SUSCEPTIBLE) de suivre le bon exemple, que *si l'on y est engagé* (SI ON NOUS Y ENGAGE) avec le ton d'une bienveillance, *d'une* (ET D'UNE) bonté *toute* (TOUT) paternelle.

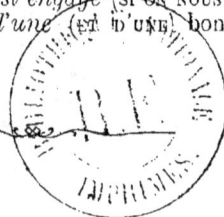

TABLE

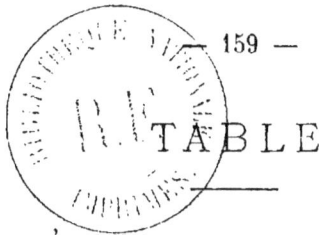

Brest. — Typ.-Lith. Gadreau, Rampe, 55.

DU MÊME AUTEUR

EN VENTE

Nouvelle Grammaire française, volume in-8°, contenant 160 pages. — Prix : Broché, 1 fr. 50 ; Relié, 1 fr. 75.

POUR PARAITRE

Exercices (phrases détachées).

Recueils de Dictées graduées (texte suivi), sujets historiques, religieux, moraux ; histoire de la fable, les Canhnaires, lettres, etc., etc. *(Suite.)*

Exercices d'*Analyse grammaticale* et d'*Analyse logique* (prose et vers).

BREST. — IMPRIMERIE J.-P. GADREAU, RUE DE LA RAMPE, 55.

www.ingramcontent.com/pod-product-compliance
Lightning Source LLC
Chambersburg PA
CBHW072149270326
41931CB00010B/1937